壹卷
YE BOOK

洞 见 人 和 时 代

"经典与解释"
论丛

刘小枫 主编

《淮南子》中的"治道"

张羽军 著

 四川人民出版社

图书在版编目（CIP）数据

《淮南子》中的"治道" / 张羽军著. —— 成都：四川人民出版社，2024.10. ——（"经典与解释"论丛）.
ISBN 978-7-220-13867-6

Ⅰ. B234.45

中国国家版本馆CIP数据核字第20249S05X6号

本书为2023年度成都市社会科学院第一批院级课题出版资助项目

"经典与解释"论丛　刘小枫　主编
HUAINANZI ZHONG DE ZHIDAO

《淮南子》中的"治道"

张羽军　著

出版人	黄立新
策划统筹	封龙
责任编辑	谭云红
特约编辑	王小平
封面设计	周伟伟
版式设计	张迪茗
责任印制	周奇
出版发行	四川人民出版社（成都市三色路238号）
网　址	http://www.scpph.com
E-mail	scrmcbs@sina.com
新浪微博	@四川人民出版社
微信公众号	四川人民出版社
发行部业务电话	（028）86361653　86361656
防盗版举报电话	（028）86361653
照　排	四川胜翔数码印务设计有限公司
印　刷	成都东江印务有限公司
成品尺寸	130mm×210mm
印　张	13
字　数	250千
版　次	2024年10月第1版
印　次	2024年10月第1次印刷
书　号	ISBN 978-7-220-13867-6
定　价	72.00元

■版权所有・侵权必究
本书若出现印装质量问题，请与我社发行部联系调换
电话：（028）86361656

目录

绪 论 / 001

第一节 《淮南子》中"治道"问题在"治道"思想史中的定位 / 001
第二节 《淮南子》语境中"治道"的含义 / 012
第三节 《淮南子》中"治道"问题的五个方面的联系 / 022
第四节 关于研究方法的考虑 / 026
第五节 研究内容简介 / 036

第一章 《淮南子》基本情况简介及相关政治哲学研究评析 / 054

第一节 《淮南子》的编著者、内容和主旨、版本及注疏情况简介 / 054
第二节 对《淮南子》政治哲学研究文献的评析 / 068

第三节　小结 / 111

第二章　"适情"：治国者的内在态度 / 114
第一节　先秦西汉经典中与"适情"有关的问题 / 116

第二节　"适情"的基本义域 / 123

第三节　关于"适情"是治国者的内在态度的说明 / 129

第四节　"适情"的关联性概念："应" / 134

第五节　"适情"与"无为"的联系 / 153

第六节　小结 / 156

第三章　"无为"：治国者的外在行事方式 / 165
第一节　先秦西汉"无为"思想述略 / 168

第二节　"无为"的政治性 / 192

第三节　因循"自然"而"无为" / 195

第四节　"常后而不先"而"无为" / 207

第五节　小结 / 218

第四章　"损益"与"守常"：治国者保福避祸 / 228
第一节　损益 / 230

第二节　守常 / 251

第三节　小结 / 267

第五章　治国者与儒学 / 275
第一节　先秦西汉思想经典中的治国者与儒学这一主题 / 279
第二节　简述《淮南子》中的儒学观念 / 284
第三节　治国者利用、改造儒学中的"六艺" / 288
第四节　治国者对儒学的学习态度："适情" / 295
第五节　儒学问题与治国者"制礼"行为的关联 / 302
第六节　小结 / 305

第六章　"制礼"：治国者对礼的制作 / 312
第一节　先秦西汉思想史中关于礼的制作的观点 / 316
第二节　对"制礼"的要求之一：制作具有多重道德标准的礼 / 322
第三节　对"制礼"的要求之二：改造前人之礼 / 328
第四节　"制礼"的两个相关问题：鬼神问题以及愚民问题 / 334
第五节　小结 / 341

第七章　反思牟宗三、徐复观关于"治道"的观点 / 346

第一节　反思牟宗三的"治道"观 / 347
第二节　反思徐复观的"治道"观 / 366
第三节　小结 / 380

结论 / 387

参考文献 / 395

绪 论

第一节 《淮南子》中"治道"问题在"治道"思想史中的定位

在中国思想史中,"治道"这一说法在先秦便已经出现。专门研究中国古代"治道"问题以及政治哲学的学者黎红雷总结过:《墨子·兼爱中》中有"天下之治道"一说,《管子·治国》中有"治国之道"一说,《荀子·正论》以及《韩非子·八经》有"治道"一说,《庄子·天道》也有"治之道"一说;同时,历代治国者如秦始皇、唐太宗、宋神宗、元世祖、明太祖亦高度关注"治道";另外,宋代思想家朱熹、王开祖、张载、程颐等亦认为"治道"有其特别地位。[①] 从宏观上讲,《淮南子》中的"治道"问题可能处于上述大的思想史脉络中,但笔者认为,尽管如此,作于西汉初年的《淮南子》中的"治道"问题在"治道"思想史上的定位,仍然需要进一步探讨和说明。

笔者将先秦经典中对"治道"的阐述分为两类,以此为基础,来与《淮南子》中的"治道"问题进行总体比较,以求厘清后者的思想史定位。第一类对"治道"这一概念进行了界定或指涉,但未对"治道"概念本身进行思辨、反省,而第二类对"治道"这一概念(或近似的概念或说法)进行了界定或指涉,并对其本身进行了思辨或反省。

首先讨论第一类。在先秦经典中,"治道"多次出现,且多被明确界定。如:在《礼记》中,"治道"涉及礼、乐、刑、政;在《荀子》中,"治道"指治国者使得民众富足(但不过分有余);在《墨子》中,"治道"是指"兼相爱""交相利";在《吕氏春秋》中,"治道"是指"知性命";在《韩非子》中,"治道"涉及利禄、威权以及名分,并且"治道"又指法律的执行或施行(包括赏罚和禁令、对固定的法律的坚守以及

---

① 张增田:《黄老治道及其实践》,中山大学出版社,2005年,"总序"第2—7页。

重刑）；在《管子》中，"治道"指修理法制、使民众富裕以及懂得作为粮食的粟的重要性，并且"治道"又指对法律制度的坚守，另外，"治道"还指对法律的调整。

以上第一类中，"治道"具有各种不同的含义。但是，"治道"这一概念本身并未得到充分思辨，更不存在围绕"治道"概念本身的反省。《淮南子》一书成于西汉年间，对之前的某些诸子百家的"治道"或治理思想，就作过评论、反省。具体而言，《淮南子》作者认为，某些诸子百家（如墨子、杨朱、申不害、商鞅等）的治理思想在"治道"方面的地位并不太重要甚至可有可无。[1] 同时，《淮南子》作者还认为，在政治治理方面，墨子的理论、《管子》、晏子的谏言、纵横家的言辞、申子的刑名之书、商鞅之法只是为了一时之需。[2] 而《淮南子》作者自认为，相较它们，《淮南子》

---

[1] 参《俶真训》"百家异说，各有所出。若夫墨、杨、申、商之于治道……有之可以备数，无之未有害于用也"，见张双棣撰：《淮南子校释（增订本）》，北京大学出版社，2013年，第195页。

[2] 参《要略》"禹之时……烧不暇㸐，濡不给扢，死陵者葬陵，死泽者葬泽，故节财、薄葬、闲服生焉"，即指墨子的理论源于大禹的治理的需要；《要略》"桓公忧中国之患，苦夷狄之乱，欲以存亡继绝，崇天子之位，广文武之业，故《管子》之书生焉"，即指《管子》是为了齐桓公的需要；《要略》"齐景公内好声色，外好狗马，猎射亡归，好色无辨，作为路寝之台，族铸大钟，撞之庭下，郊雉皆响，一朝用三千钟赣，梁丘据、

本身内含的治理方面的内容（自然也包括"治道"）并非一时之需，而是普适性的。[1] 这一自评虽然不免是一种自夸，但是我们至少可以结合《淮南子》对上述诸子百家的评论、反省进而推测：《淮南子》作者在考虑"治道"问题或治理问题时，的确是意识到之前某些诸子百家存在问题，有意凸显自己塑造的"治道"。

其次讨论第二类。就笔者所见，第二类出现在《庄子·天道》与《尹文子·大道下》中。笔者以下先关注《庄子·天道》。在《庄子·天道》中，刑法、赏罚等

子家恰导于左右，故晏子之谏生焉"，即指晏子的谏言是为了针对齐景公的荒淫；《要略》"晚世之时，六国诸侯，谿异谷别……恃连与国，约重致，剖信符，结远援，以守其国家，持其社稷，故纵横修短生焉"，即指纵横家是应六国的政治情势而生；《要略》"申子者，朝昭厘之佐，韩，晋别国也。地墽民险，而介于大国之间；晋国之故礼未灭，国之新法重出；先君之令未收，后君之令又下；新故相反，前后相缪，百官背乱，不知所用，故刑名之书生焉"，即指申子的"刑名之书"是针对当时法令混乱的局面；《要略》"孝公欲以虎狼之势而吞诸侯，故商鞅之法生焉"，即指商鞅之法是为了满足秦孝公的野心，见张双棣撰：《淮南子校释（增订本）》，前揭，第2199、2200页。

[1] 《淮南子》本身的目的之一"统天下"，即治理天下，而且"统天下"的内容或方式乃是被称作"而不与世推移也。故置之寻常而不塞，布之天下而不窕"，见张双棣撰：《淮南子校释（增订本）》，前揭，第2200页。"不与世推移"一说表明，《淮南子》与前述诸子不同，不是为了一时之需，而"故置之寻常而不塞，布之天下而不窕"表明了一种在应用方面的普适性。

被认为只是治理工具，并非"治之道"。① 实际上，在《庄子·天道》中，"无为"可以被理解为涉及治理的道术，② 但是，涉及治理的道术不只是"无为"，还包括其他方面：

> 宗庙尚亲，朝廷尚尊，乡党尚齿，行事尚贤，大道之序也。语道而非其序者，非其道也；语道而非其道者，安取道！③

---

① 参《庄子·天道》"骤而语形名赏罚，此有知治之具，非知治之道"，见郭庆藩撰、王孝鱼点校：《庄子集释》，中华书局，1961年，第473页。
② 《庄子·天道》有言"夫虚静恬淡寂漠无为者，天地之平而道德之至"，可知"道德"指"无为"，而《庄子·天道》同时有言"夫虚静恬淡寂漠无为者，万物之本也。明此以南乡，尧之为君也；明此以北面，舜之为臣也。以此处上，帝王天子之德也；以此处下，玄圣素王之道也"，可知"道—德"被称作"无为"，"道"与"德"互通，可推知"帝王天子之德"（"无为"）亦可叫做"帝王天子之道"。总之，"无为"可以被理解为涉及治理的道术。另外，《庄子·天道》亦言"夫帝王之德，以天地为宗，以道德为主，以无为为常"，其中，"帝王之德"即以"道德"为主，而"德"与"道德""无为"互通，同时，《庄子·天道》又说"上必无为而用天下，下必有为为天下用，此不易之道也"，其中，"无为"被称作"道"，见郭庆藩撰、王孝鱼点校：《庄子集释》，前揭，第457、465页。
③ 郭庆藩撰、王孝鱼点校：《庄子集释》，前揭，第469页。

从上述文本看出,"尚亲""尚尊""尚齿""尚贤"也是涉及治理的道术("大道",即"无为")[①]的一部分。一般而言,四者是一种政治伦理秩序的体现。那么可以推测,在《庄子·天道》中,涉及治理的道术可能指"无为"以及与之相配的政治伦理秩序(或制度)。从表面上看,"尚亲""尚尊""尚齿""尚贤"似乎可以被视为礼教的因素。然而,在《庄子·天道》中,礼本身与法律一样,并未被抬高到涉及治理的"道"的层面,因为其中至少有言:"礼法度数,形名比详,治之末也。"[②] 从总体上看,《淮南子》作者对"治道"(或言涉及治理的道术)的理解稍微接近于(但不等同于)《庄子·天道》。首先必须说明的是,《淮南子》作者对"治道"的阐述亦凸显了两个方面,即"无为"与"制礼"(见本书绪论第二节对《淮南子》中"治道"概念的定义的阐述)。但具体而言,虽然对"无为"问题的凸显与《庄子·天道》保持了一

[①] 参《庄子·天道》"是故古之明大道者,先明天而道德次之",又言"明于天,通于圣……昧然无不静者矣……圣人之心静乎!天地之鉴也,万物之镜也。夫虚静恬淡寂漠无为者,天地之平而道德之至",见郭庆藩撰、王孝鱼点校:《庄子集释》,前揭,第471、457页。"明天"的表现是"静","静"最终被解释为"无为";而"明大道"需要"明天",那么,"大道"其实就是指"无为"。

[②] 郭庆藩撰、王孝鱼点校:《庄子集释》,前揭,第468页。

致,但《淮南子》中的"制礼"问题,在《庄子·天道》中是不存在的。即便在《庄子》全书中,关于如何制作礼这一点,也谈得不多。① 自然,《淮南子》作者强调"制礼"问题并将之视作"治道",最终乃是为了塑造一种理想的政治制度或秩序。但这并不意味着《淮南子》作者轻易地将礼本身视作"治道",而只是意味着将对礼的制作这一政治性行为方式视为"治道"。如果将礼本身视作"治道",那么可能意味着《淮南子》作者主张既成的任何形式或内容的礼都可以被用于政治治理,但是,《淮南子》中的实际情况是,对"制礼"问题的阐述是针对既成的有缺陷的儒家的礼而发,换言之,如果轻易将礼本身视作"治道",既成的有缺陷的儒家的礼就可能被用于政治治理,但《淮南子》作者对此并不主张(笔者的具体阐述请见本书第五章第五节)。与此同时,《淮南子》作者为了避免轻易地将礼本身视作"治道",甚至直接认为礼并非最佳治理方式。②《淮

---

① 笔者仅见《庄子·天运》有言"故夫三皇、五帝之礼义法度,不矜于同而矜于治。故譬三皇、五帝之礼义法度,其犹柤梨橘柚邪!其味相反,而皆可于口。故礼义法度者,应时而变者也",见郭庆藩撰、王孝鱼点校:《庄子集释》,前揭,第514、515页。
② 参《本经训》"是故仁义礼乐者,可以救败而非通治之至也",见张双棣撰:《淮南子校释(增订本)》,前揭,第833页。

南子》的这一思路,恰与《庄子·天道》类似,对礼本身在治理方面的作用进行了一定的贬斥。另外,《庄子·天道》在阐述涉及治理的道术问题之时,更未将《淮南子》中"治道"问题所涉的"适情"方面、儒学方面、祸福方面纳入范畴(见本书绪论第二节对《淮南子》中"治道"概念的定义阐述)。值得补充说明的是,牟宗三认为道家的"治道"在"自适其性"与"无为"两端,[①] 这显然不是完全符合《庄子·天道》的意思,因为在《庄子·天道》中,"自适其性"并未被视为涉及治理的道术。更需要特别指出的是,牟宗三认为道家的"治道"旨在"冲破""人为的对待"(即"不离亲亲尊尊"的礼),[②] 似指"无为"这一方面,无需政治制度的匹配或政治制度建设的匹配。[③] 然而,前述《庄子·天道》文本已经表明,具有"亲""尊"等因素的"大道之序"与"道"不可分离。换言之,至少《庄子·天道》并不认为"无为"作为涉及治理的道术无需实际的政治制度(礼)的配合。带着上述观点来看

[①] 牟宗三:《牟宗三先生全集10:政道与治道》,联经出版事业有限公司,2003年,第36、37页。
[②] 牟宗三:《牟宗三先生全集10:政道与治道》,前揭,第36页。
[③] 牟宗三亦自言道家的治道"不是普通所谓政治的意义","而是超政治",见牟宗三:《牟宗三先生全集10:政道与治道》,前揭,第41页。

《淮南子》的"治道"问题,便可以发现,《淮南子》在阐述"治道"问题时,将"无为"一端与旨在建立政治制度的"制礼"一端联系起来,① 虽然与《庄子·天道》的意思并非完全相同(由于《庄子·天道》未言及"制礼"问题),但也没有彻底颠覆《庄子·天道》的意思(由于《淮南子》作者将"无为"与"制礼"两者联系,可能意味着"无为"并非绝对地弃绝与政治制度这一方面的联系)。当然,这显然不符合牟宗三的讲法——因为牟宗三彻底切断了"无为"与政治制度之间的联系。不过,《淮南子》作者亦认为法律和礼本身并非"治道",② 而只是治理工具。③ 这一观点,与《庄子·天道》中"礼法度数,形名比详,治之末也"一说的意思亦是近似。

以上是笔者对《淮南子》中"治道"问题与《庄子·天道》中关于涉及治理的道术的问题的比较性阐述。下面笔者再以《尹文子·大道下》中的观点为基础,来进行比较性阐述。在《尹文子·大道下》中,

---

① 见本书第三章第三节第二部分对"无为"与"制礼"两者之间联系的阐述。
② 见本绪论第二节末的阐述。
③ 参《泛论训》"故法制礼义者,治人之具也",见张双棣撰:《淮南子校释(增订本)》,前揭,第1379页。

仁、义、礼、乐、名、法、刑、赏首先被认为是"治世之术",① 同时,《尹文子·大道下》作者在指出施行八种"治世之术"之后的正面效果与错误效果后,② 随即强调:

> 凡此八术……用得其道则天下治,失其道则天下乱,过此而往,虽弥纶天地,笼络万品,治道之外,非群生所餐挹,圣人错而不言也。③

笔者认为,上述文本意在表明,就仁、义、礼、乐、名、法、刑、赏八种"治世之术"而言,如果施行它们之时"得其道"(产生正面效果),就可能使得

---

① 参《尹文子·大道下》"仁、义、礼、乐,名、法、刑、赏,凡此八者,五帝三王治世之术也",见厉时熙撰:《尹文子简注》,上海人民出版社,1977年,第37页。
② "仁"的正面效果是"博施于物",负面效果是"生偏私";"义"的正面效果是"立节行",负面效果是"成华伪";"礼"的正面效果是"行恭谨",负面效果是"生惰慢";"乐"的正面效果是"和情志",负面效果是"生淫放";"名"的正面效果是"正尊卑",负面效果是"生矜篡";"法"的正面效果是"齐众异",负面效果是"乖名分";"刑",正面效果是"威不服",负面效果是"生陵暴";"赏",正面效果是"劝忠能",负面效果是"生鄙争",见厉时熙撰:《尹文子简注》,前揭,第37页。
③ 见厉时熙撰:《尹文子简注》,前揭,第37页。

"天下治",从而"治世之术"自然便可以升华,或可被称作"治道";如果施行它们之时"失其道"(产生负面效果),那么就造成"天下乱",当然"治世之术"也不能被称作"治道"。笔者认为,从总体上看,《淮南子》对"治道"的理解与《尹文子·大道下》有所不同。理由是,《淮南子》中的"治道"问题涉及的是"适情"、"无为"、祸福、儒学、"制礼"五个方面(并在对"治道"的界定方面,对"制礼"与"礼"进行了区别),[①] 实则不涉《尹文子·大道下》文本中的仁、义、礼、乐、名、法、刑、赏八者(且上述《尹文子·大道下》文本的意思是,唯有这八者可能作为"治道",因为上述《尹文子·大道下》文本强调圣人不谈论这可能作为"治道"的八者之外的问题)。更值得强调的是,虽然《淮南子》作者亦将"制礼"问题纳入"治道"问题,但是《淮南子》作者未像《尹文子·大道下》那样将礼本身视作"治道"。进而言之,《尹文子·大道下》将礼本身视作"治道",似可能让人以为《尹文子·大道下》作者可能不拒绝将既成的任何形式或内容的礼视作"治道",但《淮南子》作者强调的是:在面对既成的有缺陷的礼之时,(如何)制作

---

① 见本绪论第二节的阐述。

礼，才是"治道"。另外，从现代人的眼光看，《尹文子·大道下》中仁、义、礼、乐、名、法、刑、赏这八种可能的"治道"，大致皆可被认为是政治—伦理制度内的因素或政治—伦理制度本身。简言之，《尹文子·大道下》作者似乎只是认为政治—伦理制度这一层面与"治道"有关。相对而言，《淮南子》作者将关乎心性或内心的"适情"问题[①]纳入"治道"层面，可谓将人的心性这一层面纳入了"治道"的讨论范畴。这是《淮南子》相对于《尹文子·大道下》的不同。

第二节 《淮南子》语境中"治道"的含义

本书以《淮南子》中的"治道"问题为研究对象，论述"治道"问题的五个方面："适情"、"无为"、对祸福的应对或处理、儒学、"制礼"。以下根据《淮南子》中出现"治道""治世之道""治国之道"的文本，依次简要说明五个方面为何与"治道"有关，以及为何五个方面之外的一些方面不是"治道"。

"适情"这一方面之所以与"治道"有关，证据来自《淮南子·诠言训》：

---

① "适情"问题涉及心性或内心，见本书第二章第二节的阐述。

> 原天命，治心术，理好憎，适情性，则治道通矣。①

可见，"适情"是"治道通"的条件之一。②

"无为"这一方面之所以与"治道"有关，可以《淮南子·主术训》以下文本为基础来看：

> 无为者，道之宗。故得道之宗，应物无穷；任人之才，难以至治。③

---

① 见张双棣撰：《淮南子校释（增订本）》，前揭，第1500页。
② 此处的"治心术，理好憎"一说亦属于"适情"的范畴，对此，本书第二章第二节将进行解释。在此，还需要补充说明的是，《主术训》中有以下观点："是故得道者不为丑饰，不为伪善，一人被之而不褒，万人蒙之而不褊。是故重以惠若重以暴，则治道通矣。为惠者尚布施也……为暴者妄诛也。"见张双棣撰：《淮南子校释（增订本）》，前揭，第941页。这一观点似将赏罚（"惠"—"暴"）视为"治道"。但细究之，这一观点更为重视的是在赏罚方面的慎重（"重"）。慎重，自然是涉及心理上的问题。换言之，进行良性赏罚的关键不在于行动意义上的赏罚或赏罚的具体内容。《诠言训》说"原天命，治心术，理好憎，适情性，则治道通矣……治心术则不妄喜怒……不妄喜怒则赏罚不阿"，见张双棣撰：《淮南子校释（增订本）》，前揭，第1500页。换言之，进行良性赏罚的关键，最终取决于"治心术"（心理方面的问题）。根据前述，"治心术"属于"适情"的范畴，那么可以说，进行良性赏罚的关键，最终还是取决于"适情"这一问题。
③ 张双棣撰：《淮南子校释（增订本）》，前揭，第929页。

"无为"被称作"道之宗",而"道之宗"的反面——"任人之才"——难以实现"至治"。那么可见,上述文本论及的"道"处于探讨政治治理("至治")的语境中("道"被认为才能实现"至治"),可谓是"治—道"。既然如此,同时又因为"无为"是"道之宗",那么可以认为,"无为"这一方面与"治道"有关。

对祸福的应对或处理这一方面之所以与"治道"有关,可根据《淮南子·诠言训》以下文本推出:

> 原天命,治心术,理好憎,适情性,则治道通矣。原天命则不惑祸福。[①]

"原天命"(对"天命"的理解)亦是"治道通"的条件之一,而此处对"原天命"的进一步解释就是"不惑祸福"。那么可知,"不惑祸福"就是"治道通"的条件之一。"不惑祸福"自然意味着,在面对祸福问题之时懂得如何应对或者处理。同时,《淮南子·缪称训》中亦存在以下观点:"知命者不怨天,

---

① 张双棣撰:《淮南子校释(增订本)》,前揭,第1500页。

福由己发，祸由己生。"① 为此，笔者认为这间接意味着，对"天—命"的理解还是被归于对祸福的应对或处理这一层面，且祸福可能与自己的行为这一方面有关。另外，祸福问题这一方面之所以与"治道"有关，亦可根据《淮南子·主术训》以下文本推出：

> 今治乱之机，辙迹可见也，而世主莫之能察，此治道之所以塞。②

如果不能洞察"治乱之机"，那么就无法达成"治道"。"治"是一种具体的"福"，"乱"是一种具体的"祸"，③ 那么在此，亦可将上述文本理解为：如果不能洞察"祸福之机"，那么就无法达成"治道"。笔者认为，对"祸福之机"的洞察自然意味着需要在政治治理层面上懂得对祸福进行应对或处理，否则"洞察"在政治治理层次上毫无意义，也无法实现"治道"之

---

① 张双棣撰：《淮南子校释（增订本）》，前揭，第1128页。
② 张双棣撰：《淮南子校释（增订本）》，前揭，第963页。
③ "治"和"乱"与"福"和"祸"相通，可由《诠言训》以下文本来看："故治未固于不乱，而事为治者，必危；行未固于无非，而急求名者，必挫也。福莫大无祸，利莫美不丧。"见张双棣撰：《淮南子校释（增订本）》，前揭，第1508页。这一文本中，最终"福"与"祸"二字，被分别用来总结"治"和"乱"。

"治"。

"治道"与儒学相关这一点，笔者在此进行简要说明。在《淮南子·泰族训》中，"立大学"（建立太学）被认为是"治之纪纲"[①]（"治道"的另一种说法）[②]。由此可知，"治道"与"学"有关。同时，在《淮南子·泰族训》语境中，"学"是指学习儒学。[③]所以我们认为，儒学与"治道"有关。

"制礼"这一方面之所以与"治道"有关，可根据《淮南子·齐俗训》以下文本推出：

[①] 张双棣撰：《淮南子校释（增订本）》，前揭，第2098页。
[②] 除"治之纪纲"外，《泰族训》还有一处文本言及"纪纲"（"纲纪"）："五帝三王之道，天下之纲纪，治之仪表也。"见张双棣撰：《淮南子校释（增订本）》，前揭，第2149页。换言之，在此处，"纪纲"（"纲纪"）一词与"道""治道"（即"五帝三王之道"）相通甚至等同。那么，"治之纪纲"一词，自然也与"治道"相通甚至等同。
[③] 参《泰族训》"以弋猎博弈之日诵《诗》读《书》，则闻识必博矣。故不学之与学也，犹喑、聋之比于人也"，见张双棣撰：《淮南子校释（增订本）》，前揭，第2144页。"学"被直接指是学习儒家的"六艺"中的两项（《诗》与《书》）。换言之，"学"是指对儒学的学习。同时，《泰族训》也专门提出了儒学中的"六艺"："六艺异科而皆同道。温惠柔良者，《诗》之风也；淳庞敦厚者，《书》之教也；清明条达者，《易》之义也；恭俭尊让者，《礼》之为也；宽裕简易者，《乐》之化也；刺几辩义者，《春秋》之靡也。"见张双棣撰：《淮南子校释（增订本）》，前揭，第2105页。关于在《淮南子》中"六艺"属于儒学这一点，请参本书第五章第二节的阐述。

礼不过实，仁不溢恩也，治世之道也……故制礼足以佐实喻意而已矣。①

为了实现"治世之道"（即"治道"的另一种说法），需要实现"礼不过实""仁不溢恩"这一治理状态。这一治理状态的实现，根本上是取决于"制礼"行为这一因素。所以可以说，"制礼"与"治道"有关。

以上阐述了"适情"、"无为"、对祸福的应对或处理、儒学、"制礼"五个方面与"治道"的关系。以下值得补充说明的是，《淮南子》中有两处出现"治国之道"的文本，亦需特别重视：

一为《淮南子·主术训》：

则君得所以制臣，臣得所以事君，治国之道明矣。②

治国者对臣子的利用，亦是"治国之道"。再深究之，在《淮南子·主术训》中，对臣子的利用这一点，

---

① 张双棣撰：《淮南子校释（增订本）》，前揭，第1173、1174页。
② 张双棣撰：《淮南子校释（增订本）》，前揭，第950、951页。

亦属于"无为"这一思想范畴。① 所以，对上述文本中的"治国之道"的具体内容——对臣子的利用——的阐述，将纳入笔者对"无为"的阐述。

二为《淮南子·齐俗训》：

> 治国之道，上无苛令，官无烦治，士无伪行，工无淫巧，其事经而不扰，其器完而不饰。乱世则不然。为行者相揭以高，为礼者相矜以伪，车舆极于雕琢，器用逐于刻镂。②

根据《淮南子》作者的说法，"无苛令"是指没有严苛的法令。③ "无烦治"的状态，可能是在所谓治世中的（恰当的）礼的作用下造成的。为此，笔者发现了一个间接理由，即，《淮南子·齐俗训》亦同时提及

---

① 参《主术训》"人主之术，处无为之事，而行不言之教，清静而不动，一度而不摇，因循而任下，责成而不劳"，见张双棣撰：《淮南子校释（增订本）》，前揭，第904页。在此，对"无为"的解释便包括"因循而任下，责成而不劳"，换言之，就是治国者（"人主"）在"无为"时，需要使用臣下。
② 张双棣撰：《淮南子校释（增订本）》，前揭，第1226页。
③ 参《缪称训》"水浊者鱼噞，令苛者民乱，城峭者必崩，岸青者必陀。故商鞅立法而支解"，见张双棣撰：《淮南子校释（增订本）》，前揭，第1124页。在此，"令苛者民乱"可谓是对商鞅立法造成了恶劣后果这一具体事实的一种概述。

绪　论　019

"烦"这一状态与"乱国"（类似于上述引文中的"乱世"）中的（不恰当的）礼有关。① 至于"士无伪行，工无淫巧"一说，按照许匡一《淮南子全译》，意即"士人没有虚伪的行为，工人不滥用技艺"。② 笔者认为，这实际上是一种恰当的礼被施行后的结果：士人与工人各安其分。因为，在《淮南子·齐俗训》中存在以下观点：在"治世"的（恰当的）礼的作用下，存在着"士与士言行""工与工言巧"这一良好状态或效果（许匡一《淮南子全译》翻译为"士人在一块儿谈论德行高低，工人在一块儿切磋技艺精粗"③）这一良好状态或效果：士人与工人各安其分。④ 至于"其事经而不扰，其器完而不饰"一句，从语脉来看，只是对"无苛令""无烦治""无伪行""无淫巧"造成的效果的概述，按照许匡一《淮南子全译》的翻译，意即"政事合

---

① 参《齐俗训》"乱国则不然，言与行相悖，情与貌相反，礼饰以烦"，见张双棣撰：《淮南子校释（增订本）》，前揭，第1174页。在乱国中，"烦"是礼造成的。
② 许匡一：《淮南子全译》，贵州人民出版社，1993年，第653页。
③ 许匡一：《淮南子全译》，前揭，第642页。
④ 《齐俗训》有言"治世之体易守也，其事易为也，其礼易行也，其责易偿也"，在此情况下，"士与士言行，工与工言巧"，见张双棣撰：《淮南子校释（增订本）》，前揭，第1210页。由此可知，"士与士言行，工与工言巧"在一定程度上，是"治世"中的"礼"造成的。

常规不混乱，器物完美不雕饰"。① 那么，这一句只是概述一种治理效果。总之，上述《齐俗训》文本中涉及"治国之道"的文本，不赞同使用严苛法令来进行治理，亦不赞同使用不恰当的礼来进行治理。礼本身应该是恰当的，那么，自然需要精心制作。换言之，关键还是在于如何"制礼"。按照《淮南子·齐俗训》之前的说法，做好"制礼"这一任务，才能实现"礼不过实"（礼的恰当状态）的"治世之道"。

另外，由上述可见，法律与礼本身是否与"治道"有关，在《淮南子》中是值得继续追问的。所以，以下将要说明：为何本书在阐述《淮南子》的"治道"问题时，不将法律与礼本身视作与"治道"有关的问题。有学者关于《淮南子》中"治道"问题的专著，如戴黍的《〈淮南子〉治道思想研究》，认为法律和礼本身与"治道"有关。② 这是不符合《淮南子》作者原意的。笔者找出的例子是：

> 故圣人所由曰道，所为曰事。道犹金石，一调

---

① 张双棣撰：《淮南子校释（增订本）》，前揭，第653、654页。
② 见本书正文第一章第二节对戴黍的《〈淮南子〉治道思想研究》的评析。

不更；事犹琴瑟，每弦改调。故法制礼义者，治人之具也，而非所以为治也。[①]

由上述文本可知，法律与礼只是治理的工具，不能提高到涉及治理的"道"的层面。《淮南子》的这种思路，与前述《庄子·天道》关于涉及治理的道术的思考有一定的一致性，因为后者亦称"礼法度数，形名比详，治之末也"，未将法律和礼提升到"道"的层面，反而认为法律和礼是治理方面的末流。虽然礼本身不是"治道"，但根据前述《淮南子·齐俗训》文本，"制礼"却与"治道"有关。这是值得《淮南子》的读者区分的地方。笔者认为，之所以要重视这一区分，是因为《淮南子》作者在阐述治国者"制礼"这一问题时，在很大程度上就是为了对既成的儒学的礼制观进行修正[②]——倘若我们单纯地将礼本身抬升为"治道"，就意味着我们将《淮南子》作者的意图理解为：只是要求治国者采纳既成的礼（甚或既成的任何形式或内容的礼）。这显然不是《淮南子》作者的意图（当然也不符合前述《淮南子》文本的意思）。

---

① 张双棣撰：《淮南子校释（增订本）》，前揭，第1379页。
② 参本书第五章第五节的阐述。

第三节 《淮南子》中"治道"问题的五个方面的联系

按照某种权威观点，如牟宗三在《政道与治道》中的观点，儒家的"治道"与礼乐（包括制礼）有关，[①] 而道家的"治道"与"无为"有关。[②] 而且，牟宗三认为，在关于礼的问题上，道家的"治道"与儒家的"治道"形成了冲突：道家的"治道"反对、彻底弃绝礼（当然也就包括"制礼"）。[③] 然而，牟宗三对儒家的"治道"与道家的"治道"的这一权威概括，不能被用以理解《淮南子》的以下说法：

> 然后知圣人之不失道也……是故以道为竿，以德为纶，礼乐为钩，仁义为饵，投之于江，浮之于海，万物纷纷，孰非其有。[④]

按照许匡一《淮南子全译》，上述文本意为："然后才能看出圣人是永远不放弃道的……所以用道当钓

[①] 牟宗三：《牟宗三先生全集10：政道与治道》，前揭，第30—32页。
[②] 牟宗三：《牟宗三先生全集10：政道与治道》，前揭，第37页。
[③] 牟宗三：《牟宗三先生全集10：政道与治道》，前揭，第37页。
[④] 张双棣撰：《淮南子校释（增订本）》，前揭，第181、182页。

竿，用德当丝线，用礼乐当钓钩，用仁义当钓饵，投放到江海去，什么好东西不归他占有呢"。① 在《淮南子》中，"适情"和"无为"两个概念，乃是与"道"相通。② 由此可知，上述《淮南子·俶真训》中的"道"的拥有者拥有"适情"与"无为"两项"治道"。同时，在上述《淮南子·俶真训》文本中，礼乐（亦包括仁义）是经由鱼线（"德"），从而被"道"的拥有者握在手中的鱼竿（"道"）所控制（乃至所利用）。换言之，"道"的拥有者亦通过"道－德"间接占有礼乐（亦包括仁义）。所以，从总体看，在《淮南子》中，尽管礼乐（乃至仁义）本身不等于"道"，但牟宗三所谓的道家的"治道"（至少包括"无为"）与牟宗三所谓的儒家的"治道"（至少包括礼），可能并非不可调和，甚至可能形成联系（同时，"适情"这一关乎人的心性的概念也能与牟宗三所谓的儒家的"治道"——礼——形成关联）。为此，笔者认为，假设我

---

① 许匡一：《淮南子全译》，前揭，第67页。
② "适情"与"道"相通，请参《原道训》"吾独忼慨遗物，而与道同出。是故有以自得之也，乔木之下，空穴之中，足以适情"，见张双棣撰：《淮南子校释（增订本）》，前揭，第113页。"无为"与"道"相通，请参《主术训》"无为者，道之宗"，见张双棣撰：《淮南子校释（增订本）》，前揭，第929页。

们按照牟宗三的思路，认为"无为"与礼（虽然礼本身在《淮南子》中不被称作"治道"）之间彻底无法调和，那就很难断言或推测，在《淮南子》中，"无为"与"制礼"之间能够发生关联。在此，笔者必须赘言的是，在《淮南子》中，"制礼"（"治道"的一方面），与"无为"（"治道"的另一方面）能够形成关联（这一点随后简述），而在前述牟宗三的观点中，"制礼"与"无为"之间的关联被彻底否定了。当然，牟宗三更未论及《淮南子》中的"治道"其余各个方面如何联系。所以，笔者将重新阐述"治道"的五个方面如何联系。笔者认为，五个方面至少存在以下联系：一、"适情"与"无为"的联系；二、"适情"与儒学的联系；三、"无为"与对祸福的应对或处理的联系；四、"无为"与"制礼"的联系；五、儒学与"制礼"的联系。以下分别简述。

第一，"适情"与"无为"的联系。这一联系，可根据《淮南子·泛论训》以下文本来说明：

> 所谓为善者，静而无为也……适情辞余，无所诱或；循性保真，无变于己，故曰为善易。[1]

---

[1] 张双棣撰：《淮南子校释（增订本）》，前揭，第1471页。

显然,"无为"这一概念被等同于"为善",而"适情"这一概念在文本中的存在,是被用于解释为何"为善"较为容易。可见,两个概念具有紧密联系。简言之,要做到"无为",就需要做到"适情"。然而,笔者认为,上述文本仅是指明了"无为"与"适情"之间的初步关联。因为,笔者发现,"无为"与"适情"之间,能够通过"适情"的关联性概念"应"而发生关联(具体的阐述,请见本书第二章第五节)。

第二,"适情"与儒学的联系。这一联系主要在于,《淮南子》作者主张治国者通过"适情"的态度来学习儒学,而不是采取儒生所采取的禁欲的态度。对这一结论的阐述,由本书第五章第四节承担。在进行阐述的最后,本书第五章第四节亦将顺带说明治国者为何采取"适情"这一态度来学习儒学。换言之,"适情"与儒学的关联,并非流于表面形式的关联,还另有一定意义。

第三,"无为"与对祸福的应对或处理的联系。本书第四章将阐述两种关于对祸福的应对或处理这一方面的问题:"损益"与"守常"。第四章第一节第三部分将阐述"损益"这一问题与"无为"思想有关,尤其是"损"这一概念的具体义理,也与"无为"这一概念的某些内容有一定的一致之处。同时,第四章第二节第

二、三部分将阐述"无为"是"守常"（治国者对自己肉体与国家的保全）得以达成的方式。

第四，"无为"与"制礼"的联系。本书第三章第三节第一部分在"无为"与因循"自然"这一说法的关联后，将在该节第二部分阐述因循"自然"这一说法的义理时，指出：治国者在"制礼"之时，需要按照因循"自然"（当"自然"指人性时）这一要求来对礼进行制作。同时，本书第六章第二、三节的一部分内容即要阐述了治国者为了实现因循人性这一目标如何对礼进行制作。

第五，儒学与"制礼"的联系。本书专论儒学问题的第五章将专设一节（第五节），探讨《淮南子》作者对儒学中《礼》和已推行的礼的批评。该节还将阐述，很可能基于这些批评，《淮南子》作者提出了自己的关于治国者"制礼"这一方面的观点。而专论"制礼"问题的第六章第三节，则阐述儒学的"制礼"观这一点如何与《淮南子》作者所主张的"制礼"发生关系。

第四节　关于研究方法的考虑

在研究之时，唐君毅《哲学概论》中的方法论内容给予了笔者一定启发，分为以下四点。

第一，"纯理的推演法"。唐君毅认为，哲学理论本身，如同历史事件一样（但并非历史），"前后相承而发生"。[①] "纯理的推演法"在于从一个概念推出另一个概念、从一个命题推出另一个命题等，总之是"纯思想上语言上的逻辑推论者"。[②] 更为具体地讲，"纯理的推演法"亦"立脚于一般之知识"，"向内层层剥落"，"再次第引申其含义"。[③] 就本书对此方法论的应用而言，笔者首先基于一般的学术知识储备，确立了"治道"这一问题意识（从黎红雷乃至牟宗三那里受到启发）。然后，再带着此问题意识去探究《淮南子》作者对"治道"这一概念的阐述，发现《淮南子》作者用其余概念对"治道"进行了阐述或界定（正如唐君毅所谓的"向内层层剥落"）。换言之，要理解"治道"，可以从这些概念着手进行研究。到了关注这些概念的阶段，笔者又发现，这些概念各自又由一些次级概念或说法组成（正如唐君毅所谓"再次第引申其含义"）。那么至此，对"治道"的研究又可以细化为对这些次级概念或说法的研究。以上过程，可以以本书对"无为"问

---

① 唐君毅：《哲学概论》，中国社会科学出版社，2005年，第121页。
② 唐君毅：《哲学概论》，前揭，第121页。
③ 唐君毅：《哲学概论》，前揭，第132页。

题进行的研究过程为例进行说明：根据前人著述，了解到中国思想史上存在"治道"这一问题；以《淮南子》文本为基础，通过分析从而厘清"无为"这一问题与"治道"问题有关；在正文对"无为"进行阐述之时，又从《淮南子》中钩稽出与"无为"问题相关的文本并进行阐述，进而推出可以从因循"自然"与"常后而不先"两方面来对"无为"进行细化阐述；按照以上方面，将关于"无为"的一章分为若干节，从而对以上方面进行细致阐述。

第二，"比较法"。唐君毅认为，这种方法是"最原始面、最自然的思想方法"，主要关注一种哲学思想与另外哲学思想的相同之处与不同之处。为此，唐君毅特别强调，对哲学思想的研究，应该对哲学的各个派别"作比较研究"。[①] 具体而言，"比较法"亦在于看出不同种哲学思想之间的不同之处、"异中又恒有同"、"有似异而实同者"、"有似同而实异者"，最终的一个目的是使被研究的哲学思想的"个体性"得以凸显。[②] 就本书对此方法论的应用而言，笔者以对《淮南子》中"适情"的研究为例进行说明。笔者在对《淮南

---

① 唐君毅：《哲学概论》，前揭，第123页。
② 唐君毅：《哲学概论》，前揭，第124页。

子》中的"适情"进行正式阐述之前，举出《墨子·辞过》中的"适身体"这一表面上可能与《淮南子》中"适情"这一概念接近、实则意思不同的说法，与"适情"的意思进行对比，以期凸显后者在义理方面的特点；在《淮南子》之外，存在着如《荀子》中的"其养曲适"、《春秋繁露·循天之道》中的"适中"等与"适情"接近但不等同的说法或概念等，故笔者在对《淮南子》中的"适情"进行正式阐述之前，便举出它们，对它们的意思进行阐述，且酌情与《淮南子》中的"适情"的义理进行初步比较，以期为之后的正式阐述做铺垫；在对《淮南子》中的"适情"问题进行正式阐述之时，笔者举出《韩诗外传》《文子·九守·守真》的观点来进行比较，以求说明《淮南子》作者在将"适情"作为治国者的内在态度之时，其主要观点可能同时包含了《韩诗外传》《文子·九守·守真》中的观点。

第三，"超越的反省法"。按照唐君毅的说法，在一定意义上，所谓"超越的反省法"是对知识本身进行反省，[1] 进而对表达知识的言说（或语言）进行

---

[1] 唐君毅：《哲学概论》，前揭，第128、129页。

分析，①"把原有之知识言说间之裂缝，关联贯通起来"。②就本书对此方法论的应用而言，以下进行说明。按照《淮南子》中出现"治道"问题的文本，"治道"可以分为五个方面来进行研究。然而，这些文本本身并没有直接告诉读者，五个方面之间如何联系。换言之，从表面上看，五个方面存在着唐君毅所谓的"裂缝"。然而，经过笔者对《淮南子》的进一步细读以及反省，发现五个方面可以通过对文本的深入阐述"贯通起来"。如此的"贯通"，也意味着《淮南子》关于"治道"各个方面之间的论述，并不是完全割裂的，而是在一定程度上和范围内是可以"贯通"的。例如：本书第二章第五节便致力于"贯通""适情"与"无为"这两方面的联系；第三章第三节第二部分的部分阐述，便致力于"贯通""无为"与"制礼"两方面的联系；第四章第一节第三部分以及第二节第三部分便致力于"贯通"对祸福的处理或应对这一问题与"无为"这一方面的联系；第五章第五节便致力于"贯通"儒学问题与"制礼"这方面的联系。

第四，"批判法"。唐君毅认为，"批判法"研究

---

① 唐君毅：《哲学概论》，前揭，第129页。
② 唐君毅：《哲学概论》，前揭，第130页。

"思想之价值之限度",同时,"位于一更高之观点,对其所研究之诸思想,重新估定其分别之价值"。① 对于这一方法论,笔者也进行了酌情灵活运用,如借助其他政治哲学观点或现代国家的一般性事实或历史事实来进一步澄清《淮南子》中"治道"问题在某些方面的价值,或将《淮南子》中"治道"思想本身作为"更高之观点",凸显其他政治哲学"思想之价值之限度",进而凸显《淮南子》中"治道"思想本身的价值所在。如:笔者在第二章小结中,便借鉴了关于马基雅维利主义的一般性观点来审视"适情"思想的价值,阐述出"适情"的应用可能有助于减少治国者身上的马基雅维利主义色彩这一结论;笔者在第三章小结中,借助现代国家的一般事实,来指出"制礼"这一"治道"在一定程度上可能不为崇尚个体自由的人所接受,但这一"治道"所隐含的对民众的自然欲望的管控这一点,仍然是现代国家实际运行中的一种事实;笔者在第四章小结中,指出"损益"问题和"守常"问题与穆勒(John Stuart Mill)在《功利主义》(*Utilitarianism*)一书的功利主义观点既有相通之处,也有无法对接之处;在第六章小结中,笔者指出,"制礼"这一"治道"减

---

① 唐君毅:《哲学概论》,前揭,第133页。

少了政治运行中的"透明度"（不追求绝对的政治"透明度"），同样，现代政治的实际运行情况仍然并未实现绝对的政治"透明度"；第七章将指出，牟宗三与徐复观在阐述中国"治道"问题时，尚未充分考虑本书所述的《淮南子》中"治道"的部分内容，借此，笔者将指出后者的特别价值意义所在。最后，笔者在本书"结论"一章中将根据新近被历史学者发掘、梳理的关于胡适与《淮南子》关系的历史事实，指出《淮南子》中的"治道"的某些观点在现代中国的政治史与政治思想史上仍存在一定反响。

以下举例说明上述四种方法论思路的优点。

首先，采用"纯理的推演法"的思路，有利于更为忠实地阐述《淮南子》中的"治道"问题。如：戴黍《〈淮南子〉治道思想研究》一书尽管与笔者同样具有"治道"方面的问题意识，但该书没有借助"纯理的推演法"，按照《淮南子》作者本意逐步推出《淮南子》中哪些问题或方面与"治道"有关，而是随意从《淮南子》文本中挑选戴黍所谓的问题，使之组成《淮南子》中的"治道"思想（对此，笔者的具体阐述见本书第一章第二节对戴黍《〈淮南子〉治道思想研究》一书的批评）。这一做法，导致戴黍将并未被《淮南子》作者视作"治道"思想的方面（如法律、兵学思想）强行作为

《淮南子》中的"治道",从而扭曲了《淮南子》作者的原意。

其次,采用"比较法"的思路,正如前述唐君毅的观点指出的,有利于凸显被研究的哲学思想"个体性"。这一"个体性",在本书的阐述中,就是让《淮南子》中与"治道"有关的每一个问题或方面被纳入先秦西汉思想史的宏观背景,以求使本书读者了解:与"治道"有关的每一个问题或方面并非《淮南子》作者捏造,而是《淮南子》作者在不同程度上继承或发展了前人的思想所致。同时,也有利于阐述《淮南子》中与"治道"有关的、在一般人看来较为陌生的问题。例如,"守常"(治国者对自己肉身与国家的保全)这一问题,在此前学者对《淮南子》的"治道"或政治哲学的论述中就未出现过。笔者在本书第四章第二节第一部分,将指出这一问题与《韩非子·喻老》中对"常"的一种定义的渊源,并指出其可能与其他诸子经典(如《荀子》《说苑》《墨子》《文子》《鹖冠子》《韩非子》《盐铁论》《吕氏春秋》)中"身死国亡"这一问题有着间接关系。由此,通过"比较法"的思路,使得"守常"在先秦西汉思想史中的位置得以显现,也使得读者在正式阅读笔者对"守常"问题的阐述之前,明白《淮南子》中的"守常"问题并非无的放矢,而是一种在不同程度上被先秦西汉诸子或直接或间接地共同思考着的问题。

再次，采用"超越的反省法"之思路的优势，诚如前述唐君毅观点所指出的，在于"把原有之知识言说间之裂缝，关联贯通起来"。具体到本书对《淮南子》中"治道"问题的研究来说，就是相较于戴黍《〈淮南子〉治道思想研究》一书，笔者发现了"治道"问题的各个方面的联系（这一联系不是笔者凭空想象得出，而是根据《淮南子》作者的文本原意获得）。由于《淮南子》在历史上曾被视作"杂家"，或给人以其中各类思想纯为生硬拼凑的印象，故指出这一联系的价值，有利于读者认清，至少《淮南子》作者在阐述"治道"相关的各个问题时，并非生硬拼凑，而是有意识地铺设了各个问题之间的联系。另外，从本书的整体论述看，采用"超越的反省法"之思路的优势，也可能是必需的。这种思路，有利于使本书论述"治道"问题的各章在内容上形成联系，使全文的整体性得以凸显。最后值得说明的是，在一些观点（如前述牟宗三的观点）看来，"无为"思想与"制礼"思想无法融通。如果照此思路研究《淮南子》中"治道"问题，自然也就切割了"无为"与"制礼"两个方面之间的关系。假设如此坐实，那么读者可能就会质疑《淮南子》中的"治道"思想的整体内部存在着一种不可弥补的断裂或"裂缝",从而可能贬低《淮南子》中的"治道"思想本身的整体性乃至整体价值。然而,如果采取"超越的反省法"之思路,那么优势就在于,探究出"无为"与"制礼"两个方面之间的深刻关联(指出"制礼"思想与"无为"思想中因循"自然"这一义理的紧密关联),不仅避免了断裂或"裂缝"的出现,也提升了《淮南子》中的"治道"思想的整体性。

最后,笔者借鉴"批判法"这一思路,本身目的就在于指出《淮南子》中的"治道"思想各个方面的价值。众所周知,《淮南子》已经是有逾两千年历史的古书,太过古老,当代读者可能会质疑,其中"治道"思想是否还存在着近现代政治哲学意义上的价值。故正如前述,笔者将借助政治哲学方面的其他观点(如关于马基雅维利的一般性观点、穆勒《功利主义》的部分观点),指出《淮南子》中的"治道"思想或仍然有利于今世,或与功利主义观点之间有相通之处。另外,通过借助《淮南子》中的"治道"思想(唐君毅所谓"位于一更高之观点")来审视牟宗三、徐复观关于中国"治道"的阐述或设想,发现《淮南子》中的"治道"思想反而有利于发现他们关于"治道"的阐述的缺陷,从而凸显《淮南子》中的"治道"思想本身在宏观上的中国"治道"问题领域的价值,等等。总之,借鉴"批判法"这一思路,有利于读者从各个角度来理解《淮南子》中的"治道"的价值或限度,从而更为立体地审视、理解乃至体悟《淮南子》中的"治道"问题。自然,至少厘清了一定价值后,不会让读者以为《淮南子》中的"治道"思想在近现代乃至当代已经完全无用。

第五节 研究内容简介

本书内容及结构如下:

绪论。绪论第一节主要阐述《淮南子》中"治道"问题在思想史上的定位。这一阐述主要是以先秦"治道"思想史为基础。绪论第二节重在厘清《淮南子》语境中"治道"问题到底与哪些方面有关。在此基础上,第三节简述"治道"的五方面之间的联系(更为具体的阐述是在相应的各章中)。第四节主要阐述的是本书所受到的方法论方面的启发。最后,绪论还有一个附论(附于本节之后),重在简述之前学者在中国"治道"问题研究领域的代表性既有成果。

第一章,《淮南子》基本情况简介及相关政治哲学研究评析。第一节简要介绍《淮南子》的编著者、内容和主旨以及版本、注疏情况。其中，将要指出按照《淮南子》作者本身的意图，"治道"问题在《淮南子》中便已经占据一定分量，以及笔者研究所依据的底本张双棣《淮南子校释（增订本）》的一些优点。第二节是对《淮南子》政治哲学研究文献的评析。其中要对戴黍的《〈淮南子〉治道思想研究》等六本专著中论及《淮南子》政治哲学的内容进行批评。同时，在批评的过程中，酌情说明本书在研究之时对被批评的方面将作出哪些改进、补充。第三节是对第一章所述内容的简单小结。

第二章，"适情"：治国者的内在态度。第一节首先简述先秦西汉经典中与"适情"有关的问题，并与《淮南子》中"适情"的部分义理作一个初步比较，以求读者了解"适情"这一问题在相关思想史上的位置。第二节是对"适情"基本义域的基础性研究，以求读者了解"适情"的丰富的义理。第三节旨在说明"适情"为何是治国者的内在态度，因为"适情"这一态度有可能被认为并非治国者的内在态度。第四节是本章研究的一大特色，旨在阐述"适情"的关联性概念——"应"，以期说明拥有"适情"之态度的治国者的一种政治性行事方式。第五节接着说明"应"这一概念把"适情"这一方面与作为"治道"另一方面的"无为"

联系起来。第六节小结不仅仅旨在对第二章内容进行小结，更旨在与关于马基雅维利主义的一般性政治哲学观点进行比较，来审视"适情"这一"治道"，以求凸显"适情"在政治治理活动中的价值或用处。

第三章，"无为"：治国者的外在行事方式。第一节首先阐述先秦西汉思想史中的"无为"问题，以期对《淮南子》中的"无为"问题的正式阐述做一个铺垫。第二节旨在阐述《淮南子》中的"无为"与先秦西汉的诸多经典中的"无为"一样具有政治性，并阐述《淮南子》作者提出"无为"是指建立政治功业。第三节是对"无为"思想中因循"自然"一说的阐述以及对相关的治理问题的阐述，以期使得读者了解，"无为"由于与因循"自然"一说的紧密关联，具有了丰富的政治治理方面的含义。其中，也将顺带说明"无为"问题与作为"治道"另一方面的"制礼"问题之间的联系。第四节是阐述"无为"概念中的另一说法"常后而不先"及其政治色彩，同时旨在说明"无为"概念具有随机应变、先发制人、后发制人等多重内在义理。第五节小结不单单是对第三章内容的归纳，也是提示"无为"思想（以及相关的"制礼"思想）在政治中的价值。

第四章，"损益"题与"守常"：治国者保福避祸。第一节的目的在于回顾"损益"问题的思想史，指出《淮南子》中的"损益"问题与思想史上的诸多"损益"问题一样具有强烈的政治色彩。同时，第一节也将指出"损益"问题的相关义理与《老子》《易经》《说苑》中"损益"问题的义理在一定程度上有相通之处。另外，第一节亦旨在说明"损益"问题与作为"治道"另一方面的"无为"思想的联系。第二节的目的在于说明与"守常"问题相关的思想史，并说明"无为"是实现"守常"（治国者避免身死国亡）的关键方式，更为说明"守常"问题与作为"治道"另一方面的"无为"的联系。第三节小结不仅旨在总结第四章的内容，更重要的是将"损益"问题和"守常"问题这两者与穆勒《功利主义》中的一些思想进行比较，以期凸显这两者的特点。

第五章，治国者与儒学。第一、二节分别阐述先秦西汉思想史上的"治国者与儒学"这一主题以及《淮南子》中的儒学观念，为之后若干节的阐述做一个坚实的铺垫。第三节阐述治国者对儒学中的"六艺"的改造并利用的问题，并指出《淮南子》作者对这一问题的提出，几乎是先秦西汉思想史上的一种创见。第四节以第三节为基础，阐述治国者对儒学的学习态度（"适情"），并指出这一学习态度的好处及其与治国者对"六艺"的改造这一点的基本关联。第五节阐述儒学问题（儒学的"制礼"观、"六艺"中《礼》的缺陷）与《淮南子》作者主张的"制礼"观的基本联系，以期为专论"制礼"问题的下一章做好铺垫工作。当然，第五节也旨在说明儒学问题与"制礼"问题这两项与"治道"相关的问题之间的联系。第六节小结旨在归纳第五章的主要内容，并指出本章事实上已经打破了所谓《淮南子》中"道"与儒学之间无法沟通这一观点。

第六章，"制礼"：治国者对礼的制作。第一节首先回顾先秦西汉思想史中关于对礼的制作的观点（其中以《礼记》为主，其他经典为辅），为之后的阐述做一个铺垫。第二节强调的是先秦西汉思想史中并未出现的"制作具有多重道德标准的礼"这一观点。这一观点不仅是《淮南子》作者的一种创见，也符合"无为"思想中因循"自然"（人性）这一目的。第三节强调的是改造前人之礼这一"制礼"要求。这一要求是对《礼记》《论语》《庄子》中相应观点的一种继承，也是对儒学中的"制礼"观的拨正。第四节阐述与"制礼"问题相关的鬼神问题以及其他相关问题。后两个问题皆在一定程度上反映了《淮南子》作者在"制礼"问题方面的倾向。第五节小结不仅是对第六章内容的归纳，也旨在从政治运行的实际情况角度出发来审视《淮南子》中"制礼"思想。

第七章，反思牟宗三、徐复观关于"治道"的观点。笔者的思路，在很大程度上是借助笔者已经阐述出的《淮南子》中的"治道"思想，来与两位学者的观点进行比较，以期指出两位学者对《淮南子》中"治道"思想的一定程度的忽视，导致了他们阐述上的不全面性，以及如果两位学者真正重视《淮南子》中的"治道"思想，将有利于两位学者真正全面充分地理解中国"治道"。第七章小结除了简单总结第七章的反思外，也将指出在西方政治哲学研究界，治国者或政治领导者的治理方式问题也是西方政治哲学的一个主题。

结论。这一结论不仅在于梳理笔者关于《淮南子》中"治道"问题的总体写作线索和思路，也在于借助关于胡适著作《淮南王书》的相关历史事实，说明在近现代中国历史中，仍然有知识分子汲汲于将《淮南子》中的"治道"思想的某一部分献给统治者。笔者的这一说明，在于指出《淮南子》中的"治道"思想在现代仍有影响。

附："治道"问题研究现状

就中国"治道"方面的研究而言，笔者首先发现了牟宗三《政道与治道》以及徐复观《学术与政治之间

（新版）》一书有"中国的治道"一文。牟宗三与徐复观皆力图给中国"治道"问题以界定，并认为他们所总结的中国"治道"能够在现代政治中得以应用。然而，笔者认为，由于他们没有认真考虑《淮南子》中的"治道"思想，故他们的界定是有缺憾的。本书第七章便将专门反思他们关于"治道"问题的相关观点。除了牟宗三《政道与治道》以及徐复观《学术与政治之间（新版）》一书有"中国的治道"一文，笔者发现，学界对"治道"问题的关注方式是从不同角度出发的。以下简述学者从各个角度关注"治道"问题的代表性论著、丛书、文集等。就笔者所见，可以分为以下若干角度。

角度一：以"政治哲学"为题，对中国古代经典乃至近现代思想家的"治道"问题进行综论。

代表：冯沪祥的《中国政治哲学》。冯沪祥所著的《中国政治哲学》一书，虽然题为"政治哲学"，但作者该书自序中强调，该书"出自中国哲学的道论"，[1]以"申论历代圣贤哲人智慧""对今天政治哲学的现代意义"。[2] 换言之，该书至少是试图阐述中国政治思想方面的"道"。这一点，在该书正文中亦可得到证实。

---

[1] 冯沪祥：《中国政治哲学》，台湾学生书局，2007年，第Ⅲ页。
[2] 冯沪祥：《中国政治哲学》，前揭，第Ⅲ页。

例如，在题为"孔子的政治哲学"的第一章中，作者便将孔子政治哲学中的"仁民政治""仁民爱物""对民诚信"等思想要义归为"儒家治道"。[①] 另外，该书亦论及"孟子的政治哲学""老子的政治哲学""庄子的政治哲学"乃至"《贞观政要》的政治哲学""曾文正公的政治哲学""孙中山先生的政治哲学"等。[②] 由此可见，该书所阐述的中国政治思想方面的"道"，不仅涉及中国古代政治思想，还涉及中国近代政治思想。换言之，如果我们依循前述作者的思路，将作者所谓的"中国政治哲学"替换为"中国治道"，那么，"治道"问题在作者所构建的思想史中是从古代延续到近代的。

角度二：认为中国古代的"治道"指各种具体化的施政措施。

代表：郑寿彭的《中国古代的治道》。郑寿彭《中国古代的治道》并非探究某几部经典中的"治道"，而是针对中国古代的"治道"问题的通论性质的概述。该书认为，中国古代的"治道"可以从黄帝一直延续

---

① 冯沪祥：《中国政治哲学》，前揭，第29页。
② 冯沪祥：《中国政治哲学》，前揭，第87、161、233、549、621、691页。

到孙中山,"颇与近代民主政治所企求者相契合"。[1]为此,作者在该书导论中列举以下五点:一、"设立听政之所",例如尧的"衢室"和周代的"明堂";[2]二、"执政官由选举而来",例如西汉时期的"眦选";[3]三、"养成责任政治的廷谏",例如秦始皇东巡守之时召集儒生讨论封禅问题;[4]四、"伸张民意的"清议",例如东汉太学的清议;[5]五、"重要政策之审议",例如唐武后之时臣子关于"告密罗织"的议论。[6]然而,该书正文并非仅限于对以上五点的继续阐述,而是分为九部分,分别阐述"修史之道""亲民之道""救荒之道""慎刑之道""赦宥之道""弭盗之道""知人之道""用人之道""任将之道"。该书作者所理解的"治道",实则是具体化的施政措施、制度。例如,作者在谈论"慎刑之道"时,便认为"慎刑之道"的一个主要方面在于"重视审判制度"。同时,"重视审判制度"又分为以下六点:一、"尊重廷尉职

---

[1] 郑寿彭:《中国古代的治道》,台湾商务印书馆,1972年,第1、2页。
[2] 郑寿彭:《中国古代的治道》,前揭,第2、3页。
[3] 郑寿彭:《中国古代的治道》,前揭,第3页。
[4] 郑寿彭:《中国古代的治道》,前揭,第4页。
[5] 郑寿彭:《中国古代的治道》,前揭,第5页。
[6] 郑寿彭:《中国古代的治道》,前揭,第5、6页。

权";二、"死刑案件不得专决";三、"审判应由有审判权机关行之";四、"推检分权";五、"严核审限";六、"审判独立不容干涉"。①

角度三：认为"治道"问题是中国古代治理思想的一部分，从而进行阐述。

代表：张分田的《中国古代统治思想研究》。该书并非专论"治道"问题，而是涉及譬如"民贵君轻"的一般性政治思想方面的问题，②但是一定程度上涉及了"治道"问题。在该书第二章中，作者提及"治之道"一词，③并认为法家著作的代表《韩非子》"在'道'的名义下"，"提供了系统的治国方略"。④例如，《韩非子》要求最高治国者在构建政治制度、守法、道德修养等方面，必须遵循涉及治国问题的"道"。⑤由于第二章题为"统治思想演化过程中的若干问题"，所以至少可以说，该书作者大致认为"治道"问题的一个方面（法家涉及的"治道"）属于中国古代统治思想

---

① 郑寿彭：《中国古代的治道》，前揭，第59—61页。
② 张分田：《中国古代统治思想研究》，人民出版社，2013年，第167、329页。
③ 张分田：《中国古代统治思想研究》，前揭，第69页。
④ 张分田：《中国古代统治思想研究》，前揭，第69页。
⑤ 张分田：《中国古代统治思想研究》，前揭，第70、71页。

"演化过程"中的一个问题。

角度四：在"治道"问题意识的指引下，搜集相关的文本材料。

代表：姜以读、李容生编著的《中国古代政府管理思想精粹》。该书虽然根据编著者自述，是在"政府管理学"学科视野下编成的用于从中国古代政治思想文本中搜集与该学科相关的材料的著作，[①] 但是仍然具备思想史中的"治道"这一问题意识。该书第二章题为"治国之道"，而该书第四章题为"行政方略"。第二章特别强调，"治国之道"是"中国政府管理思想史上最为发达的"思想之一，且与"行政方略"是"不同层次"。后者是"治国之道执行下的方法策略"，而"治国之道"是"路线、方针、原则"，"纯属于治道"。[②] 在这一前提下，该书第二章先后选取《庄子》《尹文子》《荀子》《太平御览》《宋书》《魏书》《孟子》《贞观政要》《左传》《论语》《孔子家语》《论衡》《潜夫论》《三国志》《礼记》《管子》《老子》《淮南子》《墨子》《后汉书》《韩非子》《慎

[①] 姜以读、李容生：《中国古代政府管理思想精粹》，国家行政学院出版社，2000年，第V页。
[②] 姜以读、李容生：《中国古代政府管理思想精粹》，前揭，第33页。

子》《汉书》《抱朴子》《唐律疏义》《唐律释文序》的相关文本，以求从多个角度展示与"治道"问题相关的思想。[1] 上述所列书籍，先秦两汉时期的著作占了相当一部分。由此可见，在该书编著者看来，至少在先秦两汉时期，"治道"问题还是广泛存在的。

角度五：汇集权威学者论文的论文集，全方位多角度地阐发各种经典中的"治道"问题。

代表：黎红雷主编的《治道新诠》。该文集收录多达112位学者关于"治道"问题的论文[2]，是迄今笔者所见关于"治道"问题的收录文章数量最多的文集。在这112位学者中，有成中英、曾仕强、杜维明、冯达文、陈来、陈少明、干春松、郭齐勇、景海峰、廖名春、林安梧等著名中国哲学研究专家。[3] 全书论文分别涉及了儒、道、法、墨、兵、禅诸家经典的"治道"问题，也分别论及先秦以降乃至当下语境中的"治道"问题。黎红雷在该书所附的对话录之中说，"中国传统的'治道'包含很丰富的内容"，不仅如司马谈《论六家要旨》所说，包含诸子各家，同时也是"把治理国家治

---

[1] 姜以读、李容生：《中国古代政府管理思想精粹》，前揭，第35—69页。
[2] 黎红雷主编：《治道新诠》，中山大学出版社，2011年，彩页第9页。
[3] 黎红雷主编：《治道新诠》，前揭，目录页第1、2页。

理社会作为出发点"的"一种管理的方法",也包含"技、艺、术"等内容。① 总而言之,《治道新诠》这本收录论文颇多,有众多著名中国哲学研究专家参与撰写的文集的存在,至少可以证明"治道"问题目前在中国哲学研究领域占有一定的分量。

角度六:对思想派别或思想家的经典中的"治道"问题进行阐述。

代表之一:吕锡琛的《善政的追寻——道家治道及其践行研究》。该书是针对道家思想中蕴含的"治道"问题较为专门、全面的研究专著。关于道家"治道"及其重要性,作者认为:在被称作盛世的文景之治和贞观之治中,治国者便推崇道家"治道"并付诸实践;② 包含道家"治道"内容的《老子》即被唐玄宗等帝王进行注释(唐玄宗的《御注道德真经》和《御制道德真经疏》、宋徽宗的《御解道德真经》、明太祖的《御注道德真经》、清世祖的《御注道德真经》、梁武帝的《老子讲疏》和《老子义疏理纲》、梁简文帝的《老子私记》、梁元帝的《老子讲疏》、魏孝文帝的《老子注》

---

① 黎红雷主编:《治道新诠》,前揭,第948页。
② 吕锡琛:《善政的追寻——道家治道及其践行研究》,人民出版社,2014年,"自序"第1页。

和《老子义疏》）；[1]《汉书》亦称道家为"君人南面之术"，而不是"普通的思想"；[2] 道教称颂老子的道家"治道"的同时，利用庄子、文子的影响力，从而扩大了道家"治道"的影响力。同时，道教中的"道门中人"也研究道家"治道"，向治国者宣扬道家"治道"，如丘处机向成吉思汗传授道家"治道"；[3] 道家"治道"也在道教中得以传承，从汉至元的传承人有严遵、河上公、葛洪、成玄英、李荣继、杜光庭、唐峭、刘玉、张三丰等，代表作品有严遵《老子指归》、河上公《老子章句》、成玄英《庄子疏》、杜光庭《道德真经广圣义》、《太平经》、唐峭《化书》，而代表思想有成玄英和杜光庭的致力于容纳儒家道德规范的"重玄学"；[4] 在近代，开明思想家魏源也撰写《老子本义》，用于"治人""救世"，而严复亦通过评点《老子》《庄子》（《老庄评语》）而鼓吹政治的现代化。[5] 吕锡琛《善政的追寻——道家治道及其践行研

---

[1] 吕锡琛：《善政的追寻——道家治道及其践行研究》，前揭，"自序"第1页。
[2] 吕锡琛：《善政的追寻——道家治道及其践行研究》，前揭，"自序"第2页。
[3] 吕锡琛：《善政的追寻——道家治道及其践行研究》，前揭，第7页。
[4] 吕锡琛：《善政的追寻——道家治道及其践行研究》，前揭，第7、8页。
[5] 吕锡琛：《善政的追寻——道家治道及其践行研究》，前揭，第9页。

究》一书，从正文看，主要是针对道家经典文本中道家"治道"的概述，以及针对中国古代治国者对道家"治道"的践行的概述。全书针对道家"治道"的专门概述所论及的经典或经典思想家分别是：《老子》，《黄帝四经》，《管子》，《庄子》，《吕氏春秋》，《淮南子》，《太平经》，王弼、郭象的《庄子注》，成玄英的《庄子疏》，杜光庭的《道德真经广圣义》，王夫之、魏源的《老子本义》，严复的《老庄评语》。[①] 需要特别指出的是，全书对治国者对道家"治道"的研究或实践亦进行了概述。这些治国者包括：贞观时期的治国者（主要是李世民）、唐玄宗、宋代君主（宋太祖和宋真宗）、成吉思汗、朱元璋、清世祖顺治帝，等等。[②] 由此可见，在《善政的追寻——道家治道及其践行研究》的作者看来，从道家"治道"对治国者的影响这一方面来看，道家"治道"问题到了清代仍然存在。

---

① 吕锡琛：《善政的追寻——道家治道及其践行研究》，前揭，第61—83、84、93—105、106—121、122—148、168—193、194—214、215—232、233—247、248—268、269—285、432—455、456—465、466—474页。
② 吕锡琛：《善政的追寻——道家治道及其践行研究》，前揭，第286—309、286、310—334、335—352、335、345、353—370、371—381、382—406、407—431页。

代表之二：曾春海的《儒家的淑世哲学——治道与治术》等。该书阐述先秦儒家、董仲舒、魏晋时期玄学家、范仲淹、朱熹、王阳明在"治道"问题方面的思想。① 而王斐弘著有《治法与治道》一书，阐述法家代表著作《管子》以及相关人物（或学派）李悝、吴起、商鞅、申不害、稷下学派、慎到的思想。其中，对《管子》一书中的治道问题着墨颇多，分为六章，它们是第十一章"治道论：《管子》的综治思想"、第十二章"治道论：《管子》的政治思想（上）"、第十三章"治道论：《管子》的政治思想（下）"、第十四章"治道论：《管子》的经济思想（上）"、第十五章"治道论：《管子》的经济思想（中）"、第十六章"治道论：《管子》的经济思想（下）"。② 另外，杨琪著有《〈贞观政要〉治道研究》，专论《贞观政要》一书中"治道"问题的各个方面，如无为问题、仁义问题、刑赏问题、君臣问题等。③

角度七：在"治道"问题意识引领下，组织出版了

---

① 曾春海：《儒家的淑世哲学——治道与治术》，文津出版社，1992年。
② 王斐弘：《治法与治道》，厦门大学出版社，2014年，第162—179、180—196、197—208、209—224、225—241、242—259页。
③ 杨琪：《〈贞观政要〉治道研究》，巴蜀书社，2011年，第65—77、78—104、105—125、126—150、252—302页。

丛书。

代表一："中国传统治道研究丛书"。该丛书由研究"治道"问题的专家黎红雷主持出版。其中，有戴黍的《〈淮南子〉治道思想研究》[1]、张增田的《黄老治道及其实践》[2]、程宇宏的《荀悦治道思想研究》[3]等。

代表二："治道文丛"。该丛书由北京航空航天大学人文与社会科学高等研究院主持出版。其中有任文利的《治道的历史之维：明代政治世界中的儒家》[4]、干春松的《制度儒学》[5]、姚中秋的《道统与宪法秩序》[6]等。

总而言之，"治道"已经是被学界从各个角度和侧面广为接受的问题意识。在此基础上，学者们多从各自对"治道"的不同理解出发，进行了探索。然而，正是因为学界对"治道"的理解可能是不同的，笔者在对《淮南子》的"治道"问题进行正式探索之时，便要阐述在《淮南子》语境中，哪些方面或问题与"治道"有

---

[1] 戴黍：《〈淮南子〉治道思想研究》，中山大学出版社，2005年。
[2] 张增田：《黄老治道及其实践》，中山大学出版社，2005年。
[3] 程宇宏：《荀悦治道思想研究》，中山大学出版社，2005年。
[4] 任文利：《治道的历史之维：明代政治世界中的儒家》，中央编译出版社，2014年。
[5] 干春松：《制度儒学》，中央编译出版社，2017年。
[6] 姚中秋：《道统与宪法秩序》，中央编译出版社，2017年。

关,哪些方面或问题与"治道"无关。这就是笔者在绪论中专开一节对此进行说明的原因。

第一章 《淮南子》基本情况简介及相关政治哲学研究评析

第一节 《淮南子》的编著者、内容和主旨、版本及注疏情况简介

一、有关《淮南子》之编著者的问题

一般认为,《淮南子》一书是由西汉淮南王刘安及其门客编著的。但按照高诱的说法,《淮南子》是由刘安的门客苏飞、李尚、左吴、田由、雷被、毛被、伍被、晋昌以及"诸儒大山、小山之徒""共讲论道德,

总统仁义，而著此书"。① 以上门客与《淮南子》一书的更为具体的关系，除了高诱外，就笔者所见，后来均无清晰记载和叙述。其实，按照过往学者以及当代《淮南子》研究专家的观点，刘安在著成此书方面的作用比较大。如明人王世贞在《艺苑卮言》中认为，《淮南子》"当由刘安手裁"；② 梁启超在《汉书艺文志诸子略考释》中认为，虽然《淮南子》可能由刘安门客苏飞等分别负责撰写，但在撰写之前，已经由刘安对"宗旨和体例"进行了事先规定，甚或部分内容直接出自刘安之手；③ 当代《淮南子》专家马庆洲亦认为，刘安不仅是《淮南子》的编者，且是大部分内容的加工者、润色者。④

刘安是汉高祖刘邦的孙子、淮南厉王刘长的儿子。关于他本人的历史，《汉书·淮南衡山济北王传》有明确记载：在汉文帝治下，刘长谋反未遂，后在发配途中绝食而死，⑤ 但是，后来汉文帝念及与刘长的兄弟之

---

① 见张双棣《淮南子校释（增订本）》一书正文前《高诱淮南鸿烈解叙》一文。
② 罗仲鼎：《艺苑卮言校注》，齐鲁书社，1992年，第106页。
③ 梁启超：《饮冰室合集（第10册）》，中华书局，1989年，第103页。
④ 马庆洲：《刘安与〈淮南子〉关系考论》，《清华大学学报（哲学社会科学版）》2006年第3期，第79页。
⑤ 班固：《汉书》，中华书局，1964年，第2143页。

情，将淮南国分为三块，刘安作为刘长长子，继承了刘长淮南王的地位。①

关于刘安与《淮南子》的关系，《汉书·淮南衡山济北王传》更是有明确记载。刘安召集众多门客著成了《淮南子》一书（"内书二十一篇"）。当时，"好艺文"的汉武帝敬重"善为文辞"的刘安，最终，《淮南子》一书被刘安献给汉武帝，并受到汉武帝的喜爱。②然而，关于刘安本人的结局，《汉书·淮南衡山济北王传》也说得十分清楚：刘安的门客向朝廷告发刘安谋反，导致刘安在汉武帝下令治罪的情况下被迫自杀。③至于《淮南子》与刘安被治罪是否有关系，是比较难以考证的。虽然胶西王向汉武帝奏议说刘安"妄作妖言"，④但"妖言"是否就是指《淮南子》这本书，是不能确定的。因为，按照《汉书·淮南衡山济北王传》记载，刘安也主持编写了"外书"以及"言神仙黄白之术"的"中篇八卷"。⑤

---

① 班固：《汉书》，前揭，第2144页。
② 班固：《汉书》，前揭，第2145页。
③ 班固：《汉书》，前揭，第2151—2153页。
④ 班固：《汉书》，前揭，第2152页。
⑤ 班固：《汉书》，前揭，第2145页。

二、《淮南子》的内容和主旨

《淮南子》正文二十篇,加上最后总结全书二十篇的篇章《要略》,便是二十一篇。正文二十篇分别为:《淮南子·原道训》《淮南子·俶真训》《淮南子·天文训》《淮南子·地形训》《淮南子·时则训》《淮南子·览冥训》《淮南子·精神训》《淮南子·本经训》《淮南子·主术训》《淮南子·缪称训》《淮南子·齐俗训》《淮南子·道应训》《淮南子·泛论训》《淮南子·诠言训》《淮南子·兵略训》《淮南子·说山训》《淮南子·说林训》《淮南子·人间训》《淮南子·修务训》《淮南子·泰族训》。从总体上看,除了本书研究的关于"治道"的内容外,《淮南子》一书还涉及其他内容,如《淮南子·天文训》《淮南子·地形训》《淮南子·时则训》三篇记载了大量的天文地理知识,《淮南子·览冥训》记载了关于"物"的感应论的内容,《淮南子·本经训》颂扬了古代盛世,《淮南子·道应训》是一篇包含大量故事的集子,《淮南子·兵略训》记载了大量军事知识,《淮南子·说山训》《淮南子·说林训》记载了世间百事。不过,按照《淮南子·要略》,"治道"的内容在全书具有重要的地位:

> 故著书二十篇，则天地之理究矣，人间之事接矣，帝王之道备矣！①

从总体上看，除开"天地之理"与"人间之事"，"帝王之道"乃是《淮南子》的三大主旨之一。一般而言，"帝王"是治理天下或国家的人，所以，无法否认"帝王之道"的意思不是关于治理的"道"。那么可以推断，"治道"是《淮南子》的三大主旨之一。另外，《淮南子》本身的政治色彩也是很浓厚的。《淮南子》研究者安德鲁·塞斯·迈耶（Andrew Seth Meyer）甚至认为，《淮南子》这本书从根本上就是被设计成"为处于训练中的皇帝而准备的完美课程"（the perfect curriculum for the emperor in training）。② 又据经学家李源澄《淮南子发微》考证得出的结论，《淮南子》应该是"为对汉朝之政治学术而作"。③ 这一观点虽较为宽泛，但亦未彻底偏离《淮南子·要略》以上文本"帝王之道"这一层意思，因为"帝王之道"本身关乎政治，

---

① 张双棣撰：《淮南子校释（增订本）》，前揭，第2193页。
② Andrew Seth Meyer, *The Dao of the Military: Liu An's Art of War*, Columbia University Press, 2012, p.1.
③ 李源澄：《淮南子发微（下）》，《重光月刊》第2期（1938年1月），第36页。

亦可被视为一种"政治学术"。当然，如果不彻底否认李源澄的观点（同时顾及前述Meyer的观点），后世研究者便更应该对《淮南子》中的"政治学术"进行提炼式研究。自然，"治道"至少可以被认为是"政治学术"中的精华。

值得补充说明的是，按照《淮南子·要略》透露的《淮南子》的著述意图，《淮南子》正文二十篇依次形成一定联系：

> 故言道（指《原道训》）[①]而不明终始（指《俶真训》），则不知所俶依；言终始而不明天地四时（指《天文训》《地形训》《时则训》），则不知所避讳；言天地四时而不引譬援类，则不识精微（指《览冥训》）；言至精（指《览冥训》）而不原人之神气，则不知养生之机（指《精神训》）；原人情（指《精神训》）而不言大圣之德（指《本经训》），则不知五行之差；言帝道（指《本经训》）而不言君事（指《主术训》），则不知小大之衰；言君事而不为称喻，则不知动静之宜（指《缪称训》）；以称喻（指《缪称训》）

---

① 括号内文字为笔者所加。

而不言俗变（指《齐俗训》），则不知合同大指；已言俗变而不言往事，则不知道德之应（指《道应训》）；知道德而不知世曲（指《泛论训》），则无以耦万方；知泛论（指《泛论训》）而不知诠言（指《诠言训》），则无以从容；通书文（指《诠言训》）而不知兵指（指《兵略训》），则无以应卒；已知大略（指《兵略训》）而不知譬喻（指《说山训》《说林训》），则无以推明事；知公道（指《说山训》《说林训》）而不知人事（指《人间训》），则无以应祸福；知人间而不知修务（指《修务训》），则无以使学者劝力。欲强省其辞，览总其要，弗曲行区入，则不足以穷道德之意（指《泰族训》）。故著书二十篇，则天地之理究矣，人间之事接矣，帝王之道备矣！[①]

上述文本表明，《淮南子》正文二十篇内容之间依次形成联系。同时，正文第一篇《淮南子·原道训》与正文最后一篇《淮南子·泰族训》皆关乎"道"或"道德"，表明正文最后一篇《淮南子·泰族训》又与正文第一篇《淮南子·原道训》形成了呼应关系。那么可以

---

① 张双棣撰：《淮南子校释（增订本）》，前揭，第2193页。

推断，在《淮南子》正文二十篇内部，可能存在一种循环往复的联系。自然，笔者这一推断较为宽泛。但《要略》上述文本至少提示了笔者，在研究已经被划定范畴的"治道"的内容之时，可以酌情《淮南子》二十篇的所有内容。

三、《淮南子》的版本及注疏情况

根据学者的著录，从刊布和流传的情况看，《淮南子》版本包括《道藏》本、刘泖生影写宋本、刘绩补注本、庄逵吉校正本、中立四子本、茅一桂刻本，等等。[①] 按照学术大家王念孙、杨树达等在版本学方面的洞见，较之其他版本，《道藏》本为优。[②] 本书不是研究《淮南子》的版本，且学界已经在《淮南子》版本研究方面取得若干重要成果，所以，本书在选用《淮南子》底本时，尽量选用根据历代版本和注疏校正出来的本子。目前，就笔者所见与使用经验来看，语言学家、训诂学家张双棣所撰的以《道藏》本为基础、参照其余

---

① 参马庆洲：《六十年来〈淮南子〉研究的回顾和反思》，《文学遗产》2010年第6期；杨栋、曹书杰：《二十世纪〈淮南子〉研究》，《古籍整理研究学刊》2008年第1期。
② 杨栋、曹书杰：《二十世纪〈淮南子〉研究》，前揭，第80页。

十多种本子校订出来的《淮南子校释（增订本）》较为适宜。以下简述《淮南子》的注疏情况，并在最后简要说明张双棣的《淮南子校释（增订本）》在版本以及注疏方面的优点。

　　《淮南子》的注疏，就笔者所见，分为两类情况。第一类以马宗霍《淮南旧注参正》、杨树达《淮南子证闻》等为代表，撰写者依靠精深的小学功夫，对《淮南子》原文的部分前人旧注（以及部分原文）进行分析与考订；第二类以何宁《淮南子集释》、张双棣《淮南子校释（增订本）》等为代表，目的在于尽可能多地搜集前人旧注，但张双棣在版本研究、文字考订上用力较深。

　　以下简述第一类情况。马宗霍《淮南旧注参正》的著述方式，分为三种[①]：

　　1. 高诱注与许慎注本来应该对《淮南子》一些原文进行注解，但实际上并未注解，所以，马宗霍本人进行补充性的注解。例如：高诱注与许慎注皆未对《淮南子·原道训》中"马不解勒"的"勒"字进行解释，马宗霍便引用《说文》、刘熙《释名》两部字书进行疏

[①] 马宗霍：《淮南旧注参正·墨子间诂参正》，齐鲁书社，1984年，"序"第1、2页。

解，指其义为"马头络衔"。①

2. 对古人注解中的晦涩之处进行澄清。例如：高诱将《淮南子·地形训》中的国族名"劳民"解释为"劳民，正理躁扰不定也"，然而，对于后世读者，这一解释仍未指明"劳民"是指哪一国族，且"正理躁扰不定也"之"正理"一词的存在，似可能让读者认为"劳民"之"劳"是动词，所以，马宗霍便引用《海外东经》、蜀刊《道藏辑要》，并借助古音、古字形知识，认为"劳民"这一国族名实为"教民"，而"正理"一词实为"生理"，表"天生"之义。②

3. 对古人注解中的失允之处或传写讹误之处进行订正。例如高诱注认为，《淮南子·俶真训》中"飞羽浮芥"之"芥"应被训为"中"，而马宗霍认为，由于历史上"芥"从未被训为"中"，所以，他便引用训诂学家庄逵吉的意见，认为高诱所谓的"中"字实际上是"艹"，并用《说文》《汉高彪碑》《尚书》《赵充国传》《庄子》相关文字来进行参证，最终认为"芥"字义为"舟"。③

---

① 马宗霍：《淮南旧注参正·墨子间诂参正》，前揭，第10页。
② 马宗霍：《淮南旧注参正·墨子间诂参正》，前揭，第101页。
③ 马宗霍：《淮南旧注参正·墨子间诂参正》，前揭，第38、39页。

杨树达《淮南子证闻》一书的著述方式大体与马宗霍相同，但是较少引用高诱注和许慎注之外的注疏，而是径自发表意见。同时，杨树达并非全然迷信高诱注代表的古人注疏，例如：在对《淮南子·原道训》篇名"原道"一词的阐述中，杨树达首先提出自己对"原道"一词的说明，再辅以高诱注解，而非以高诱注为本。① 与之不同的是，马宗霍《淮南旧注参正》的体例，在原文被高诱或许慎注解过的情况下，往往皆以高诱注或许慎注为本，再借助他家注疏，开始进行分析、判断或反驳。

另外，《淮南子证闻》的另一特点在于专门指出原文所本。例如，在该书第23页，杨树达便指出"身处江海之上"语本《庄子·让王》、"坐而不教"语本《庄子·德充符》、"一龙一蛇"语本《庄子·山木》。从总体上看，对于钻研《淮南子》原文义理的后世研究者，《淮南子证闻》在一定程度上发挥了类似于马宗霍《淮南旧注参正》的作用，同时，由于《淮南子证闻》喜欢指出《淮南子》原文所本，有利于研究者参照《淮

---

① 杨树达首先认为《原道训》"全衍《老子》之旨"，所以得名"原道"，在此之后，杨树达才引用高诱"然共大较归之于道"一类的观点加以辅助说明，见杨树达：《淮南子证闻·盐铁论要释》，上海古籍出版社，1985年，第1页。

南子》原文所本来对《淮南子》原文进行深入分析与理解。

总之，以上第一类情况，重在借助经典文本的多重证据，考订《淮南子》原文字词或阐明其本义。以下简述第二类情况。

一是何宁《淮南子集释》一书旨在搜集"上起乾、嘉，下迄当代"的对《淮南子》的注疏成果，[①] 附于相应的《淮南子》原文之后。在相当多的情况下，在将某一或某几条注疏成果加在原文之后后，何宁并未给出任何理由与个人观点（似乎只是向读者罗列注疏成果），所以，读者更无从知晓何宁为何要选取该成果（同时何宁在"自序"中也未说明选取原则）。例如在该书第484页，何宁引用了陶方琦、俞樾对"黄云络"的不同分析，但未给出判断和理由说明陶、俞两家的分析哪家较好。在另一些情况下（数量也非常多），何宁将大量注疏成果附于原文之后后，仅以"宁案"起头，表达一些个人观点，但无助于读者判断这些注疏成果中的哪一条较为优秀，因为何宁所表达出的个人观点与他所加上的大量注疏成果没有直接关系。例如在该书第142页，关于"飞羽浮芥"之"芥"到底作"中"还是作"芥"，何

---

① 何宁：《淮南子集释》，中华书局，1998年，"自序"第2页。

宁引用了诸家说法,但随后以"宁案"起头的内容,却并未直接探讨"芥"的字义,而是探讨"飞羽浮芥"之前的"天下之闲"四字本来应为哪四个字。当然,在少数情况下,何宁以"宁案"起头,直接表达了对前人注疏的意见。例如在该书第332页,何宁就发前人所未发,认为"少海"这个泽名,实际上就是指《东山经》中的"幼海"。从总体上来看,由于该书目的在于"综辑"前人注疏、"间附微意",① 所以,该书主要是在收集前人注疏成果,而不是发表自己对前人注疏成果的分析和判断。

二是张双棣《淮南子校释(增订本)》一书,在撰写之时较为全面地考虑到了前人注疏的各种成果。在该书末尾,专门罗列了该书进行校释时所引用的几十种书目(包括直接针对《淮南子》原文的注疏与间接涉及《淮南子》原文的注疏),其中便包括马宗霍《淮南旧注参正》、杨树达《淮南子证闻》、何宁《淮南子集释》等。② 张双棣的这一做法,有利于后来研究者在研究《淮南子》义理之时,更为直观、便捷地借鉴前人注疏成果。相较于何宁,张双棣善于对前人注疏进行批评

---

① 何宁:《淮南子集释》,前揭,"自序"第2页。
② 张双棣撰:《淮南子校释(增订本)》,前揭,第2215—2220页。

和分析。如同样是对"飞羽浮芥"之"芥"的研究,张双棣便根据版本学知识("芥"字在《淮南子》王溥本的传写中为"草"字),同时辅以刘文典等诸家的一致判断,确定"芥"不当作"中"字。① 此类情况还很多,限于篇幅,无法一一具列。另外,值得特别说明的是,张双棣对《淮南子》原文的版本问题尤为关注,在进行撰写注疏之时,往往专列"版本"一条,对比并分析《淮南子》各版本的文字差异。如针对道藏本《淮南子·原道训》中"源流泉浡"这一文本,张双棣通过引用庄逵吉本《淮南子》,并指出在庄逵吉本中,"源流泉浡"作"原流泉浡",② 从而告诉了读者各版本在文字上的细微差异。同时,张双棣在书后附录有一节名为"淮南子校释校勘所据版本",专门罗列了他在进行文字校勘时所用的十三种版本。③ 张双棣这一做法,足见他在《淮南子》文本考订方面较为用心。相较之下,何宁《淮南子集释》以不为学界大家王念孙、杨树达等所认可的庄逵吉校正本为底本,且并未像张双棣一样专列"版本"一条,在版本研究方面似不如张双棣用力。

---

① 张双棣撰:《淮南子校释(增订本)》,前揭,第242页注五一。
② 张双棣撰:《淮南子校释(增订本)》,前揭,第4页注六。
③ 张双棣撰:《淮南子校释(增订本)》,前揭,第2210—2214页。

第二节　对《淮南子》政治哲学研究文献的评析

专门研究《淮南子》政治哲学的单本专著较少，笔者仅见戴黍的《〈淮南子〉治道思想研究》和安乐哲（Roger Ames）的《主术：中国古代政治艺术之研究》（*The Art of Rulership：A Study of Ancient Chinese Political Thought*）。所以，笔者亦将选取《淮南子》一般性二手文献中论及政治哲学的内容加以评述。以下被评述的论著是：戴黍《〈淮南子〉治道思想研究》、安乐哲《主术：中国政治艺术之研究》、范吉尔博亨（Griet Vankeerberghen）《〈淮南子〉与刘安对道德权威的索求》（*The Huainanzi and Liu An's Claim to Moral Authority*）中涉及政治哲学的部分内容、陈丽桂《〈淮南鸿烈〉思想研究》中涉及政治哲学的部分内容、李增《淮南子哲学思想研究》中涉及政治哲学的部分内容、吕锡琛《善政的追寻——道家治道及其践行研究》中涉及《淮南子》政治哲学的部分内容。

一、戴黍《〈淮南子〉治道思想研究》

戴黍《〈淮南子〉治道思想研究》分为一个引论以及正文六章。该书引论第二节题为"治道溯源"。其中，戴黍举出《淮南子》一书涉及"治道"的文本（含本书绪论引用的《淮南子》以下文本），并明言"治道"一词涉及"天命"和"情性"[①]：

> 原天命，治心术，理好憎，适情性，则治道通矣。

根据本书绪论，上述文本实则阐述了《淮南子》中"治道"问题涉及的两个方面：祸福问题（"原天命"所指代）与"适情"问题。然而，通览戴黍著作的目录，并未有专章涉及上述两个问题。这一点，从该书各章标题和内容看便能说明：该书第一章是总论"《淮南子》论治的方式"，第二章阐述《淮南子》中的"'君势·众势'论"，第三章阐述《淮南子》中的法律、风俗、道德问题，第四章阐述《淮南子》中的无为、"因"、"权"思想，第五章阐述《淮南子》中的兵学思想，第六章阐述《淮南子》的思想史地位以及对后世之影响。[②] 由此可见，各章的内容并未专门论及"适情"问题与祸福问题。然而，比较吊诡的是，戴黍又声

[①] 戴黍：《〈淮南子〉治道思想研究》，中山大学出版社，2005年，第15页。
[②] 戴黍：《〈淮南子〉治道思想研究》，前揭，见"目录"。

称在阐述《淮南子》中的"治道"问题时,"几乎将全书所有篇章皆纳入研究视野"。[①] 那么,从总体上看,戴黍的著作可能存在以下问题:他知道《淮南子》中的"治道"问题是有特定所指的,但又未将所指的内容纳入他的探讨范围,与此同时,他又声称将涵盖《淮南子》中涉及"治道"的所有内容——或者说,他在一本专著中试图容纳《淮南子》中"治道"问题的所有内容——但实际上并未做到。相对而言,本书对"治道"问题的阐述,将按照《淮南子》作者本身对"治道"一词划定的范围来展开。这一做法,不仅有利于集中阐述"治道"问题真正所涉及的内容,而且也是相对谨慎的做法,尽可能不超出《淮南子》作者的原意。

下面笔者将针对戴黍著作中具体论述戴黍所谓的"治道"的各部分进行评论。该书第二章阐述《淮南子》中的"势"的问题,题为"'君势·众势'论",其分为四节,其中前三节(即该章绝大部分篇幅),在于说明君势、众势各自在戴黍所谓的《淮南子》中的"治道"问题中的重要性以及君势与众势在形成关系之后的问题,分别题为:"君势:为治之关键""众势:

[①] 戴黍:《〈淮南子〉治道思想研究》,前揭,第15页。

为治之根本""'君势乘于众势'的为治格局"。① 而且，戴黍在谈论"治道"与"势"的关系时，便提出一个说法："势"能够属于"治道"这一层面。② 然而，戴黍其实并没有在《淮南子》的文本中找出证据，以证实上述观点。其实，《淮南子》作者认为，相对于属于"治道"范畴的"适情"这一点，"势"是不可取的。例如《淮南子》作者说：

> 尊势厚利，人之所贪也。使之左据天下图，而右手刎其喉，愚夫不为。由此观之，生尊于天下也。圣人食足以接气，衣足以盖形，适情不求余。③

上述文本的一层意思，至少是劝诫不要贪求"势"，而是应该做到"适情"。

该书第三章题为"'法·德·风俗'论"，主要阐述作为戴黍所谓的"治道"的法律、伦理道德、风俗。在对法律进行探讨时，戴黍避谈法律是否属于"治道"

---

① 戴黍：《〈淮南子〉治道思想研究》，前揭，第69、79、83页。
② 戴黍：《〈淮南子〉治道思想研究》，前揭，第84页。
③ 张双棣撰：《淮南子校释（增订本）》，前揭，第791页。

这一范畴，而是声称《淮南子》作者"论证了'法'的必要性"。[1] 笔者在本书绪论中已经说明，法律并不属于"治道"范畴。另外，笔者在此举出文本证据，以求证明：在《淮南子》中，即便是对于政治治理而言，一般性的法律（而非严苛的法律）亦非一定是其中核心因素。例如《淮南子》作者说：

> 夫能理三苗，朝羽民，徙裸国，纳肃慎，未发号施令而移风易俗者，其唯心行者乎？法度刑罚何足以致之也？[2]

法律已经不能实现"移风易俗"这一政治治理行为，如此看来，怎么能说《淮南子》作者"论证了'法'的必要性"？

当戴黍在阐述道德伦理在治理中的重要性之时，将《淮南子》中的"德"字以及如"国之所以存者，道德也"中的"道德"二字理解为"道德水平"，[3] 即一般意义上的道德（moral）。这一点，不符合《淮南子》作

---

[1] 戴黍：《〈淮南子〉治道思想研究》，前揭，第112页。
[2] 张双棣撰：《淮南子校释（增订本）》，前揭，第66页。
[3] 戴黍：《〈淮南子〉治道思想研究》，前揭，第122页。

者的原意。对此，笔者有必要提出以下若干例子：

> 仁义立而道德废矣。[①]
> 持以道德，辅以仁义。[②]
> 知道德然后知仁义之不足行也。[③]
> 是故仁义立而道德迁矣。[④]

一般而言，"仁义"一词大体指今人所谓的"道德水平"，而《淮南子》中的"道德"一词，至少是关乎人的（心）性或性情的，例如其中说"率性而行谓之道，得其天性谓之德"。[⑤]上述四个文本明确区分了"道德"与"仁义"，可见，《淮南子》中的"道德"一词，并不能被等同于所谓"道德水平"。然而，戴黍在第三章第二节的阐述中，没有注意到上述这一点。同时，戴黍较为随意地引用《淮南子》中出现"道""德"二字的文本，以求证明《淮南子》对"道德水平"的提倡或重视，例如为了说明"道德再次被当

[①] 张双棣撰：《淮南子校释（增订本）》，前揭，第211页。
[②] 张双棣撰：《淮南子校释（增订本）》，前揭，第720页。
[③] 张双棣撰：《淮南子校释（增订本）》，前揭，第834页。
[④] 张双棣撰：《淮南子校释（增订本）》，前揭，第1135页。
[⑤] 张双棣撰：《淮南子校释（增订本）》，前揭，第1135页。

作国家存亡的重要根基"这一观点，戴黍引用《淮南子》中的"原天命，治心术，理好憎，适情性，则治道通矣"一说以及"故德形于内，治之大本"一说来进行证明，[①] 但没有对其中"道""德"二字进行任何解释。根据之前所述，《淮南子》中的"道德"一词关乎人的心性或性情，而本书针对属于《淮南子》中"治道"范畴的"适情"这一问题的研究，便是旨在阐明关乎人的内心、心性或性情方面的问题（涉及"心"或"性"的问题），[②] 实则是对"道德"一词的深入研究。相较戴黍所做的研究，本书将更为准确地把握"道德"一词背后蕴藏的义理。

在对风俗问题进行阐述之时，戴黍认为风俗的"最主要形式"是礼乐，治国者应该"因时变而制礼乐"（例如"存异随俗"）。同时，戴黍注意到鬼神也是

[①] 戴黍：《〈淮南子〉治道思想研究》，前揭，第123页。
[②] 笔者认为涉及"心"或"性"的问题与"治道"有关。或者说，涉及"心"或"性"的问题与政治治理有关。同时，《淮南子》研究者安德鲁·塞斯·迈耶认为"心术"指的是治国者借以完善自身的练习，同时他还认为这种练习是"所有良好秩序"的起点，见Andrew Seth Meyer, *The Dao of the Military: Liu An's Art of War*, p.62。从此可以间接看出，安德鲁·塞斯·迈耶指出了"心"这一问题与政治治理有较为紧密的关联。但是，笔者没有发现他指出了关于"心"这一问题的更为具体的"适情"问题与"治道"或政治治理这一点有关。

风俗的一种形式。① 但是，戴梓没有找出证据，以阐述鬼神问题与礼乐的联系——这一点便是本书需要努力的一方面（见本书第六章第四节）。当然，更为重要的是，戴梓虽然提及《淮南子》中"矜伪以惑世，伉行以违众，圣人不以为民俗"这一说法，但只是认为这一说法意味着《淮南子》作者反对"僵化刻板"地"治国"。② 对此，笔者认为，戴梓的这一解释不够深入。实际上，从上述说法所处的语境来看，实则可以推出以下义理：在制礼之时，将"制作具有多重道德标准的礼"这一点，这亦是本书所需进行阐述的一方面（见本书第六章第二节）。最后，需要补充说明的是，戴梓认为，风俗也应当在法律中得到体现。③ 但是，戴梓的这一观点也不符合《淮南子》作者原意。在《淮南子》中，风俗与法律是两个层次的概念，例如：

> 民俗益薄，欲以朴重之法，治既弊之民，是犹无镝衔橜策錣而御馯马也。④

---

① Andrew Seth Meyer, *The Dao of the Military: Liu An's Art of War*, p.132.
② Andrew Seth Meyer, *The Dao of the Military: Liu An's Art of War*, p.138.
③ Andrew Seth Meyer, *The Dao of the Military: Liu An's Art of War*, p.132.
④ 张双棣撰：《淮南子校释（增订本）》，前揭，第1387页。

> 非法度不存也，纪纲不张，风俗坏也。①

上述第一个文本表明，风俗是被法律治理的对象，不等于法律；上述第二个文本十分清楚地表明，法律同样不等于风俗。简言之，戴黍在对风俗问题进行探讨之时，并未真正准确地把握"风俗"这一说法。

该书第四章阐述"无为"这一概念（又包含对"因""权"两个概念的阐述）。关于戴黍对"无为"的阐述，笔者举出以下例子，说明戴黍的不足之处：

第一，戴黍声称"无为"是《淮南子》中"贯穿始终的核心概念"。② 这一点亦是不准确的，笔者并未在《淮南子·天文训》《淮南子·地形训》《淮南子·时则训》《淮南子·说林训》中找到"无为"一词。实际上，正如本书绪论所述，要做到"无为"，首先就要做到"适情"。照此看来，"适情"并不比"无为"低一级，在《淮南子》中的地位甚至可能比"无为"更为基础，或许更应该被认作"核心概念"。然而，戴黍对此毫无提及。

第二，戴黍认为"无为"这一概念与"自然"这

---

① 张双棣撰：《淮南子校释（增订本）》，前揭，第2122页。
② 戴黍：《〈淮南子〉治道思想研究》，前揭，第155、156页。

一概念有联系，然而戴黍并未围绕"自然"一词进行更为深入地探讨，只是认为"自然"指自然规律。[①] 而本书在对"无为"这一概念进行阐述之时，便将结合《淮南子》文本，围绕"自然"进行探讨，并且指出，"自然"一词并非只是指自然规律（见本书第三章第三节）。既然如此，戴黍对与"无为"有关的"因自然以理事"这一说法的探讨[②]就是不充分的。

第三，戴黍认为"权"（意即权变）是"无为"这一概念的拓展。[③] 首先，《淮南子》之中并不存在文本证据，以证明前者与后者的联系；其次，虽然《淮南子》作者说"唯圣人为能知权"，[④] 但是也找不到文本证据说明"权"属于"治道"这一范畴；最后，《淮南子》作者同时说：

苏秦知权谋而不知祸福。[⑤]

本书绪论说过，"治道"与祸福问题有关。以上

---

① 戴黍：《〈淮南子〉治道思想研究》，前揭，第168页。
② 戴黍：《〈淮南子〉治道思想研究》，前揭，第167—169页。
③ 戴黍：《〈淮南子〉治道思想研究》，前揭，第174页。
④ 张双棣撰：《淮南子校释（增订本）》，前揭，第1428页。
⑤ 张双棣撰：《淮南子校释（增订本）》，前揭，第1437页。

文本表明事实上与"治道"有关的"知祸福"这一方面，与"权"分属于两个层次。总之，虽然《淮南子》作者说"唯圣人为能知权"，但这不等于《淮南子》作者说"权"就是"治道"。换言之，虽然一般而言，我们可以说"圣人知道许多事物"或"只有圣人知道这个事物"，但这并不能推出："许多事物"中的某一个或"这个事物"就是"治道"。

该书第五章阐述《淮南子》的兵学思想。戴黍首先引用《淮南子·要略》以下文本：

> 《兵略》者，所以明战胜攻取之数，形机之势，诈谲之变，体因循之道，操持后之论也。所以知战阵分争之非道不行也，知攻取坚守之非德不强也。

为此，戴黍承认其中"体因循之道"是兵学思想。[①] 然而，戴黍未对"知战阵分争之非道不行知，攻取坚守之非德不强也"这一文本进行解释。这一文本的基本意思是清楚的，即关于战争的问题取决于"道—德"。根据之前所述，戴黍很大程度上误解了"道—

---

① 戴黍：《〈淮南子〉治道思想研究》，前揭，第189、190页。

德"。所以，戴黍也就没有弄清楚《淮南子》兵学思想的关键所在。实际上，戴黍对兵学思想的阐述集中于如何用兵上：该章共三节，第一节题为"以义用兵"；第三节题为"用兵之术"；而第二节题为"兵之胜败，本在于政"。在第二节开头，戴黍即言《淮南子》作者"将政治视为军事之本"，[1] 换言之，戴黍非常清楚，在《淮南子》中，兵学思想与政治治理虽然可能有联系，但不是完全一回事。实际上，《淮南子》作者意在表明为了塑造良好的政治治理状态，"兵"甚至是应该被废弃的。例如《淮南子》作者说：

> 禹知天下之叛也，乃坏城平池，散财物，焚甲兵，施之以德，海外宾伏，四夷纳职。[2]

另外，《淮南子》作者甚至说，擅长征伐的治国者——周武王——也"恐后世之用兵不休"。[3] 换言之，《淮南子》作者似在暗示，对于政治治理这一方面而言，用兵是不被主张的。

---

[1] 戴黍：《〈淮南子〉治道思想研究》，前揭，第200页。
[2] 张双棣撰：《淮南子校释（增订本）》，前揭，第38页。
[3] 张双棣撰：《淮南子校释（增订本）》，前揭，第1356页。

总而言之,《淮南子》中的兵学思想关键在于"道—德",然而,戴季并未对这一关键进行准确阐述。根据之前所述,"道—德"至少关乎人的心性这一问题,而笔者对"适情"这一概念的探讨就是关注心性问题。另外,笔者之所以不在本书直接探讨治国者具体如何用兵,原因在于若是从治国角度看,《淮南子》作者并不主张用兵(如前述大禹治国的例子)。关于这一点,另外一个有趣的证据恰恰是《淮南子·兵略训》中的一段话,其中说:

> 治国家,理境内,行仁义,布德惠,立正法,塞邪隧,群臣亲附,百姓和辑……此用兵之上也。[①]

推而言之,真正的"用兵"实际上是并非用兵,而是在和平状态之中治理国家。

二、安乐哲《主术:中国政治艺术之研究》

安乐哲的《主术:中国政治艺术之研究》正文分

---

① 张双棣撰:《淮南子校释(增订本)》,前揭,第1590页。

为六章,第一章题为"历史哲学",第二章题为"无为",第三章题为"势",第四章题为"法",第五章题为"用众",第六章题为"利民"。诚如安乐哲所述,题为"历史哲学"的第一章是对"阐述历史的方式"的研究,并非对《淮南子·主术训》中的政治哲学的研究(安乐哲区分了"阐述历史的方式"与"政治哲学")。[1] 所以笔者对此书的评述从第二章开始。在第二章中,安乐哲对《淮南子·主术训》中的"无为"概念的阐述十分丰富。以下笔者选取其中三点进行探讨。

第一,安乐哲认为"无为"意味着"轻君主之利,重民之大利"。[2] 为此,安乐哲举出《淮南子》的以下说法来进行证明:

> 是故人主覆之以德,不行其智,而因万人之所利。夫举踵天下而得所利,故百姓载之上,弗重也,错之前,弗害也,举之而弗高也,推之而弗厌。

---

[1] [美]安乐哲:《主术:中国古代政治艺术之研究》,滕复译,北京大学出版社,1995年,第9页。
[2] [美]安乐哲:《主术:中国古代政治艺术之研究》,前揭,第55页。

诚然，上述文本中由于存在"因万人之所利"一说，的确可以得出：治国者考虑了臣下或民众的利益。但是，安乐哲对上述文本的总结是："首要关切的已不是君主的利益，而是百姓之大利"。[1] 然而实际上，上述文本只是表明治国者照顾了臣下民众的利益，却丝毫未论及治国者自身的利益，那么也就得不出"首要关切的已不是君主的利益"这一观点。更为重要的是，上述文本是关于治国者和臣子民众的利益的关系，并不涉及"无为"这一概念，同时，安乐哲也未证明，上述文本如何与"无为"这一概念有关。[2] 而本书第四章第二节第二、三部分将要阐述，"无为"的作用很大程度上是为了保护治国者自身的利益。

第二，安乐哲认为，"无为"意味着"反对以君主意志为法律之本，主张法律基于民众之意愿"。[3] 类似地，安乐哲并未举出文本证据来说明"无为"思想是否包含法律思想。实际上，仅从《淮南子·主术训》看，"无为"本身并不包含法律思想：

---

[1] ［美］安乐哲：《主术：中国古代政治艺术之研究》，前揭，第55页。
[2] ［美］安乐哲：《主术：中国古代政治艺术之研究》，前揭，第55、56页。
[3] ［美］安乐哲：《主术：中国古代政治艺术之研究》，前揭，第56、57页。

一日刑之，万世传之，而以无为为之，故国有亡主，而世无废道；人有困穷，而理无不通。由此观之，无为者，道之宗。①

上述文本中，代表施行法律的"刑之"与作为"道之宗"的"无为"分成了在施政方面的两个层次。简言之，"刑之"之后，还需要"无为"。需要特别指出的是，上述文本特别使用"而"这一表达转折意味的连接词，来凸显"无为"处于另一个层次。在《淮南子》其他文本中，对"无为"与法律的区分亦是很明显的，如《淮南子·原道训》：

法度刑罚，何足以致之也！是故圣人内修其本而不外饰其末，保其精神，偃其智故，漠然无为而无不为也。②

上述文本基于对法律的有效性的贬斥，才提出了"无为"。相应地，本书第三章在阐述"无为"之时，便会依据《淮南子》作者的原意，不将法律问题纳入

---
① 张双棣撰：《淮南子校释（增订本）》，前揭，第929页。
② 张双棣撰：《淮南子校释（增订本）》，前揭，第66页。

"无为"思想。

第三,安乐哲认为,君主"自身不动无为"。① 换言之,安乐哲几近是在说,"无为"是"不动"、不做事。这种观点,有违《淮南子·主术训》的原意:

> 无为者,非谓其凝滞而不动也。②

上述文本证明,"无为"并非"不动"。相应地,本书第三章第二节不仅将要说明"无为"并非意味着治国者不做事,而且要说明贯彻"无为"思想的治国者所做之事的性质。

在第三章中,安乐哲探讨了《淮南子·主术训》中"势"这个概念。安乐哲认为在《淮南子·主术训》中,"势"是"保证君主凌驾一切的手段"。③ 但是,"势"是否能够"保证""凌驾一切",是值得怀疑的,因为在《淮南子·主术训》中存在以下说法:

> 夫以一人之心而事两主,或背而去,或欲身

---

① [美]安乐哲:《主术:中国古代政治艺术之研究》,前揭,第59页。
② 张双棣撰:《淮南子校释(增订本)》,前揭,第988页。
③ [美]安乐哲:《主术:中国古代政治艺术之研究》,前揭,第90页。

徇之，岂其趋舍厚薄之势异哉？人之恩泽使之然也。①

上述文本表明，与"恩泽"相比，在控制、使用臣子方面，"势"也有不起作用的时候。另外，安乐哲还认为，"民为势之本"，被君主使用（"用众"）。②此说似亦有不准确之处。在《淮南子·主术训》中，民众可能是处于被养育（"养民以公"③）、被教化（"并世化民"④）、被防范（"防民之所害"⑤）的地位，同时，尽管存在"令行于民"⑥（命令得到民众的执行）、"周民死节"⑦（周朝民众以死殉节）二说，但由此仍然看不出民与"势"之间有直接关系。在《淮南子》作者看来，真正与"势"直接相关，且被君主使用的是"臣"：

夫人主之听治也，清明而不暗，虚心而弱志。

---

① 张双棣撰：《淮南子校释（增订本）》，前揭，第967、968页。
② [美]安乐哲：《主术：中国古代政治艺术之研究》，前揭，第100页。
③ 张双棣撰：《淮南子校释（增订本）》，前揭，第909页。
④ 张双棣撰：《淮南子校释（增订本）》，前揭，第923页。
⑤ 张双棣撰：《淮南子校释（增订本）》，前揭，第1014页。
⑥ 张双棣撰：《淮南子校释（增订本）》，前揭，第989页。
⑦ 张双棣撰：《淮南子校释（增订本）》，前揭，第968页。

是故群臣辐凑并进，无愚智贤不肖莫不尽其能……是乘众势以为车，御众智以为马。①

在此，"乘众势"之"势"是之前的"群臣"，而不是"民"。由此看来，应该说"臣为势之本"。为此，本书第三章开篇将要说明，"无为"思想中治国者对臣子的控制与利用，不同于治国者利用"势"对臣子的控制与利用。同时，本书第三章第三节第二部分将要阐述"无为"思想中治国者对臣子的控制与利用这一点。

在第四章，安乐哲探讨《淮南子·主术训》中的法律思想。笔者认为其中有一点值得质疑，就是安乐哲认为，在《淮南子·主术训》中，法律的存在为治国者的"神化"这一治理工作提供了一个"环境"。② 换言之，"神化"这一治理概念，在一定程度上是以法律为基础的。这在一定程度上有违《淮南子·主术训》的原意：

刑罚不足以移风，杀戮不足以禁奸，唯神化为

---

① 张双棣撰：《淮南子校释（增订本）》，前揭，第942页。
② ［美］安乐哲：《主术：中国古代政治艺术之研究》，前揭，第132页。

贵。①

故太上神化，其次使不得为非，其次赏贤而罚暴。②

上述两条文本显示，"神化"，作为一个特别的关于治理的说法，与指涉法律的"刑罚"和"赏—罚"两个概念之间，存在明显的区别。而且，"神化"是高于"刑罚"和"赏—罚"的；甚至，在"神化"面前，"刑罚"是不足道的。而通览《淮南子》全书，"神化"或许与心性这一方面有关，如"心之精者，可以神化而不可以导人"（《淮南子·缪称训》）。③ 而本书第二章对"适情"的阐述，就是关注治国者在治理活动中的心性或内心方面的问题。

在第五章，安乐哲探讨《淮南子·主术训》中的"用众"。之前已经说过，安乐哲将"用众"更多地理解为使用民众，已经显得不准确。而在第五章中，安乐哲认为尽管看出"用众"与"无为"的含义"相一

---

① 张双棣撰：《淮南子校释（增订本）》，前揭，第915页。
② 张双棣撰：《淮南子校释（增订本）》，前揭，第924页。
③ 张双棣撰：《淮南子校释（增订本）》，前揭，第1073页。

致",①但又认为"用众"与"无为"是两种思想。②这一点,似乎没有真正看出在《淮南子·主术训》中"用众"与"无为"之间存在着从属关系:

> 人主之术,处无为之事,而行不言之教。清静而不动,一度而不摇,因循而任下。③

上述文本表明,君主在"无为"的行事状态中,就是需要"用众"("任下")。换言之,"用众"这一思想是内含于"无为"之中的。而本书第三节第二部分将要阐述"无为"思想中治国者对臣子的控制与利用这一点,用以说明"无为"思想中的"用众"这一方面。

在第六章,安乐哲探讨了《淮南子·主术训》中的"利民"思想。安乐哲将"利民"思想解释为"民众之福利"处在"首要地位"。④这一解释是值得商榷的,因为,《淮南子·主术训》至少存在以下说法:

> 专用其心,则独身不能保也。是故人主覆之以

---

① [美]安乐哲:《主术:中国古代政治艺术之研究》,前揭,第138页。
② [美]安乐哲:《主术:中国古代政治艺术之研究》,前揭,第139页。
③ 张双棣撰:《淮南子校释(增订本)》,前揭,第904页。
④ [美]安乐哲:《主术:中国古代政治艺术之研究》,前揭,第144页。

德，不行其智，而因万人之所利。①

在上述文本中，"因万人之所利"从表面上来理解，的确可谓是照顾了"民众之福利"。但是，"因万人之所利"这一行为是为了君主避免"独身不能保"的情况。连接词"是故……"的存在表明，"因万人之所利"是由于人主"专用其心"不能保身，才随之而形成的。换言之，在上述文本中，君主自身的利益似乎显得比"民众之福利"更为优先。本书第四章第一节第二部分在阐述"损益"问题时，将阐述虽然治国者在有些时候会牺牲自己的利益来为民众谋利，但这样做的一个最终目的可能是谋求治国者阶层这一方的更为长远的政治利益。

三、范吉尔博亨《〈淮南子〉与刘安对道德权威的索求》

范吉尔博亨的《〈淮南子〉与刘安对道德权威的索求》是一部历史学著作，正如该书引言所说，作者旨在探究《淮南子》一书与刘安的淮南国灭亡之间的关

---

① 张双棣撰：《淮南子校释（增订本）》，前揭，第923页。

系。① 实际上，范吉尔博亨对《淮南子》中的政治哲学思想的探讨散见于该书第四章"人之行动的诸目的"（The Goals of Human Action）。以下笔者酌情探讨该书第四章中对《淮南子》政治哲学的阐述，提出一些批评。在第四章，范吉尔博亨论及《淮南子》中政治哲学的两个概念："权"与"无为"。范吉尔博亨首先探讨"权"（表权衡之义，她译作adjusting the scale）②，然后探讨"无为"。在范吉尔博亨看来，"权"与"人的最高的目的"（humans' highest end）有关，③ 而"无为"与"公益"（common good）有关。④ 由于第四章题为"人之行动的诸目的"，所以我们似乎能够理解为何范吉尔博亨首先探讨的是"权"而不是"无为"。根据该书第四章注释1，读者知道范吉尔博亨所谓的"人的最高的目的"是亚里士多德意义上的"表达了德性的灵魂

---

① Griet Vankeerberghen, *The Huainanzi and Liu An's Claim to Moral Authority*, State University of New York Press, 2001, p.1.

② Vankeerberghen, *The Huainanzi and Liu An's Claim to Moral Authority*, p.87.

③ Vankeerberghen, *The Huainanzi and Liu An's Claim to Moral Authority*, p.86.

④ Vankeerberghen, *The Huainanzi and Liu An's Claim to Moral Authority*, p.97.

活动"(the soul's activity that expresses virtue),^①那么可以说,"权"涉及一个人的内心活动,同时,"权"又被范吉尔博亨视作"一个人的真正德性的重要测度"(an important measure of a person's true virtue)。^② 笔者认为,范吉尔博亨的上述观点值得商榷。首先,"权"在《淮南子》中表权衡之义时,不一定与内心活动有关,例如《淮南子》作者说:

> 夏为衡……冬为权……衡者,所以平万物也……权者,所以权万物也。^③

没有更多的证据表明,这里发出"权"这一动作的四季"冬"具有人类的内心。另外,即便"权"与人发生关系之时,也不一定与人的内心活动有关系,例如《淮南子》作者说:

> 工无二伎,士不兼官,各守其职……夫责少者

---

① Vankeerberghen, *The Huainanzi and Liu An's Claim to Moral Authority*, pp.83, 190.
② Vankeerberghen, *The Huainanzi and Liu An's Claim to Moral Authority*, p.94.
③ 张双棣撰:《淮南子校释(增订本)》,前揭,第637页。

易偿,职寡者易守,任轻者易权。①

上述文本在强调工匠们、官员们各守其职的前提下,提出了"任轻者易权"一说。"任轻者易权"的意思较为简单:工作任务轻的人容易去权衡。此处,"权"亦与内心活动没有直接关系,反倒是与外在施加的工作任务("任")有关;"权"亦未成为"任轻者"的"真正德性的重要测度",因为"权"只是工匠们、官员们各守其职这一前提所造成的在"任轻者"身上的结果(相对而言,"各守其职"在这里似乎更像是一种"德性")。值得补充的是,范吉尔博亨认为"权"为圣人所独有,②且认为圣人凭借"权"超越了各种规则,③然而,范吉尔博亨没有考虑《淮南子》中涉及"圣人"与"权"的以下文本:

> 温惠柔良者,《诗》之风也;淳庞敦厚者,《书》之教也;清明条达者,《易》之义也;恭俭

---

① 张双棣撰:《淮南子校释(增订本)》,前揭,第930页。
② Vankeerberghen, *The Huainanzi and Liu An's Claim to Moral Authority*, p.93.
③ Vankeerberghen, *The Huainanzi and Liu An's Claim to Moral Authority*, p.94.

尊让者，礼之为也；宽裕简易者，乐之化也；刺几辩义者，《春秋》之靡也……六者，圣人兼用而财制之。失本则乱，得本则治。其美在和，其失在权。①

上述文本在提倡圣人对"六艺"进行"兼用"的前提下，对"权"（亦表权衡之义）②进行了批评。因为，若是圣人采取"权"的态度——按照范吉尔博亨的更为具体的定义，"权"是在不同的好处（different goods）之间进行取舍③——来对待"六艺"，就可能将"六艺"中的拥有好处的某一艺彻底废弃，而不是"兼用""六艺"各自的好处。照此看来，被范吉尔博亨认为与"人的最高的目的"有关的"权"，并不能去权衡"六艺"。换句话说，《淮南子》作者不认同以下观点：圣人可以凭借"权"去废弃"六艺"中的某一艺。对此，本书第五章第三节便要论及"圣人"对"六艺"的"兼用"问题。

范吉尔博亨在阐述"无为"这一概念时，认为"无

---

① 张双棣撰：《淮南子校释（增订本）》，前揭，第2105、2106页。
② 许匡一：《淮南子全译》，前揭，第1196页注释10。
③ Vankeerberghen, *The Huainanzi and Liu An's Claim to Moral Authority*, p.91.

为"意味着不对事物的"自然"进行人为干涉,[①] 同时,亦未围绕"自然"这一哲学概念进行专门的阐述(对此,本书论及"无为"的一章将补全这一任务)。关于"无为",范吉尔博亨还提出一个观点:"无为"与"为己"(self-serving)、"自私的动机"(selfish motives)、"自我"(self)无关,是一种利他行为。[②] 这一观点,与《淮南子》作者的意思不符。《淮南子》有言:

> 人主之术,处无为之事,而行不言之教。清静而不动,一度而不摇,因循而任下,责成而不劳。[③]
>
> 故无为而自治。[④]

上述第一个文本说明,治国者懂得"无为",才能让臣下做事,同时自己不辛苦。同时,上述第二个文

[①] Vankeerberghen, *The Huainanzi and Liu An's Claim to Moral Authority*, p.98.

[②] Vankeerberghen, *The Huainanzi and Liu An's Claim to Moral Authority*, p.98.

[③] 张双棣撰:《淮南子校释(增订本)》,前揭,第904页。

[④] 张双棣撰:《淮南子校释(增订本)》,前揭,第1516页。

本说明，"无为"并非与自我无关。而本书第四章第二节第二、三部分将阐述，"无为"的作用很大程度上是为了保护治国者自身的利益或安全。简言之，懂得"无为"的治国者可能是自私的。

最后，需要补充说明的是，笔者首先必须指出，在《〈淮南子〉与刘安对道德权威的索求》一书引言中，范吉尔博亨对《淮南子·要略》文本材料的理解和运用可能有所偏差，进而导致她对由《淮南子·要略》本身透露的著书意图的理解有所偏差。例如，范吉尔博亨认为，《淮南子》是针对《淮南子》所处的特别时代的回应，只是一部为了当时的治国者而写成的著作，并非永恒的真理。[1] 对此，范吉尔博亨的证据来自《淮南子·要略》。范吉尔博亨认为，《淮南子·要略》列举出一份"文献清单"，并认为这些文献成功地帮助过去的治国者（这些文献是对特定时代的回应，并非"永恒的真理"），同时认为《淮南子》作者自认为也属于这份著作清单。[2] 笔者必须指出，《淮南子·要略》并未刻意列出一份"文献清单"。只能说，在《淮南子·要略》最后部分，提及了人名、著作名（或著作类别）、

---

[1] Vankeerberghen, *The Huainanzi and Liu An's Claim to Moral Authority*, p.3.
[2] Vankeerberghen, *The Huainanzi and Liu An's Claim to Moral Authority*, p.3.

思想（体系）的名字、以某个思想家名字冠名的法律或政治术语："墨子学儒者之业"中的"墨子"这个人（以及"节财、薄葬、闲服"三种施政思想）、"《管子》之书"中的"晏子之谏""纵横修短""刑名之书""商鞅之法"等。① 就此，笔者以下分两点来反驳范吉尔博亨：

第一，虽然我们都知道存在着与墨子有关的《墨子》这部文献，但我们不能认为，提到"墨子学儒者之业"（以及"节财、薄葬、闲服"三种施政思想）就等于提到《墨子》这部文献。

第二，这些人名（代表的著作）或著作名或思想体系或以某个思想家名字冠名的法律中的某一个，可能的确如范吉尔博亨所认为的那样，是对特定时代的回应，例如《淮南子·要略》存在以下说法：

> 桓公忧中国之患，苦夷狄之乱，欲以存亡继绝，崇天子之位，广文武之业，故《管子》之书生焉。②

> 孝公欲以虎狼之势而吞诸侯，故商鞅之法生

---

① 张双棣撰：《淮南子校释（增订本）》，前揭，第2199、2200页。
② 张双棣撰：《淮南子校释（增订本）》，前揭，第2199页。

焉。①

上述文本中，"故……"这一结构之前，是历史上特定的政治情势，确实是特定时代里面发生的，同时，"商鞅之法"与《管子》这本书确实是应特定时代之运而生。然而，这不等于说，《淮南子》作者将自身归为它们同一类。实际上，《淮南子·要略》在提及了人名、著作名、思想体系等之后，还专门对《淮南子》本身的著书意图进行了阐述：

> 若刘氏之书……通古今之事……合三王之风……非循一迹之路，守一隅之指，拘系牵连之物，而不与世推移也。故置之寻常而不塞，布之天下而不窕。②

从"通古今之事"一说、"合三王之风"一说看，《淮南子》作者自认为并非根据历史上特定的某一政治情势而写成（而是力图统合所有政治情势而总结出政治教诲），同时，仅从"不与世推移也"一说看，《淮南

---

① 张双棣撰：《淮南子校释（增订本）》，前揭，第2200页。
② 张双棣撰：《淮南子校释（增订本）》，前揭，第2200页。

子》作者意在塑造范吉尔博亨提及的"永恒的真理"。然而，笔者在范吉尔博亨举出的证据中并未找到对上述文本的引用。范吉尔博亨旨在探究《淮南子》一书与刘安的淮南国灭亡之间的关系，换言之，范吉尔博亨还是准备探究《淮南子》一书与历史上特定的政治情势的关系。然而，至少从范吉尔博亨读过、称引过的《淮南子·要略》看，《淮南子》作者并非想把《淮南子》与特定的政治情势联系起来。

四、陈丽桂《〈淮南鸿烈〉思想研究》

陈丽桂《〈淮南鸿烈〉思想研究》一书是对《淮南子》全书整体思想的研究，并非对政治哲学的专门研究。该书在第三章第八节，以"《淮南子》的政治思想"为题，论及《淮南子》的政治哲学。该节十分值得注意的是，陈丽桂声称《淮南子》中的"无为"与其中的政治思想是两项，同时，又说，"无为"的精神是"人君施政的最高指导原则"，需要作为政治思想的儒、法思想的辅助；"无为"是政治思想的基础。[1]换

---

[1] 陈丽桂：《〈淮南鸿烈〉思想研究》，花木兰文化出版社，2013年，第199、200页。

言之,陈丽桂似乎是在说,"无为"既与政治思想有联系,又有超越儒、法思想的一面。然而,在提出上述主张的该书第三章第八节中,陈丽桂并未举出《淮南子》的文本证据来证明上述主张。

另外,陈丽桂在提出上述主张后,又立即声称《淮南子》作者认为摒弃"儒家教化"与法家之法的"无为"是"最高明的政治"。[1] 结合之前陈丽桂的主张可知,陈丽桂似乎是在说,"无为"与作为政治思想的儒、法两家既有联系,又有分裂。但是,陈丽桂亦未举出文本证据来证实这一点。总之,陈丽桂既认为"无为"需要儒、法思想的辅助,又认为前者与后两者有分裂,却又没有及时给出充足的文本证据,这让读者觉得十分奇怪。而本书第五章第五节、第六节"小结"便旨在阐述,"无为"思想中内涵的因循"自然"这一教诲与承载儒家政治思想的儒学的"制礼"观能够发生一定的特殊关系。另外,根据前述,笔者已经说明"无为"与法律是两个层次,后者不属于前者,此处无需赘言。

陈丽桂上述主张属于《〈淮南鸿烈〉思想研究》第三章第八节的导言部分(第199页至201页),而在《〈淮南鸿烈〉思想研究》第三章第八节,分别阐

---

[1] 陈丽桂:《〈淮南鸿烈〉思想研究》,前揭,第201页。

述"政治的目的与原则""君道与臣操""用人为官""势与法"。笔者以下对其中的某些观点进行批评。

在"政治的目的与原则"这一部分,陈丽桂说,"因"是"无为"思想的内容,而"无为"意味着"因"民性。[①]但陈丽桂也并未进一步解释何为"因"民性。对此,本书第六章在专论与"无为"思想内含的因循人性这一教诲有关的"制礼"问题之时,就要着重阐述何为"因"民性(人性)而"制礼"。

在"君道与臣操"这一部分,陈丽桂仍然强调,"君道",即治国者的统治原则,乃是"无为",而"臣操"可以叫作"有为","'无为'可以制'有为'","君宜静而臣宜动"。[②]简言之,陈丽桂近乎将"无为"这一概念理解为:不做事的静止状态。然而,尽管"无为"与"静"有关(例如《淮南子》作者说"清静无为"[③]),但这不等于说,"无为"与做事这一层含义形成对立矛盾。为此,本书第三章第二节将要说明,"无为"是指做事。

---

① 陈丽桂:《〈淮南鸿烈〉思想研究》,前揭,第204页。
② 陈丽桂:《〈淮南鸿烈〉思想研究》,前揭,第206页。
③ 张双棣撰:《淮南子校释(增订本)》,前揭,第942页。

在"用人为官"这一部分，陈丽桂说，《淮南子》作者"反对人主逞能用智、躬亲施治"，"主张因资而用众"。① 换言之，结合笔者前述对陈丽桂撰写的"君道与臣操"这一部分相关观点的总结，可以推测陈丽桂大致是在表明，治国者的"无为"需要用人，需要臣子的"有为"（陈丽桂甚至说，"实际政治工作的推行全赖臣僚们的执行"②）。然而，吊诡的是，陈丽桂并未举出文本证据，说明"无为"与用人如何联系，无法让人信服"无为"与用人这一点是否真的在《淮南子》中是联系在一起的。而本书第三章第三节第二部分在对与"无为"紧密相关的因循"自然"一说进行阐述时，便将阐述用人这一点就是属于"无为"思想的一部分。

在"势与法"这一部分，陈丽桂对《淮南子》中的"权势"一词进行了解说：1."权势"是指"自然之势"；2."权势"作为"自然之势"，之所以"自然"，是"指人君与生俱来承袭之之于先人的帝位，与附带于此帝位上的一切权力"。③ 笔者认为，上述两点解说都不符合《淮南子》作者的原意。首先，《淮南子》

---

① 陈丽桂：《〈淮南鸿烈〉思想研究》，前揭，第210页。
② 陈丽桂：《〈淮南鸿烈〉思想研究》，前揭，第210页。
③ 陈丽桂：《〈淮南鸿烈〉思想研究》，前揭，第215、216页。

在阐述"权势"之时,并未直接将之与"自然"联系起来。《淮南子》全书出现"权势"的文本有以下五处:

> 故灵王好细要而民有杀食自饥也,越王好勇而民皆处危争死。由此观之,权势之柄,其以移风易俗矣。①
>
> 权势者,人主之车舆;爵禄者,人臣之辔衔也。是故人主处权势之要,而持爵禄之柄,审缓急之度,而适取予之节,是以天下尽力而不倦。②
>
> 是故权势者,人主之车舆也;大臣者,人主之驷马也。③
>
> 摄权势之柄,其于化民易矣。卫君役子路,权重也;景桓公臣管晏,位尊也。④
>
> 陈卒正,前行选,进退俱,什伍摶,前后不相捻,左右不相干,受刃者少,伤敌者众,此谓事权。权势必形,吏卒专精,选良用才,官得其人。⑤

---

① 张双棣撰:《淮南子校释(增订本)》,前揭,第958页。
② 张双棣撰:《淮南子校释(增订本)》,前揭,第967页。
③ 张双棣撰:《淮南子校释(增订本)》,前揭,第995页。
④ 张双棣撰:《淮南子校释(增订本)》,前揭,第1009页。
⑤ 张双棣撰:《淮南子校释(增订本)》,前揭,第1587页。

从以上五处文本看，并未发现"自然"一词或"自然之势"一说，也看不出"权势"与"自然"两个概念的直接关系。同时，由于陈丽桂在阐述之时也没有举出文本证据说明为何"权势"等于"自然之势"，所以陈丽桂对"权势"的第一点解说是难以让人信服的。另外，上述第四处文本表明，齐桓公具有"权势"。但众所周知，齐桓公乃是通过与公子纠的政治斗争而获得地位和权力，不是通过正式的继承。所以，陈丽桂的第二点解说也是错误的。而本书第三章开篇将要阐述"权势"概念与含有因循"自然"一说（与"自然"有关）的"无为"思想之间彼此有抵触。换言之，与"自然"真正有关的并非"权势"，而是"无为"。

在"势与法"这一部分的其余内容，陈丽桂专注于对"法"的探讨。笔者认为，陈丽桂的探讨中具有前提性质的主张——"《淮南子》重予肯定"来自法家思想的"'法'是政治的核心要素"[1]——也是值得质疑的。因为，《淮南子》作者提出了"故法者，治之具也，而非所以为治也"这一说法，已经否定了陈丽桂提出的这一前提（本书绪论第二节最后也已经说明，法律无法拔高到"治道"层面）。由于陈丽桂在《〈淮南鸿

---

[1] 陈丽桂：《〈淮南鸿烈〉思想研究》，前揭，第216页。

烈〉思想研究》第三章第八节强调了"无为"与法家思想中的"法"具有联系，所以我们自然会以为，陈丽桂之所以在《〈淮南鸿烈〉思想研究》第三章第八节的最后部分阐述"法"，是为了论证这一联系。然而，陈丽桂在论证之时，不仅提出了如前所述的一个错误的前提，而且在"势与法"这一部分也没有举出文本说明"无为"与"法"如何联系。所以从总体上看，《〈淮南鸿烈〉思想研究》第三章第八节的论证思路给人以残缺之感。

而在"势与法"这一部分最后，陈丽桂又提出"仁本而法末"这一主张，[①]与她之前提出的"'法'是政治的核心要素"这一主张显然形成了矛盾，尤其是在陈丽桂关于"仁本而法末"这一主张又提出了"政治之成效，却不是法所能完全决定"这一观点的情况下。[②] 故此，笔者认为，陈丽桂的上述论证思路是相当令人费解的。此外，需要补充说明的是，既然《〈淮南鸿烈〉思想研究》第三章第八节一开头就说"无为"与儒家政治思想进行了结合，那么陈丽桂至少应该在这一节专门留一个部分，用以阐述儒家政治思想及其与"无为"的结

---

① 陈丽桂：《〈淮南鸿烈〉思想研究》，前揭，第220页。
② 陈丽桂：《〈淮南鸿烈〉思想研究》，前揭，第220页。

合。然而，笔者并未见到这一部分，只是见到陈丽桂对"仁本而法末"这一点的强调。而本书第五章第五节将要重新说明，在《淮南子》中，儒学思想在"制礼"方面的主张与具有"无为"思想中因循"自然"（人性）这一因素的"制礼"方式能够发生一定的特别联系：正是有了前者的存在，后者才出现并对前者进行拨正。

五、李增《淮南子哲学思想研究》

李增《淮南子哲学思想研究》并非只关注《淮南子》的政治哲学思想，而是关注《淮南子》中各个方面的思想。全书共七章，前五章分别专论《淮南子》的思想结构、思想范畴、道论、修养论、知识理论，第六、七章分别关注《淮南子》的法律思想和无为论，即一般意义上的政治哲学思想。[1] 笔者认为，李增关于《淮南子》的法律思想的观点，有以下观点值得批评：他认为立法的目的是"为全体人民的福利"；[2] 他还认为法律禁止民众做的，也禁止君主去做，故此"淮南子厌恶

---

[1] 李增：《淮南子哲学思想研究》，洪叶文化事业有限公司，1997年，第13—18页。
[2] 李增：《淮南子哲学思想研究》，前揭，第232、233页。

法家将法当作君主控制人民的工具"。① 就此，笔者推测，在李增看来，《淮南子》中的法律观具有一定的所谓的"民主色彩"。这一色彩亦可得到李增以下阐述的间接证明。李增认为，在"水门事件"中，记者揭发尼克松总统的丑闻，"淮南子一定鼓掌叫好"，因为这种制度符合《淮南子》所谓的法律"禁君勿使擅断"。② 笔者认为，李增将所谓的"民主色彩"加在《淮南子》的法律观之上，不符合《淮南子》作者的本意。原因在于：

> 夫圣人作法而万物制焉……制法之民，不可与远举。③

根据高诱注，"制法之民"之"制"字义为顺从。④ 那么，从上述文本可以看出，圣人的立法行为就是为了驯服民众。然而，通览李增著作的第六章，恰恰未引用上述文本。《淮南子》作者的上述倾向，也存在于《淮南子》作者关于"制礼"的主张中。对此，本

---

① 李增：《淮南子哲学思想研究》，前揭，第241、258页。
② 李增：《淮南子哲学思想研究》，前揭，第278页。
③ 张双棣撰：《淮南子校释（增订本）》，前揭，第1387页。
④ 张双棣撰：《淮南子校释（增订本）》，前揭，第1393页注二五。

书在关于"制礼"问题的第六章第四节最后将要进行说明。

在李增关于《淮南子》中"无为"思想的观点中,值得商榷的是以下:"无为而治"在于"顺其自然""去其人为""完全让人民自由",[①]"没有制度、风俗","没有贵贱、地位、尊卑",[②] 不限制人的活动。[③] 就此看来,李增是在表明,"无为"的因素"顺其自然"旨在最终形成一种放任主义。而《淮南子》作者关于"无为"思想中的"顺其自然",即因循"自然"这一层义理,存在着许多更深的演绎,且这一演绎并非全然指向一种放任主义,而是强调治国者针对民众的行事方式(至少"制礼"这一行事方式,含有"无为"思想中因循"自然"这一因素,其潜在目的旨在治理或管控民众,本身就并非放任主义)。同时,《淮南子》作者并非认为"无为"是指"去其人为",而是指"无为"的治国者需要建立政治功业(对此,本书第三章第二节将作说明)。

---

① 李增:《淮南子哲学思想研究》,前揭,第308、309页。
② 李增:《淮南子哲学思想研究》,前揭,第310页。
③ 李增:《淮南子哲学思想研究》,前揭,第311页。

六、吕锡琛《善政的追寻——道家治道及其践行研究》

吕锡琛《善政的追寻——道家治道及其践行研究》一书对《淮南子》中政治哲学的论述，位于该书第七章"《淮南子》'循理举事''神化为贵'的安邦之策"。这一章首先对"适情"这一概念展开了探讨。笔者认为，该探讨存在一定问题，以下举例说明：

第一，吕锡琛认为"适情"是指"回归于淳朴之本性"，[①] 而"感官欲望与心性是互相对立、相损相害的"。[②] 就此看来，"适情"似乎可以被视为禁欲。但是，吕锡琛又认为，"适情"是指"顺应自己的淳朴情性"，从而"使自己的欲望保持适度"。[③] 如此看来，"适情"是追求欲望满足方面的适度。总之，吕锡琛关于"适情"这一概念，提出了两种矛盾的阐述，没有真正判定"适情"到底是禁欲还是保持欲望的适度。而本书专论"适情"的第二章的第二节将要阐述，"适情"是指保持欲望的适度、节制欲望但不禁欲。

[①] 吕锡琛：《善政的追寻——道家治道及其践行研究》，人民出版社，2014年，第171页。
[②] 吕锡琛：《善政的追寻——道家治道及其践行研究》，前揭，第171页。
[③] 吕锡琛：《善政的追寻——道家治道及其践行研究》，前揭，第172页。

第一章 《淮南子》基本情况简介及相关政治哲学研究评析　109

第二，吕锡琛认为"无为"这一概念是《淮南子》的"治道"，[①]且"无为"与"适情"两个概念有关系。[②]但是，吕锡琛并未引用《淮南子》的文本证据，以证实这种关系。对此一关系，本书第二章第五节将要举出文本证据进行阐述。同时，吕锡琛在论述"无为"时，亦未对与"无为"有关的"自然"这一概念进行深入剖析，[③]只是认为，"无为"与"用己而背自然"这一说法是相违背的。[④]对于与"无为"有关的"自然"问题，本书第三章第三节便要作出详细说明。

第三，吕锡琛认为"依循本性而治理天下才是理想政治"，礼乐不是理想政治；[⑤]治国者让天下臣民都"依循本性""顺应民众之自然本性"，才算是理想政治。[⑥]为此，吕锡琛补充到，礼乐等制度与人性自然具有一致性，可以做到顺应民众的自然本性。[⑦]上述说法亦是凸显了吕锡琛的论述矛盾，因为，作者一方面在说

[①]　吕锡琛：《善政的追寻——道家治道及其践行研究》，前揭，第174、175页。
[②]　吕锡琛：《善政的追寻——道家治道及其践行研究》，前揭，第173页。
[③]　吕锡琛：《善政的追寻——道家治道及其践行研究》，前揭，第173、176页。
[④]　吕锡琛：《善政的追寻——道家治道及其践行研究》，前揭，第174页。
[⑤]　吕锡琛：《善政的追寻——道家治道及其践行研究》，前揭，第177、182、183页。
[⑥]　吕锡琛：《善政的追寻——道家治道及其践行研究》，前揭，第179页。
[⑦]　吕锡琛：《善政的追寻——道家治道及其践行研究》，前揭，第179页。

礼乐由于没有依循本性，所以不是理想政治，另一方面又说，礼乐与对人性自然的顺应具有一致性。在提出上述说法期间，吕锡琛提出"制礼乐"需要顺应民众的自然本性，但又未具体阐述《淮南子》作者是如何阐述"制礼乐"中顺应民众的自然本性这一问题的。[1] 而本书专论"制礼"问题的第六章第二、三节便将具体阐述这一问题。

第四，吕锡琛强调，"神化"是指治国者通过"保持自己淳朴的心性和德行来教化和感化民众"。[2] 由此可见，吕锡琛还是认为"神化"的根本之一仍是"淳朴的心性"。换言之，"神化"还是可能与"适情"这一关于心性的概念有关（尤其是在吕锡琛强调"适情"是指"回归于淳朴之本性"的情况下）。笔者首先疑惑的是，既然吕锡琛之前已经论述过"适情"这一概念，为何又在此重复论述——在吕锡琛对"神化"的阐述中，多次强调"养心""精神心理的安和"[3]的重要性，但实际上，"适情"这一要求就是包含这两点（本书第二章第二节便将说明）。而且，根据前述，吕锡琛对"适

---

[1] 吕锡琛：《善政的追寻——道家治道及其践行研究》，前揭，第179页。
[2] 吕锡琛：《善政的追寻——道家治道及其践行研究》，前揭，第180页。
[3] 吕锡琛：《善政的追寻——道家治道及其践行研究》，前揭，第182页。

情"思想的阐述存在自我矛盾,所以,这也可能间接影响他对"神化"问题的理解。

第三节 小结

本章的目的,首先在于对《淮南子》的编著、内容、主旨以及版本和注疏情况进行梳理,以求让本书的读者对《淮南子》的基本情况有一定初步了解。其中笔者需要强调的是:一、尽管按照文献学的观点,《淮南子》的作者可能既包括刘安本人,还包括刘安的诸门客,但关于《淮南子》作者的问题,与本书所研究的"治道"问题本身没有直接关系——我们至少无法找出(就笔者所见,学界前辈也未找出)任何实证来认定"治道"问题的某一方面确实出自某一门客或某些门客或刘安本人之手,那么也就更无法认同以下推断,即因为"治道"问题的某一方面出自一人(群)之手,而另一方面出自另一人(群)之手,所以这两方面形成了冲突或矛盾;二、尽管"治道"问题虽然不能被称作《淮南子》的全部内容,但却是《淮南子》全部内容中的一大部分;三、张双棣《淮南子校释(增订本)》在版本以及注疏方面的优势,在一定程度上有利于关注《淮南子》义理的研究者的研究之用。

本章的另一目的，便是对《淮南子》政治哲学研究文献的评析。笔者首要关注的就是题目与本书题目相近的戴黍的《〈淮南子〉治道思想研究》一书。该书的主要缺憾是：未对"治道"进行清晰的厘定便开始研究，进而将"势"、法律、道德水平、风俗、兵学思想误解为"治道"的一部分；对"无为"的探讨不够充分（如没有深入探讨与"无为"有关的"自然"问题）；更没有深入探讨本书探讨的除"无为"之外的"治道"的其余四个方面。笔者其次关注的是安乐哲的《主术：中国政治艺术之研究》一书。该书中观点值得商榷之处是：将"无为"视为治国者的一种无私行为，没有意识到"无为"的自私色彩；将"无为"理解为不做事。同时，在对法律、"势"、"用众"等问题的阐述上，安乐哲也出现了各种偏差。而范吉尔博亨的《〈淮南子〉与刘安对道德权威的索求》一书在政治哲学方面探讨的缺陷在于，过分抬高了"权"这一概念，并将"无为"视作一种无私行为（另外范吉尔博亨也误解了《淮南子》的著书意图）。最后，陈丽桂、李增、吕锡琛在阐述《淮南子》的政治哲学问题时，都存在一些问题，尤其是陈丽桂与吕锡琛还出现了明显的自我矛盾之处，而李增将

《淮南子》的法律思想与"无为"思想加上放任主义等色彩,与《淮南子》作者的原意已经不相符合。

第二章 "适情"：治国者的内在态度

本章旨在阐述《淮南子》中"治道"问题的第一个方面："适情"。第一节首先略述先秦西汉思想史上与"适情"有关的说法或概念，以期厘清"适情"的思想史渊源。对于《淮南子》中的"适情"的意思，学者们的探讨，如陈丽桂《汉代道家思想》、罗毓平《〈淮南子〉的人生修养说》、唐君毅《中国哲学原论·原性篇》、那薇《汉代道家的政治思想和直觉体悟》中的观点，表明"适情"仅是涉及欲望方面，不涉及情绪方面。[①] 但是，笔者认为，这些观点并未充分理解"适

---

① 陈丽桂：《汉代道家思想》，五南图书出版有限公司，2013年，第133、134页；罗毓平：《〈淮南子〉的人生修养说》，《兰州学刊》2011年11期，第23页；唐君毅：《中国哲学原论·原性篇》，中国社会科学出版社，2005年，第61、62页；那薇：《汉代道家的政治思想和直觉体悟》，齐鲁书社，1992年，第60页。

情"。实际上,"适情"既涉及欲望方面,又涉及情绪方面。故此,笔者将在第二节阐述"适情"的基本义域。第三节是对"适情"之所以是治国者的内在态度的说明。虽然本书绪论第一节已经举出文本证据来说明,"适情"就是"治道"问题的一个方面,但关乎一个人的主观状态的"适情",如何与治国这一点发生关联,仍待第三节予以澄清。第四节旨在阐述"适情"的关联性概念——"应"。有学者说,"适情"与政治实践有关。[①] 为此,笔者在第四节将要阐述,"应"具有政治色彩,作为一个本身具有实践意义的概念,与"适情"能够形成关联。换言之,治国者在具有"适情"这一内在态度或主观状态的同时,需要通过"应"这一实践行为方式来与客观世界打交道。基于第四节的阐述,第五节旨在说明"适情"与"无为"("治道"问题的第二个方面)可以通过"应"这一概念而形成联系。本章小结首先是对本章内容的小结,也将从关于马基雅维利主义的一般性政治哲学观点出发,来审视"适情"这一问题,以期探求"适情"在政治治理活动中的价值。

---

① 邓联合:《〈淮南子〉对庄子"逍遥游"思想的改铸》,《人文杂志》2010年01期。

第一节　先秦西汉经典中与"适情"有关的问题

本节的主要目的在于梳理先秦西汉思想史中，与《淮南子》中"适情"的义域可能有联系的若干概念或说法，以求在正式探讨"适情"之前，从思想史角度来审视这一概念。《淮南子》作者在提出"适情"时，认为：

> 圣人食足以接气，衣足以盖形，适情不求余。①

此处"适情"的含义，便是指在自身的欲望满足方面，追求适度、节制。在上述文本中，"衣""适"两者之间形成了关联。从较为粗浅的层面看，类似的关联在《墨子·辞过》中出现过：

> 圣人之为衣服，适身体、和肌肤而足矣……作诲妇人治丝麻，捆布绢，以为民衣。②

---

① 张双棣撰：《淮南子校释（增订本）》，前揭，第791页。
② 孙诒让撰、孙启治点校：《墨子间诂》，中华书局，2001年，第33页。

其中，便是以"衣服"为例，说明在教授民众如何制作衣服之时应该追求"适"（适度）。与《淮南子》的区别是，《墨子·辞过》中被追求的"适"，是为了教育被治理者（民众），而非直接为了治理者自身。显然，以上《墨子·辞过》中的说法，已经与《淮南子》有很大的区别。然而，在《春秋繁露·循天之道》《韩诗外传》卷三以及《盐铁论·散不足》中，存在着与《淮南子》中的"适情"在一定程度上接近的说法（笔者亦将顺便论及《文子·九守·守平》《管子·禁藏》的情况）。以下分别论之。

一、在《淮南子》中，"适情"与"原天命"两个说法被并举，且皆同时被"治道"这一概念归纳。[①] 进而言之，由于"治道"这一概念对两个说法的归纳，所以，两者可能至少形成了一定的间接关联。同时，又由于"适情"本身有节制欲望这一层意思，[②] 所以，可以说，节制欲望这一层意思与"天"（"原天命"）至少形成了关联。类似的，但不完全相同的关联，出现在《春秋繁露·循天之道》中："高台多阳，广室多

---

① 参《诠言训》"原天命，治心术，理好憎，适情性，则治道通矣"，见张双棣撰：《淮南子校释（增订本）》，前揭，第1500页。
② 参《诠言训》"适情性则欲不过节"，见张双棣撰：《淮南子校释（增订本）》，前揭，第1500页。

阴，远天地之和也，故圣人弗为，适中而已矣。"① 该文本认为，不追求极大的欲望满足（"高台"和"广室"），意即不节欲，违背了"天地之和"。如此看来，此处的"适中"——虽然文字上与"适情"还差一个字——亦是表节欲这一层意思。那么，在此处，节欲这一意思，在一定程度上，是与"天"形成了关联。然而，再与《淮南子》对比之，又有所不同。本书绪论第二节已经说明，"原天命"一说是指对祸福的理解，那么可见，"原天命"一说与"适情"一说虽同时被"治道"归纳从而形成一定的间接关联，但在义理上不等同、各有所指。相较而言，在《春秋繁露·循天之道》中，"适中"就是被阐述成符合"天地之和"（就是对"天地之和"的具体体现）。

二、《韩诗外传》卷三："故圣人不淫佚侈靡者，非鄙夫色而爱财用也，养有适，过则不乐……适情辟余，不求非其有。"② 在该文本中，"适情"的意思就是：避免纵欲，注重欲望满足方面的适度，或者说，避免多余的欲望满足。换言之，其中的"适情"表节

---

① 苏舆撰、钟哲点校：《春秋繁露义证》，中华书局，1992年，第449页。
② 韩婴撰、许维遹校释：《韩诗外传集释》，中华书局，1980年，第103、104页。

欲义。此与《淮南子》的"适情"所含有的意思在一定程度上相同。而且,《淮南子》作者曾言"适情不求余",与上述《韩诗外传》卷三中的"适情辟余",在义理上亦是趋于一致。后者仅是以"辟余"代替了"不求余"(意思皆是不追求多余的东西)。另外,需要补充说明的是,在《文子·九守·守平》中,亦存在着"适情"这一概念,在义理上与《韩诗外传》卷三中的"适情"概念一致:

  故圣人食足以充虚接气,衣足以盖形御寒,适情辟余。①

在此,"适情"需要"辟余",而"余"是多余的"食"和"衣",可知其亦主张节欲、去除多余欲望。同时,"辟余"与《淮南子》中的"不求余"在义理上亦无差别。

三、《盐铁论·散不足》说:"古圣人劳躬养神,节欲适情,尊天敬地,履德行仁。是以上天歆焉,永其世而丰其年。故尧秀眉高彩,享国百载。"②在该文本

---

① 王利器撰:《文子疏义》,中华书局,2000年,第135页。
② 王利器校注:《盐铁论校注》,中华书局,1992年,第355页。

中，"适情"与"养神"和"节欲"两者被联系起来，似乎暗示"适情"可能同时指节制欲望（"节欲"）与对心性、情绪的调养或调和（"养神"）。在《淮南子》中，"适情"亦涉及对心性的调养，[①] 与《盐铁论·散不足》可能趋于一致。同时，在《盐铁论·散不足》中，"适情"这一态度被认为最终导致作为治国者的尧"享国百载"（拥有国家百年）。简言之，"适情"与政治治理有关。

由此可见，虽然在《盐铁论·散不足》中"适情"并未被视为"治道"，但亦与《淮南子》作者的意图接近：两者皆为"适情"加上了政治色彩。另外，在《管子·禁藏》中，节欲这一义理与政治治理这一点被联系起来：节欲（"节官室"和"适车舆"），亦能引发良好的政治治理效果（"国必富、位必尊"）。[②]

从以上所述可知，《淮南子》中的"适情"这一概念，与上述所列经典中的相关概念或说法（如"适

[①] 参《精神训》"理情性，治心术，养以和，持以适"，见张双棣撰：《淮南子校释（增订本）》，前揭，第804页。本章第二节将对上述文本进行具体阐述。

[②] 参《管子·禁藏》"故圣人之制事也，能节官室、适车舆以实藏，则国必富，位必尊矣"，见黎翔凤撰、梁运华整理：《管子校注》，中华书局，2004年，第1012页。

情""适中"等），皆可表节欲义。然而，在先秦经典中，亦有例外。《吕氏春秋》作者提出了"心适"概念。从文字表面上看，"心适"与"适情"似乎可能义理趋于一致，然则不同。以下是《吕氏春秋·仲夏纪·适音》中关于"心适"的论述：

> 心亦有适。人之情，欲寿而恶夭，欲安而恶危，欲荣而恶辱，欲逸而恶劳。四欲得，四恶除，则心适矣。①

其中，"心适"是关乎欲望（用对"欲"的描述直接解释"心亦有适"），而且，其中指明，"心适"的前提是"四欲得"（四方面欲望的满足），似与对欲望的节制无关，只是强调"欲"的满足，亦可能让读者作出联想：所谓"心适"与欲望的不节制这一层意思有关。由此可知，此处"心适"与《淮南子》中表节欲义的"适情"可能有所不同。然而，《吕氏春秋·孟春纪·本生》中又存在"适欲"一说：

---

① 许维遹撰、梁运华整理：《吕氏春秋集释》，中华书局，2009年，第114、115页。

> 故圣人必先适欲。室大则多阴,台高则多阳,多阴则蹶,多阳则痿,此阴阳不适之患也。①

此处"适欲",类似《春秋繁露·循天之道》中的"适中",亦是要避免"室大"与"台高",表节制欲望义。由此可见,与《淮南子》中的"适情"较为接近。回过头来说,《吕氏春秋》中的"心适",虽然带有与"情"可能相通的"心"字,但在义理上,并不等于《淮南子》中的"适情",甚至形成抵触。

综上所述,《淮南子》中表节欲义的"适情",与先秦西汉若干经典中的概念或说法有相通之处(《吕氏春秋》的例子较为特殊)。然而,《淮南子》中的"适情",亦包含对内心的调和之义。此一义,就笔者所见,仅见于《盐铁论·散不足》。最后值得补充说明的是,在以上所列举的经典中,已经有经典将"适情"(或节欲这一义理)与政治治理这一点联系起来,如:《管子·禁藏》和《盐铁论·散不足》。另外,在前述《韩诗外传》卷三中,"适情"与"治道"发生了关系。对此的阐述,由本章第三节来承担。

---

① 许维遹撰、梁运华整理:《吕氏春秋集释》,前揭,第22页。

第二节 "适情"的基本义域

按照陈丽桂《汉代道家思想》、张瑞璠主编的《中国教育哲学史（第1卷）》、罗毓平《〈淮南子〉的人生修养说》、邓联合《〈淮南子〉对庄子"逍遥游"思想的改铸》的观点，"适情"就是指在欲望方面的适度，不涉情绪方面。① 而那薇《汉代道家的政治思想和直觉体悟》一书认为，《淮南子》中的"适情"就是"恬淡无欲"，② 即近似于禁欲、彻底去除欲望。同时，唐君毅《中国哲学原论·原性篇》认为"适情""当去之性外之物"，与正常人性、人欲无关。③ 上述对"适情"的理解可能有不全面之处，因为笔者认为，"适情"实际上涉及情绪方面且不指禁欲。本节的任务，在于以《淮南子·精神训》相关文本为基础，辅以《淮南子·原道训》《淮南子·缪称训》《淮南子·泛论训》《淮南子·诠言训》的文本，对"适情"的基本义域进

---

① 陈丽桂：《汉代道家思想》，前揭，第133、134页；张瑞璠主编：《中国教育哲学史（第1卷）》，山东教育出版社，2000年，第539页；罗毓平：《〈淮南子〉的人生修养说》，《兰州学刊》2011年第11期；邓联合：《〈淮南子〉对庄子"逍遥游"思想的改铸》，《人文杂志》2010年第1期。
② 那薇：《汉代道家的政治思想和直觉体悟》，前揭，第60页。
③ 唐君毅：《中国哲学原论·原性篇》，前揭，第61、62页。

行阐述，以期指出："适情"既指节欲，又指调和情绪心性。本章之前根据《淮南子·精神训》文本指出，"适情"的意义的一个方面是节制欲望。① 而《淮南子·精神训》的其他文本亦提出了"适情"，② 在其上下文语境中拓展了"适情"的义域。这些文本加在一起较为冗长，所以以下对之分别阐述，再进行总结。

以下是《淮南子·精神训》第一处文本：

> 理情性，治心术，养以和，持以适。③

"适情"一说被拆分为"理情性"—"持以适"，再加上"治心术，养以和"。"心术"这一概念，在《淮南子·原道训》中便被认为涉及欲望方面和情绪方面。④ 那么可以说，"治心术，养以和"实际上是要求既调和欲望，又调和情绪。进而言之，"治心术，养以和"的意思与"适情"（已知可表节欲义）有相通之

---

① 参《精神训》"圣人食足以接气，衣足以盖形，适情不求余"，见张双棣撰：《淮南子校释（增订本）》，前揭，第791页。
② 如《精神训》"量腹而食，度形而衣，容身而游，适情而行"，见张双棣撰：《淮南子校释（增订本）》，前揭，第805页。
③ 张双棣撰：《淮南子校释（增订本）》，前揭，第804页。
④ 参《原道训》"彻于心术之论，则嗜欲好憎外矣"，见张双棣撰：《淮南子校释（增订本）》，前揭，第123页。

处。同时,"理情性"—"持以适",本身就是表调和情绪之义,所以可以说,"理情性"—"持以适"的此一义与"治心术"在义理上亦是相通。从文脉看,为了"理情性",仍需要"养以和",那么,调和情绪一义亦是显明的。总之,此处为"适情"一说补充了调节情绪这一层意思。另外,《淮南子·缪称训》以下文本亦讨论了"适情"与欲望问题:

> 天下有至贵而非势位也,有至富而非金玉也……原心反性则贵矣,适情知足则富矣。[1]

笔者认为,"适情"在于欲望满足方面的"知足",表达了一种对欲望的节制(既不禁欲,也不纵欲)。关于这一点,《淮南子·诠言训》以下文本是一种证明:

> 适情性则欲不过节……欲不过节则养性知足。[2]

---

[1] 张双棣撰:《淮南子校释(增订本)》,前揭,第1133页。
[2] 张双棣撰:《淮南子校释(增订本)》,前揭,第1500页。

"适情"在于欲望方面的"知足",而"知足"就是指节欲,此正可用于理解前述《淮南子·缪称训》中"适情知足"的意思。

《淮南子·精神训》第二处文本紧邻前述第一处文本,表达了与"适情"相反的一面状态:

> 衰世凑学,不知原心反本,直雕琢其性,矫拂其情,以与世交。故目虽欲之,禁之以度;心虽乐之,节之以礼。趋翔周旋,诎节卑拜;肉凝而不食,酒澄而不饮。[①]

"适情"的反面不仅是禁欲,还是禁情。而且这一反面之所以形成,在一定程度上,还是基于礼的限制作用。换言之,这种禁欲与禁情,是一个人的主体在外在客观条件的限制作用下形成的,不是由一个人自主生成的。

以下《淮南子·精神训》第三处文本是对"适情"的另一层次阐发:

---

① 张双棣撰:《淮南子校释(增订本)》,前揭,第804页。

第二章 "适情"：治国者的内在态度 127

适情辞余，以己为度，不随物而动。①

上述文本表明，"适情"是自主地"适情"，而不是被动地"适情"。结合上述笔者对第一、二处文本的阐述可知，"适情"不仅不是禁欲、禁情，而且似乎要求一个人主动调节欲望、情绪。这一点在《淮南子·原道训》以下文本中体现得更为明显：

是故有以自得之也，乔木之下，空穴之中，足以适情。②

上述文本中，由"自得"推至"适情"。"自得"大意为自有所得、自足，亦是表明了一种自主性，可知"适情"确为由一个人自主而发。类似地，《淮南子·泛论训》以下文本也阐述了这一点：

适情辞余，无所诱惑，循性保真，无变于己。③

---

① 张双棣撰：《淮南子校释（增订本）》，前揭，第805页。
② 张双棣撰：《淮南子校释（增订本）》，前揭，第113页。
③ 张双棣撰：《淮南子校释（增订本）》，前揭，第1471页。

"无变于己"一语,与前述"以己为度"一样,亦表明了一种自主性。此处,"无变于己"一语亦被进一步用于演绎"适情",可知再次确认了"适情"是自主地"适情"。

以下《淮南子·精神训》第四处文本确立了"适情"与"万物"("天下")的一种关联:

> 量腹而食,度形而衣,容身而游,适情而行,余天下而不贪,委万物而不利。[1]

"余天下而不贪,委万物而不利"一说,是由"适情而行"一说直接引出,结合许匡一《淮南子全译》,意为"遗弃天下而不贪求,舍弃万物而不利用"。[2] 简言之,要达成"适情",就需要舍弃万物(天下)。尽管此处提出了轻视乃至舍弃万物(天下)这一层意思,但依旧间接表明,要理解"适情"的含义,需要结合"天下"("万物")一词来理解。而且,这一层意思并不意味着,要达成"适情",就必须绝对地舍弃天下(万物),因为对于"适情"的人而言,拥有天下与不

---

[1] 张双棣撰:《淮南子校释(增订本)》,前揭,第805页。
[2] 许匡一:《淮南子全译》,前揭,第402页。

拥有天下是等同的（《淮南子·精神训》）。[1]

综合上述文本的意思，"适情"的义域可以被归纳为：在面对万物（天下）之时，对自己的情绪、欲望进行调节；这一调节并非禁欲、禁情，而是自主地追求情绪和欲望上的适度、调和，不放纵情绪和欲望。[2] 然而，这一归纳，似并不能说明"适情"与治国这一点的关系，故本章在此节阐述完"适情"的基本义域后，将在下一节说明这一关系。

第三节 关于"适情"是治国者的内在态度的说明

肖玉峰的《先秦隐逸思想及先秦两汉隐逸文学研究》认为，《淮南子》中的"适情"是一种隐士品

---

[1] 参《精神训》"适情不求余，无天下不亏其性，有天下不羡其和。有天下无天下，一实也"，见张双棣撰：《淮南子校释（增订本）》，前揭，第791页。对这一说法的阐述，由本章第三节承担。

[2] 在《淮南子》中，有另一种"适情"概念，表纵欲、肆意之义，已经被所处文本指出恶劣后果或直接批评，因此，可以很容易与表节欲义的"适情"区分开来，其是《人间训》中的"故直意适情，则坚强贼之；以身役物，则阴阳食之"（张双棣撰：《淮南子校释（增订本）》，前揭，第1962页），以及《要略》中的"纵欲适情，欲以偷自佚，而塞于大道也"（张双棣撰：《淮南子校释（增订本）》，前揭，第2175页）。

质。[1] 如果这样去理解"适情",那么"适情"就与政治治理或治国这一点没有关系。根据本书绪论所述,"适情"确为"治道"的一个方面。但是,从表面上看,"适情"是关于一个人的主体状态的,如何与政治治理或治国这一方面发生关系,亦是值得探究的。本节的核心目的,在于阐述"适情"与"(有)天下"(拥有天下)的关联,借此证明:"适情"乃是治国的内在态度。就此,笔者将围绕以下《淮南子》文本进行阐述,再来结合《韩诗外传》与《文子》相关文本的义理进行说明:

> 适情不求余,无天下不亏其性,有天下不羡其和。有天下无天下,一实也。[2]

治国("有天下")与不治国("无天下"),对于拥有"适情"之态度的人来说,是可以融通一致的。这种融通一致反过来表明,拥有"适情"之态度的人并未被要求完全彻底放弃对天下的治理。或者我们可

---

[1] 肖玉峰:《先秦隐逸思想及先秦两汉隐逸文学研究》,四川大学博士论文,2006年,第4—10页。
[2] 张双棣撰:《淮南子校释(增订本)》,前揭,第791页。

以说,"适情"既可以是一个人不作为治国者之时的态度,也可以是一个人作为治国者之时的态度。进而言之,笔者认为,《淮南子》作者并未唯独将"适情"看作仅属于非治国者的;实际上,《淮南子》作者是在说,非治国者与治国者皆可能拥有"适情"这一态度。无论如何,"适情"乃是治国的内在态度,尽管其可能是非治国者的内在态度,这一点是说得通的。在思想史上,"适情"与"天下"便发生过关联,从而可能成为治国者的内在态度或"治道"。以下举出《韩诗外传》以及《文子》相关文本来加以说明。首先是《韩诗外传》卷三相关文本:

> 能制天下,必能养其民也;能养其民者,为自养也……故圣人不淫佚侈靡者,非鄙夫色而爱财用也,养有适,过则不乐,故不为也……养不害性,足以成教,而天下称其义也;适情辟余,不求非其有,而天下称其廉也……故审其所以养,而治道具矣。[①]

笔者认为,上述文本亦是表明,治国者在治理天

---

① 韩婴撰、许维遹校释:《韩诗外传集释》,前揭,第103、104页。

下之时，亦是持"适情"这一内在态度。为此，上述文本铺设了以下理路："制天下"（统治天下）的前提是"养其民"（养育民众），"能养其民"的原因是能够"自养"（养育自己），而在语境中，对"自养"的解释（要求）就是"养有适"。由此可见，"制天下"与"养有适"至少形成了间接关联。更为值得注意的是，对于"养有适"之"适"，语境中便解释为"适情"。至此，"适情"与"制天下"至少形成了间接关联。需要补充的是，最后一句"故审其所以养，而治道具矣"表明，"治道"涉及如何养育自己的问题。在上述语境中，关于如何养育的问题，解答就是"适情"，所以，"适情"在此可被视作是"治道"的因素。

其次是《文子·九守·守真》相关文本：

> 夫所谓圣人者，适情而已，量腹而食，度形而衣，节乎己而贪污之心无由生也，故能有天下者，必无以天下为也。[1]

"有天下者"（拥有天下的人）一定具有"无以天下为"这一品质。在上述引文的语境中，对"无以天

---

[1] 王利器撰：《文子疏义》，前揭，第143页。

下为"的具体化阐述,就是包含"适情"一说的具体说法。那么可以推出,"有天下者"一定具有"适情"这一品质。

综上所述,尽管《韩诗外传》与《文子》的具体阐述有所差异,但两处文本皆透露了"适情"与"天下"具有关联。更为具体地说,"适情"与统治天下、"治道"或拥有天下这一点发生了关联。当然,《韩诗外传》作者只是将"适情"视为"治道"的因素(其可能属于治理天下的治国者),并未将之视为具有个人主义色彩、非政治化的概念。而《文子》作者已经将"适情"作为"无以天下为"的进一步解说,便为"适情"这一概念增添了非政治化的色彩,似为读者留下以下印象:"适情"是非治国者的态度。

尽管如此,《文子》作者仍认为具有非政治化的色彩的"适情"仍是拥有天下的人的态度。相对而言,《淮南子》关于"适情"的阐述,包含了《韩诗外传》的意思,但同时也没有违背《文子》的意思。从表面上看,相对于一般意义上涉及治理国家的概念(如"制礼"),"适情"更可能被认为是关于"治身"(治理个体自身)的概念,但是,在《淮南子》中,治理国家与治身是紧密联系的、融通的,治身甚至被视作治国的必要条件。①

　　笔者在此必须指出的是，即便"适情"被看作属于治国者的"治身"概念，从而不涉及一般意义的治理行为，《淮南子》作者也提出了"适情"的关联性概念："应"。这一关联性概念，作为具有行为意义的、具有政治色彩的词汇，就是用于补充"适情"这一概念，使之与具体的治理行为发生联系。同时，笔者认为，通过"应"这一概念，作为"治道"的"适情"与作为"治道"的"无为"形成了联系。上述观点，便是本章第四、五节将要阐述的。

第四节　"适情"的关联性概念："应"

　　本节的任务在于探讨"应"这一概念。首先，笔者结合文本，阐述"适情"与"应"的关联。其次，笔

---

① 参《诠言训》"能有天下者，必不失其国；能有其国者，必不丧其家；能治其家者，必不遗其身"，见张双棣撰：《淮南子校释（增订本）》，前揭，第1502页。在《诠言训》此处，治理天下国家的必要条件就是治身。《道应训》亦言："楚庄王问詹何曰：'治国奈何？'对曰：'何明于治身，而不明于治国？'楚王曰：'寡人得立宗庙社稷，愿学所以守之。'詹何对曰：'臣未尝闻身治而国乱者也，未尝闻身乱而国治者也。故本任于身，不敢对以末。'"见张双棣撰：《淮南子校释（增订本）》，前揭，第1272页。这一故事亦以治身为治国的必要条件。

者简述先秦西汉思想史中的"应"(或"应物")这一概念,以期作为阐述《淮南子》中"应"这一概念的铺垫,并进一步阐述"应"的政治性与本义。

一、"适情"与"应"的关联

"应"(当表应变义之时),是"心"(人这一方)与"物"(人之外的外界这一方)之间的一种中介,至少在《庄子》的视域中便是如此(见本节第二部分对道家视域中的"应"的说明)。换言之,"应"可能是心(人这一方)与物(人之外的外界这一方)之间的一个联络点。在《吕氏春秋·季春纪·论人》中,对此有了较为具体的发挥。其中,从"适耳目、节嗜欲"这一说法,能够逐步推导出"应物(变化)"这一层说法。[1] 简言之,属于人的主体修养范畴的"适—欲"

---

[1] 参《吕氏春秋·季春纪·论人》"适耳目,节嗜欲……若此则无以害其天矣。无以害其天则知精,知精则知神,知神之谓得一。凡彼万形,得一后成。故知一则应物变化",见许维遹撰、梁运华整理:《吕氏春秋集释》,前揭,第74页。按照张双棣等撰写的《吕氏春秋译注》,上述文本大意为:"使耳目适度,节制嗜好欲望……像这样,就没有什么可以危害自己的身心了。没有什么可以危害自己的身心,就能够知道事物的精微;知道事物的精微,就能够懂得事物的玄妙;懂得事物的玄妙,就叫作得道。万物得道而后才能生成。所以,懂得得道的道理,就会适应事物的变

（或言"节—欲"）这一概念与"应"这一针对外界（"物"）的概念之间形成了联系。笔者认为，《吕氏春秋》在这一方面，从一定程度上讲乃是《淮南子》的先声，因为在《淮南子·精神训》中，"适情"（同样属于人的主体修养范畴）与"应"能够形成关联。以下是相关文本：

> 且人有戒形而无损于心，有缀宅而无耗精……故形有摩而神未尝化者，以不化应化，千变万抮而未始有极……化物者未尝化也，其所化则化矣。轻天下则神无累矣；细万物则心不惑矣。①

"心"（或"神"）[②]——人的内心这一方面——的重要性被凸显出来。[③] 同时，"心"（或"神"）

化。"见张双棣等撰：《吕氏春秋译注》，吉林文史出版社，1987年，第82页。简言之，"适—欲"意味着"没有什么可以危害自己的身心"，而后者可以逐步引出"得一"（"得道"），而"得一"直接引出"应物变化"。所以"适—欲"与"应"形成了关联。
① 张双棣撰：《淮南子校释（增订本）》，前揭，第759、775页。
② 高诱注亦言"心谕神"，见张双棣撰：《淮南子校释（增订本）》，前揭，第772页注四九。
③ 对此处文本，冯友兰亦言"形体可以死亡，但精神可以不死"，见冯友兰：《三松堂全集·第9卷》，河南人民出版社，2001年，第146页。

被认为是"未尝化者"(或"不化"),[①] 与"化"("物")[②]之间存在"应"这一中介、概念("以不化应化")[③]。笔者认为,此处语境的"不化"与"适情"的义理是相通的,因为"心"("不化")在此处被认为不是随着"物"的变化而变化的,而《淮南子·精神训》说过:"适情辞余,以己为度,不随物而动"。结合此一说法,我们可以推导出以下观点:一个人的内心处于"适情"状态之后,不随着物的变化而变化,同时,以"应"这一行为来对待处于变化中的"物"。至此,"适情"与"应"具有了一定关

[①] 高诱注亦言"不化"当指"精神",见张双棣撰:《淮南子校释(增订本)》,前揭,第773页注五三。
[②] 高诱注亦言"化"指"物",见张双棣撰:《淮南子校释(增订本)》,前揭,第774页注五九。
[③] 在《庄子·田子方》中,便存在着关于"不化"与"物"的说法:"不化以待尽,效物而动。"其中虽无"应"字,但"效物而动"大致可以理解为"随着、效法着物而动"之义,而且根据郭庆藩的疏解,可以理解为"夫至圣虚凝,感来斯应,物动而动",即由"不化"发出的"动作"——"效物而动"之"动"——便可以理解为"应",见郭庆藩撰、王孝鱼点校:《庄子集释》,前揭,第709页注七。当然,郭庆藩的疏解只是一种解释,但无论如何,在"不化以待尽,效物而动"中,已经出现了《淮南子》中"不化"与"化"之间所形成的具有动态色彩的关系架构。《文子·九守·守朴》有"以不化应化,千变万转而未始有极"一说(王利器撰:《文子疏义》,前揭,第168页),与《淮南子》所谓"以不化应化,千变万抮而未始有极"在文字上近似,在义理上亦是一致。

联。更值得注意的是，在上述文本语境中，围绕"心"（"神""不化""未尝化者"）的具体演绎是以下说法："轻天下则神无累矣；细万物则心不惑矣。"笔者认为，这一说法实则表达的就是"适情"的含义。具体而言，无论是"轻天下"还是"细万物"，都与"心"（"神"）的轻松无累、不乱不惑这一状态并存。换言之，前两者（轻视天下和小看万物）是与一种内心的调和、和谐状态并存，而根据前述，《淮南子·精神训》中围绕"适情"，也作过与此意思符合的阐述，即"适情"的人既调和内心，也轻视天下（或万物）。[①] 简言之，上述文本中虽未出现"适情"二字，但实际上关于"心"（或"不化"）的具体演绎中的一部分义理，就是关于"适情"的义理，同时又存在"以不化应化"一说用以提示"不化"与"应"的关联，那么，"适情"与"应"便能形成关联。

[①] 前述《淮南子》文本中"适情而行，余天下而不贪，委万物而不利"一说，按照许匡一《淮南子全译》，意为"适情而行，遗弃天下而不贪求，舍弃万物而不利用"，见许匡一：《淮南子全译》，前揭，第402页。这一说法亦表达了"适情"的人会对"万物"（"天下"）进行轻视乃至舍弃。同时，围绕"适情"，前述《淮南子》文本亦言"理情性，治心术，养以和，持以适"，根据本章第二节分析，亦表达了"适情"要求或意味着一种内心的调和、和谐状态。

二、先秦西汉思想史中的"应"之问题述略

由于《淮南子》中的"应"的基本意义是对待"物"之时"随机应变"（见本节第三部分），所以本部分不是考察思想史中所有出现的"应"字的概念，而是至多考察具有与"随机应变"这一义相同或接近的意义的概念。从当下的眼光看，"随机应变"似乎是政治共同体中一般民众也能懂得的处事道理。然而，在先秦西汉思想史的视域中，并非如此。就笔者所见，并未出现关于民众能够随机应变的说法。而实际上，当"应"字与民众有关时，不表随机应变义。例如，《礼记·乐记》《荀子·乐论》《说苑·修文》均认为，属于民众的"应"，涉及的是喜怒情绪方面的反应。[1] 另外，就笔者所见，除了前述《吕氏春秋·季春纪·论人》关于"应物"的阐述，关于"应"的阐述（具有类似随机应变这一义的"应"），主要集中于儒家（《荀子》

---

[1] 参《礼记·乐记》"夫民有血气心知之性，而无哀乐喜怒之常，应感起物而动"，见孙希旦撰，沈啸寰、王星贤点校：《礼记集解》，前揭，第998页；《荀子·乐论》"夫民有好恶之情而无喜怒之应则乱"，见王先谦撰，沈啸寰、王星贤点校：《荀子集解》，前揭，第381页；《说苑·修文》"夫民有血气心知之性，而无哀乐喜怒之常，应感起物而动"，见刘向撰、向宗鲁校注：《说苑校证》，中华书局，1987年，第503页。

《春秋繁露》《韩诗外传》)与道家(《庄子》《老子》)。故以下分为两类来进行简述。

(一)儒家

《荀子·乐论》之外的《荀子》其余部分,阐述了不同类型人物的"应"。在这些"应"之间,从其本身的义理看,有不同之处,也有重叠之处。具体而言,《荀子》阐述了君子、圣人、大儒、王者的"应":(1)君子的"以义变应",即使用道义来应变;① (2)圣人在辩论中与行为中懂得应变,② 而且圣人的应变与"道"在一定程度上相通;③ (3)大儒至少在

---

① 参《荀子·不苟》"以义变应,知当曲直故也……此言君子能以义屈信变应故也",见王先谦撰,沈啸寰、王星贤点校:《荀子集解》,前揭,第42页。
② 参《荀子·非相》"应变不穷,是圣人之辩者也",见王先谦撰,沈啸寰、王星贤点校:《荀子集解》,前揭,第42页。此言圣人的辩论"应变不穷"。《荀子·非十二子》"佚而不惰,劳而不侵,宗原应变,曲得其宜,如是然后圣人也",见王先谦撰,沈啸寰、王星贤点校:《荀子集解》,前揭,第105页。"佚而不惰,劳而不侵"一语本身形容了一种行为,所以可知之后的"应变"是行为意义上的。
③ 参《荀子·哀公》"所谓大圣者,知通乎大道,应变而不穷",见王先谦撰,沈啸寰、王星贤点校:《荀子集解》,前揭,第541页。

行事遵循礼的前提下懂得应变;① （4）王者在行事以礼为装饰（"饰动以礼义"）的前提下，懂得应变。② 君子、大儒、王者的应变背后皆在不同程度上带有道德感或道德规则（"义"或礼或"礼义"）。然而，由于王者的行为背后存在着"饰动以礼义"一说，即道德感或道德规则是王者行为的装饰，所以可以说，王者在应变之时，对道德感或道德规则似乎不是全然真心信奉。至于圣人的应变，乃是与"道"在一定程度上相通。在《荀子》中，"道"可能包括礼，③ 又可能不限于礼，也包括其他方面。④ 对此，《荀子·解蔽》中存在以下

---

① 关于"大儒"，《荀子·儒效》说"其言有类，其行有礼，其举事无悔，其持险应变曲当"，见王先谦撰，沈啸寰、王星贤点校：《荀子集解》，前揭，第138页。大儒的行为"有礼"，在此前提下，进行"应变"。
② 参《荀子·王制》"王者之人：饰动以礼义，听断以类，明振毫末，举措应变而不穷"，见王先谦撰，沈啸寰、王星贤点校：《荀子集解》，前揭，第158页。
③ 参《荀子·劝学》"故学至乎礼而止矣。夫是之谓道德之极"，见王先谦撰，沈啸寰、王星贤点校：《荀子集解》，前揭，第12页。
④ 参《荀子·君道》"至道大形：隆礼至法则国有常"，见王先谦撰，沈啸寰、王星贤点校：《荀子集解》，前揭，第238页。此处认为，"道"包括礼与法。又《荀子·儒效》说"圣人也者，道之管也。天下之道管是矣，百王之道一是矣，故《诗》《书》《礼》《乐》之道归是矣"，见王先谦撰，沈啸寰、王星贤点校：《荀子集解》，前揭，第238页。此处认为，"道"包括"《诗》《书》《礼》《乐》之道"。

观点：举出关于"道"的一端，不足以说尽变化多端的"道"，换言之，"道"具有各种可能性的变化。① 由此看来，圣人的"应"既然与"道"相通，那么，圣人既可能运用礼来进行应变，也可能运用礼之外的因素来进行应变。进而言之，圣人的应变的具体内涵可能包含君子、大儒、王者的应变的具体内涵，同时，圣人也可能超越道德感或道德规则来进行应变。

《荀子》作者区分了不同人物类型的"应"，而《春秋繁露》作者亦言及了两种应变的问题。

（1）《春秋繁露》作者认为，《春秋》能够教人"万变之应无穷"，并且这种随机应变能够被施加在人身上（不违背伦常）。② 笔者认为，这似乎在暗示，"万变之应无穷"可能有机会成为治国者用于治人的政治技艺。

（2）另一种政治治理意义上的应变（"应"），与"无为"这一概念可能相通。③ 同时，《春秋繁露》

---

① 参《荀子·解蔽》"夫道者，体常而尽变，一隅不足以举之"，见王先谦撰，沈啸寰、王星贤点校：《荀子集解》，前揭，第393页。
② 参《春秋繁露·正贯》"《春秋》，大义之所本耶？六者之科，六者之旨之谓也……而后万变之应无穷者，故可施其用于人，而不悖其伦矣"，见苏舆撰、钟哲点校：《春秋繁露义证》，前揭，第143页。
③ 参《春秋繁露·顺命》"犹郊之变，因其灾而之变，应而无为也"，见苏舆撰、钟哲点校：《春秋繁露义证》，前揭，第413页。

作者亦认为，治国者应该懂得的"不可先倡，感而后应"一说，意即不主动地去"应"。① 这一说，在《春秋繁露》中，亦与"无为"这一概念相通。②

如果将与"无为"这一概念相通的"应"理解为随机应变，那么从表面上看，其当然可以与《春秋》经义传授的"万变之应无穷"这一说法相通。然而，《春秋》经义中还存在"王者必改制"这一说法。虽然"王者必改制"这一说法或许可以被我们大致地理解为一种治国者在朝代更替时期的"应变"（新王登基改变制度），但是按照《春秋繁露》阐述，"王者必改制"这一说法与第二种已经含有"应（变）"因素的"无为"这一概念有所区别："王者必改制"不属于"道"的层次，而"无为"属于"道"的层次。③ 当然，《春秋繁

---

① 参《春秋繁露·立元神》"君人者，国之证也，不可先倡，感而后应"，见苏舆撰、钟哲点校：《春秋繁露义证》，前揭，第169—170页。
② 参《春秋繁露·保位权》"为人君者居无为之位，行不言之教，寂而无声，静而无形"，见苏舆撰、钟哲点校：《春秋繁露义证》，前揭，第175页。《春秋繁露·立元神》中所谓"不可先倡，感而后应"意味着，在"应"之前，治国者可能是处于安静的状态，而"无为"具有"静而无形"的特点，所以两者可以相通。
③ 参《春秋繁露·楚庄王》"故王者有改制之名，无易道之实。孔子曰：'无为而治者，其舜乎！'言其主尧之道而已"，见苏舆撰、钟哲点校：《春秋繁露义证》，前揭，第19页。此处意味着，由《春秋》引发的"王者改制"说，与作为"道"的"无为"不是一回事。

露》作者认为，在治国者身上，"王者必改制"与"无为"两者是都能存在的，并非绝对冲突，因为，"王者必改制"不是意味着放弃"无为"。①

《韩诗外传》作者对应变问题阐述的某些方面，类似于前述《荀子》的观点。如君子和大儒能够发出应变这一行为，与《荀子》所言类似，在君子和大儒的应变背后，皆有一定的道德感或道德规则束缚存在。② 另外，《韩诗外传》中出现了一个关于应变问题的、发生在周公身上的故事：

> 孔子曰："昔者周公事文王，行无专制，事无由己，身若不胜衣，言若不出口，有奉持于前，洞

---

① 参《春秋繁露·楚庄王》"今所谓新王必改制者，非改其道，非变其理，受命于天，易姓更王，非继前王而王也。若一因前制，修故业，而无有所改，是与继前王而王者无以别"，见苏舆撰、钟哲点校：《春秋繁露义证》，前揭，第17页。此言"王者改制"不是改变"道"（上一注释中《春秋繁露·楚庄王》语境中的"无为"），而是改变以往王者立下的制度。
② 参《韩诗外传》卷四"故君子于礼也，敬而安之……其应变也，齐给便捷而不累"，见韩婴撰、许维遹校释：《韩诗外传集释》，前揭，第141页。君子的"应变"的前提是敬畏礼、安分于礼。关于大儒的"应变"，参《韩诗外传》卷五"筹笞暴国，一齐天下，莫之能倾，是大儒之勋。其言有类，其行有礼，其举事无悔，其持险应变曲当"，见韩婴撰、许维遹校释：《韩诗外传集释》，前揭，第171页。

洞焉若将失之，可谓子矣。武王崩，成王幼，周公承文武之业，履天子之位，听天子之政，征夷狄之乱，诛管蔡之罪，抱成王而朝诸侯，诛赏制断，无所顾问，威动天下，振恐海内，可谓能武矣。成王壮，周公致政，北面而事之，请然后行，无伐矜之色，可谓臣矣。故一人之身，能三变者，所以应时也。"①

周公能够在侍奉文王时期当儿子、成王年幼时期当天子、成王成人时期当臣子，展现了根据政治情势而灵活应变的能力。笔者认为，周公的应变能力造成的事实结果，既可以说是道德的，也可以说是非道德的：之所以说是道德的，是因为在各个时期之内，他都是安于所处之位的本分；而之所以说是非道德的，是因为从他一生整体来看，他又并未安于所处之位的本分，其身上的政治—伦理角色发生了两次变化（两次变化是周公的应变的结果），尤其是他第二次从天子身份变为臣子身份这一应变，很难说符合君君臣臣这一伦常。

（二）道家

《庄子》中亦存在"应"的问题。由于关于事物状

---

① 韩婴撰、许维遹校释：《韩诗外传集释》，前揭，第241页。

态的是是非非是无限的,所以,对事物的应变也是无限的。[1] 换言之,事物的状态有无限的可能性,那么,对事物的应变也有无限的可能性。同时,在《庄子》中,"应"被作为心(人这一方)与物之间的中介。[2] 相较而言,《老子》对"应"谈得较少,如:"不言而善应",[3] 意即"不言"而善于"应"。所谓"不言",亦可被视为"无为"的另一种说法。[4] 那么可以说,"不言而善应"实则是"无为而善应"。简言之,在《老子》中,"应"仍可被视为与"无为"这一概念形成了关联。需要补充说明的是,在《文子》中,"应"

---

[1] 参《庄子·齐物论》"物无非彼,物无非是……是亦彼也,彼亦是也。彼亦一是非,此亦一是非。果且有彼是乎哉?果且无彼是乎哉?彼是莫得其偶,谓之道枢。枢始得其环中,以应无穷。是亦一无穷,非亦一无穷也",见郭庆藩撰、王孝鱼点校:《庄子集释》,前揭,第66页。

[2] 参《庄子·应帝王》"至人之用心若镜,不将不迎,应而不藏,故能胜物而不伤",见郭庆藩撰、王孝鱼点校:《庄子集释》,前揭,第307页。此处由"用心若镜"引出"应",而"应"能够"胜物",由此,"心"—"应"—"物"三者形成了联系。

[3] 见《老子》七十三章,参见王弼注、楼宇烈校释:《老子道德经注校释》,中华书局,2008年,第182页。

[4] 参《老子》四十三章"吾是以知无为之有益。不言之教,无为之益,天下希及之",见王弼注、楼宇烈校释:《老子道德经注校释》,前揭,第120页。此处先言"无为"有好处,随后将"不言之教"解作(或替换为)"无为之益"。

仍与"无为"这一概念有紧密联系。① 同时,"应（变）"在《文子》中已经有政治治理色彩,② 且是对礼的超越。③

三、"应"的政治性以及非道德色彩与基本含义

（一）"应"的政治性

根据前述,在先秦西汉经典中,"应"这一概念已经具有了政治性,如:《荀子》作者认为"应"是王者应该懂得的;《韩诗外传》作者讲述的关于周公政治生涯的故事,就是用于阐发"应";《文子》作者亦认为"应"具有政治治理色彩,等等。在《淮南子》中,表随机应变义的"应"具有政治性,可由以下方面来看。

（1）认为"应"是治国者在治理之时具有的行为

---

① 参《文子·下德》"故无为者,道之宗也。得道之宗,并应无穷",见王利器撰:《文子疏义》,前揭,第416页。
② 参《文子·道原》"执道以御民者,事来而循之,物动而因之;万物之化,无不应也",见王利器撰:《文子疏义》,前揭,第13页。"应"这一行为是由"御民者"发出的,而"御民者"自然是驾驭民众的治国者。
③ 参《文子·上义》"拘礼之人,不可使应变",见王利器撰:《文子疏义》,前揭,第473页。反言之,如果进行"应（变）",那么应该不受到礼的拘束。

因素,如《淮南子》所言:

> 是故明主之耳目不劳,精神不竭,物至而观其象,事来而应其化,近者不乱,远者治也。①

"应(化)"是由治国者发出的,能达到"不乱"这一治理效果。

(2)用"应"来总结具体的政治治理事例,如《淮南子》所言:

> 武王伐纣,载尸而行,海内未定,故不为三年之丧始。禹遭洪水之患,陂塘之事,故朝死而暮葬。此皆圣人之所以应时耦变。②

简言之,治国者为了对付时势变化,在具体的治理行为中,进行了灵活变通(制定了易于施行的、简化的礼)。

(3)"应"是作为"治道"的"无为"的一部分,如《淮南子》所言:

---

① 张双棣撰:《淮南子校释(增订本)》,前揭,第995页。
② 张双棣撰:《淮南子校释(增订本)》,前揭,第1184页。

> 无为者，道之宗。故得道之宗，应物无穷。

此句意思较为明晰，即"应"属于"无为"的一部分。根据本书绪论所述，"无为"是"治道"的一方面，所以，"应"的政治性在此也能得到间接证明。

（二）"应"的非道德色彩与基本含义

本部分首先说明"应"的非道德色彩，再来探讨基本含义。

根据前述，在某些先秦西汉经典中，"应"是否超越道德是一个话题。如《荀子》作者认为，君子、大儒、王者的应变背后皆在不同程度上带有道德感或道德规则，君子和大儒受制于道德感或道德规则而应变（这也是《韩诗外传》中的一种情况），而圣人能够超越道德而应变（这也是《韩诗外传》中周公的故事所代表的另一种情况）；《春秋繁露》作者认为，由《春秋》经义所引申出的应变亦是没有违背伦常；《文子》作者认为，"应"是对道德规则（礼）的超越。笔者认为，在《淮南子》中，"应"应该是超越道德规则的，如《淮南子》作者说："拘礼之人，不可使应变"，[①] 换言之，"应（变）"是不受礼这一道德规则束缚的。然

---

① 张双棣撰：《淮南子校释（增订本）》，前揭，第1387页。

而,关于"应"是否意味着利用道德这一点,笔者以下对此进行说明。根据之前所述,"应"属于"无为",而"无为"又是"道之宗",所以可以推出:"应"属于"道"的一部分。同时,《淮南子》作者阐述过"道"与道德感和道德规则(仁义和礼乐)的关系:

> 是故以道为竿,以德为纶,礼乐为钩,仁义为饵,投之于江,浮之于海,万物纷纷,孰非其有。[1]

简言之,作为道德规则的礼乐和作为道德感的仁义,乃是(通过"德")被吊在"道"这个鱼竿上、被"道"控制(以用来捕获万物)。由此看来,道德感和道德规则本身不属于"道",乃是被"道"控制和利用(其目的是占有万物)。既然如此,或许可以推知:"应"由于属于"道"的一部分,可能也是对道德规则和道德感的利用。

根据前述,《淮南子·精神训》文本中有"以不化应化,千变万抮而未始有极"这一说法,暗示了"适情"与"应"的关联。然而,其中的"应"的含义是什

---

[1] 张双棣撰:《淮南子校释(增订本)》,前揭,第181、182页。

么，仍有待说明。从文字表面的义理看，"应化"之"化"，与"千变万抮而未始有极"均有变化之义，因此，一种可能的解释是："千变万抮而未始有极"是指"应化"之"化"，不是用于形容"应"这个概念。但是，《淮南子》作者又言：

> 圣人之接物，千变万抮，必有不化而应化者。①

其中，"千变万抮"并非用于形容"应化"之"化"，而是形容"接物"（对待、应付物）。而在上述文本中，"应"是被用于阐述"接物"的具体词汇。所以说，"千变万抮"是用于形容"应"。照此看来，当"应"的对象是"物"之时，"应"的确是千变万化的，具有无限可能性，意即随机应变。回过头来看，《淮南子》其余文本，对于"以不化应化，千变万抮而未始有极"一说，亦有呼应。如《淮南子·主术训》"故得道之宗，应物无穷"的观点，即以"无穷"来描述"应"的无限可能性（无限变化）。又如《淮南子·览冥训》存在以下阐述：

---

① 张双棣撰：《淮南子校释（增订本）》，前揭，第1560页。

> 故耳目之察，不足以分物理；心意之论，不足以定是非。故以智为治者，难以持国，唯通于太和而持自然之应者，为能有之。①

这一说法表明，在对待"物"之时，仍然是需要"应"，而不是刻意使用聪明和智力（"耳目之察"和"心意之论"）去探究"物"之细节性质。单看"自然之应"一说，似难确定"应"为何意。但顺承上述说法读下来，《淮南子·览冥训》中有"故圣人若镜，不将不迎，应而不藏，故万化而无伤"一说。② 这一说，化用自《庄子·应帝王》中的"不将不迎，应而不藏，故能胜物而不伤"。高诱解《淮南子》中"应"为"随"，③ 同时对比《应帝王》文本可知，《淮南子》中的"万化"（意即千变万化）处于"能胜物"这一动宾短语的位置，而在《应帝王》中，"能胜物"是顺承"应而不藏"说下来被用于解释"应"，那么可以推知，《淮南子》中的"万化"亦用于描述"应"，而非用于描述"物"。许匡一《淮南子全译》认为"万化"

---

① 张双棣撰：《淮南子校释（增订本）》，前揭，第654页。
② 张双棣撰：《淮南子校释（增订本）》，前揭，第668页。
③ 张双棣撰：《淮南子校释（增订本）》，前揭，第670页注四。

是形容"物"的千变万化，而不是形容"应"的千变万化。① 根据以上所述，许匡一的理解是值得商榷的。但是，即便依从许匡一的理解，"应"亦是千变万化的。因为，"应"的对象是千变万化的"物"，而"应"是由忠实映照"物"的千变万化状态的镜子（"圣人若镜"）发出的行为，所以，"应"亦是千变万化的。总之，其表随机应变之义。

第五节 "适情"与"无为"的联系

"适情"与"无为"的联系，本来已经被《淮南子》作者阐述过：

> 所谓为善者，静而无为也；所谓为不善者，躁而多欲也。适情辞余，无所诱惑；循性保真，无变于己，故曰为善易。②

其中，"为善"一词勾连了"适情"与"无为"，表明了两者的联系：做到"无为"（"为善"），需要

---

① 许匡一：《淮南子全译》，前揭，第343页。
② 张双棣撰：《淮南子校释（增订本）》，前揭，第1471页。

做到"适情"("为善易")。类似的联系，在《文子·下德》中亦出现过：

> 所谓为善者，静而无为，适情辞余，无所诱惑，循性保真，无变于己，故曰为善易也。①

其中，"无为"与"适情"属于同一层次的"为善"层面。与《文子·下德》相比，《淮南子》的思路在于区分了"无为"与"适情"两者的同时（一为"为善"，一为"为善易"），又点出了两者具有联系。然而，仅从这一思路看，无法知道两者如何形成联系。笔者认为，两者可能就是通过"应"这一概念而形成联系。首先，根据前述，"适情"与"应"已经有关联。其次，"应"与"无为"亦有关联，证据来自《淮南子·主术训》以下文本：

> 无为者，道之宗。故得道之宗，应物无穷。②

---

① 王利器撰：《文子疏义》，前揭，第386页。
② 张双棣撰：《淮南子校释（增订本）》，前揭，第929页。与此类似，《文子·下德》作者亦言"故无为者，道之宗也。得道之宗，并应无穷"，见王利器撰：《文子疏义》，前揭，第416页。

第二章 "适情"：治国者的内在态度　155

对于上述文本，之前已经解释过，即"应"是内含于"无为"思想中。对于"无为"与"应"的关联，《淮南子·兵略训》亦言"无为而应变"。关于"应"内含于"无为"这一点，《淮南子·道应训》存在以下观点：

> 无为曰："吾知道之可以弱，可以强；可以柔，可以刚；可以阴，可以阳；可以窈，可以明；可以包裹天地，可以应待无方。吾所以知道之数也。"①

其中，"应（待无方）"一说是由"无为"自己讲出来的，由此可知，"应"这个概念可能内含于"无为"这个概念。至此，可以说，"适情"是通过内含于"无为"这一概念中的"应"这一概念，从而与"无为"形成联系。值得补充说明的是，"应"的对象是"物"，而"无为"的对象也可能是"物"，为此，《淮南子·览冥训》存在以下观点：

> 夫物类之相应，玄妙深微，知不能论，辩不能

---

① 张双棣撰：《淮南子校释（增订本）》，前揭，第1236页。

解……故圣人在位，怀道而不言，泽及万民。[1]

治国者不应该使用心理意义上的智力或聪明能力去直接对待"物"，而是通过"无为"（"怀道而不言"指"无为"）[2]这一外在行事方式对待"物"。笔者认为，具体而言，治国者至少就是通过内含于"无为"之中的"应"这一行为方式去对待"物"（若是论及"无为"，表随机应变的"应"是体现在行事先后问题上能够随机应变这一点上，相关论述任务由下一章第四节第一部分承担）；同时，治国者的内心应具备"适情"这一态度，不被"物"所搅扰，正如《淮南子·精神训》的观点所说："适情辞余"，从而"不随物而动"。

第六节 小结

根据前述，《淮南子》中的"适情"这一概念，意

---

[1] 张双棣撰：《淮南子校释（增订本）》，前揭，第653页。
[2] 高诱将"怀道而不言"解释为"圣人行自然无为之道"，见张双棣撰：《淮南子校释（增订本）》，前揭，第657页注五。关于"无为"与"不言"的紧密关联，《览冥训》有言"所谓不言之辩、不道之道也。故召远者使无为焉"，见张双棣撰：《淮南子校释（增订本）》，前揭，第653页。

味着治国者对自身情绪和欲望的调节,而且,这一调节追求的是在欲望和情绪上的适度或调和。在先秦西汉,出现了一些说法,在义理上,它们接近但不完全等同于《淮南子》中的"适情"这一说法所含的义理,如《春秋繁露·循天之道》中仅表节欲义的"适中"、《吕氏春秋·孟春纪·本生》中仅表节欲义的"适欲"、《韩诗外传》卷三中仅表节欲义的"适情"、《文子·九守·守平》中仅表节欲义的"适情"。

无论是"适中""适欲"还是后两种"适情",它们的义理,只是关乎欲望,仅是《淮南子》中"适情"这一说法所含义理的一部分。由此可见,《淮南子》中的"适情"这一说法所含的义理,相对于上述列举的《春秋繁露·循天之道》《吕氏春秋·孟春纪·本生》《韩诗外传》《文子·九守·守平》中的各种说法所含的义理,更为全面。但是,《盐铁论·散不足》中"适情"这一说法的义理,既表节欲,又表调节心性,基本等同于《淮南子》中"适情"这一说法所含的义理。由此,我们或许可以认为,《淮南子》与《盐铁论·散不足》中"适情"这一说法所含的义理,至少是对《春秋繁露·循天之道》中的"适中"、《吕氏春秋·孟春纪·本生》中的"适欲"等说法所含的义理的扩充。简言之,《淮南子》中的"适情"说法,可以说在一定程度上包含了先秦西汉经典中相关说法的义理。就笔者所见，先秦西汉其余经典在提及与《淮南子》中的"适情"这一说法类似的说法之时，所阐述出的基本义理，大多数并未如《淮南子》这么丰富。

《淮南子》中的"适情"在具有上述丰富内涵的基础上，成为一种治国的内在态度。"适情"与政治治理这一方面能够发生关联这一观点，也存在于《韩诗外传》卷三与《文子·九守·守真》中。由此可见，《淮南子》与它们分享了这一观点。另外，相较于《韩诗外传》卷三，《淮南子》围绕"适情"的阐述更为灵活，既将"适情"作为一种治国的内在态度，又将之作为一种非治国者的内在态度，所以同样可以说，《淮南子》围绕"适情"的阐述，在这一方面，有所扩展和延伸。

根据以上所述，《淮南子》中的"适情"主在表节欲、调节情绪，并染上政治治理色彩。另外，"适情"进一步与同样具有政治治理色彩的"应"这一概念发生关联，并与"治道"的另一重要方面"无为"发生关联（做到"适情"是做到"无为"的前提），可谓《淮南子》在哲学理论建构上的特色。根据本章第四节第二部分所述，儒家经典（《荀子》《春秋繁露》《韩诗外传》）分别阐述了具有政治色彩或政治治理意义的、表应变义的"应"这一概念。但是，其中"应"这一概念，与"适情"这一概念没有关联，因为《荀子》和《春秋繁露》中根本就没有出现"适情"这一概念，而《韩诗外传》中尽管出现了"适情"这一概念，但其中"适情"与"应"的关联，似难以得到证明。所以可以说，相较于《荀子》《春秋繁露》《韩诗外传》，《淮南子》作者使得"适情"与"应"发生关联，属于一种创新。

当然，在《吕氏春秋·季春纪·论人》中，确实存在着表节欲义的"适耳目、节嗜欲"这一说法与"应"这一概念之间的关联，所以，《淮南子》围绕"适情"与"应"的关联的义理，乃是继承并发扬了《吕氏春秋·季春纪·论人》的观点。另外，道家经典《庄子》提及了"心"与"应"的关联，但也没有提及"适情"与"应"的关联（《庄子》中不存在"适情"这个概念）。同时，道家经典《老子》提及了"应"与"无为"的关联，但《老子》没有提及"适情"与"应"的关联（《老子》中不存在"适情"这个概念），所以，在《老子》中，也就不存在《淮南子》中"适情""应""无为"三者之间的关联。

另外，道家经典《文子》将"适情"与"无为"

统称为"为善",① 故"适情"与"无为"两者之间形成了一定关联,但尽管如此,其中并非像《淮南子》中那样将"适情"视作"无为"的前提(见本章第五节所述)。不过,在《文子》中,"应"这一概念可能被包括在"无为"之中,② 所以可以说,"适情""应""无为"三者之间还是形成了关联。这一关联的三个关键点,在《淮南子》中皆具有政治色彩或政治治理意义,属于"治道"问题。总之,"适情""应""无为"这三个关键点,被《淮南子》勾连起来,而相较之下,儒家经典《荀子》《春秋繁露》《韩诗外传》虽善于谈论"应"这一概念,但是,似无力将三个关键点打通或进行勾连。笔者认为,《淮南子》将这三个关键点勾连起来,在哲学理论方面,是有好处的。因为如此进行理论阐述,至少有助于在阐述一个治国者在内在方面应该怎么"做"或修养以及在外在方面应该怎么做的同时,又使得关于治国者内在方面的阐述与关于治国者外在方面的阐述形成了有机联系。

假设《淮南子》像儒家经典《荀子》《春秋繁

---

① 参《文子·下德》"所谓为善者,静而无为,适情辞余",见王利器撰:《文子疏义》,前揭,第386页。
② 参《文子·自然》"所谓无为者,非谓其引之不来,推之不去,迫而不应",见王利器撰:《文子疏义》,前揭,第368页。

露》《韩诗外传》那样向治国者单纯传授"应"（随机应变）这一教诲，而未阐述"适情"以及"适情"与"应"的关联，那么，笔者认为有可能为读者留下以下印象：一个纵欲且同时懂得"应"（随机应变）的治国者，或者说，治国者只要做到"应"，那么也可以纵欲。进而言之，这等模样的治国者，是不是可能是一个具有马基雅维利主义色彩的"帝王"呢？笔者所指的马基雅维利主义，即"以实用的原则取代此前的所有理想主义"、不关心"善恶概念"、教导政治家"应当贪婪"、"必须避开邪恶的名声，但不是避免邪恶本身"的马基雅维利主义。[1]

我们如今看到，在西方所谓的民主政体中，总统等统治者善于在国内或国际事务中使用一些高尚的行径或言辞（"修辞术"）来进行随机应变，且这种随机应变还被媒体或一些大众鼓吹乃至追捧为"总统的人格魅力"或"总统的当机立断的智慧"。由此我们可以问，在这些"总统的人格魅力"或"总统的当机立断的智慧"的背后，是否潜藏着一个进行秘密纵欲的总统真面目呢？笔者认为，如果西方的总统在政治活动中真正

---

[1] ［美］坦嫩鲍姆、舒尔茨：《观念的发明者：西方政治哲学导论》，叶颖译，北京大学出版社，2008年，第154、155页。

地被培养出来（而不是通过媒体或竞选团队塑造出来）中国古代哲学中"适情"的内在态度，那么或有利于在一定程度上减少总统身上的马基雅维利主义色彩——毕竟，在笔者看来，一个进行秘密纵欲的总统，相较于一个不纵欲的总统，更有可能通过合乎政治规则的手段或程序，来实现邪恶的私人竞选目的。

"适情"可能有利于减少治国者身上的马基雅维利主义色彩，尽管如此（以及尽管"适情"被用以说明何为"为善易"），也并不等于说，"适情"是《淮南子》作者提出的一项今人所谓的"道德要求"或"道德教化"。实际上，"适情"与"无为"一样都是属于"道"这一范畴，而不是属于仁义或礼乐这一层次。[①] 这是与学者牟宗三归纳的儒家"内圣"有很大不同的，因为"内圣"至少被牟宗三理解为"礼乐"。[②] 进而言之，假设《淮南子》中的"道"可以被认为是"内圣"，那么这种"内圣"，由于"适情"这一具有非道德色彩的说法的存在，便可能也具有非道德色彩。回过头来讲，从《淮南子》本身的理论设定来看，"适情"被设定为具有非道德色彩，是合理的。理由在于：

---

① 参本书绪论第三节。
② 参本书第七章第一节第五部分。

"应"是外在的行事方式（具有非道德色彩），而"适情"是内在的态度，两者紧密相关，所以，很难想象一个政治家在内在方面死守僵化的道德的同时，在外在行事方面又懂得随机应变（"应"），即不完全遵守道德而灵活应变——这种实际上奇怪的形象，似乎更多地出现在所谓民主政体中的选举团队对候选人的吹捧中。

那么至此，可以问："适情"的非道德色彩，与马基雅维利主义色彩有何区别呢？笔者认为，可以这样来理解这个问题：马基雅维利主义鼓吹的是无限制地不择手段来进行政治操控，[1]且马基雅维利主义本身不具备甚至可能违背了"适情"的内涵（如马基雅维利主义主张"贪婪"），而虽然"适情"被设定为具有非道德色彩，但这一非道德色彩的背后内涵却是对欲望的节制——如果硬要说"适情"是一种马基雅维利主义的概念，那么，也是一种带有节欲色彩的马基雅维利主义。另外，具有非道德色彩的"应"这一概念，可能因为"随机应变"这一内涵，从而其中的教诲可能被激进地理解为"不择手段"的马基雅维利主义。然而，由于

---

[1] 马基雅维利认为，治国者"可以运用一切必要的手段，无论有多么残暴或者暗藏机锋"，见[美]坦嫩鲍姆、舒尔茨：《观念的发明者：西方政治哲学导论》，前揭，第158页。

"应"与"适情"形成了关联,那么就意味着:治国者应该在"应"的同时,也注重节制欲望,正如之前所说,或有利于避免马基雅维利主义式的施政行为的产生。

第三章 "无为"：治国者的外在行事方式

本章旨在阐述《淮南子》中"治道"问题五个方面的第二个方面："无为"。根据第二章第五节所述，"无为"与"治道"的另一方面"适情"有紧密联系。具体来说，两者之间通过"应"这一概念而形成联系。同时，"应"这一概念被包括在"无为"的范畴内，且具有政治性。对此，第二章已经阐明，故本章不再进行重复论述。"应"具有政治性，乃是"无为"具有政治性的证明之一，但不是全部证据。

本章第一节首先略述先秦西汉思想史上的"无为"思想，以期说明"无为"这一概念的思想史渊源。第二节旨在说明"无为"的政治性。虽然本书绪论已经结合文本证据说明："无为"是"治道"的一方面，但笔者发现，相对而言，《淮南子》作者对"无为"的政治性还有更为具体的阐述。第三节旨在阐述"无为"与因循"自然"这一说的关系。首先，笔者阐述"无为"可以引出因循"自然"这一说，或两者有紧密关联。其次，笔者梳理《淮南子》中"自然"这一概念的意义，并同时阐述围绕因循"自然"这一说而存在的治理意义。其中将要简单说明，通过因循"自然"这一说，作为"治道"一方面的"无为"思想，与作为"治道"一方面的"制礼"思想形成了联系。第四节旨在阐述"无为"的另一个因素："常后而不先"。首先仍然是阐述"常后而不先"一说的基本含义，然后在此基础上，阐述"常后而不先"在政治实践中的运用。本章小结既是对本章内容的归纳，也是顺带提示"无为"思想（以及相关的"制礼"思想）在政治运行中的价值问题。

需要提前说明的是，本章阐述的是当"无为"作为"治道"或具有政治性之时的含义。所以，"无为"的非政治性、可能涉及个体修身层面的意义（如《淮南子》中的"无为而自治"一说，可能由于"自治"一词的存在，令读者以为"无为"具有个体修身层面上的含义），不在阐述范围。另外，根据绪论所述，治国者对臣子的控制和利用这一点，便属于"无为"的含义范畴。在《淮南子》中，单论治国者对臣子的控制和利用这一点，又可大致分为两种情况。一种情况是《淮南子·主术训》所述的：治国者借助"权势"来控制或利用臣子。[1] 然而，"（权）势"是低于"道"的（如《淮南子》作者说"得道者"是"不待势而尊"[2]），同时，"无为"又是"道之宗"，那么可知，借助"权势"来控制或利用臣子这一做法（主要在《淮南子·主术训》中），有悖于"无为"。[3] 故这一点也不在阐述范围。另一种情况就是：治国者运用"无为"这一方式之时，对臣子进行控制或利用。这一点，由于涉及内容不多，且与因循"自然"这一说有关，所以笔者将之归入对因循"自然"这一说的阐述中。

---

[1] 参《主术训》"是故权势者，人主之车舆也；大臣者，人主之驷马也"，见张双棣撰：《淮南子校释（增订本）》，前揭，第995页。
[2] 张双棣撰：《淮南子校释（增订本）》，前揭，第124页。
[3] 参《诠言训》"君道者，非所以为也，所以无为也。何谓无为？智者不以位为事，勇者不以位为暴，仁者不以位为患，可谓无为矣"，见张双棣撰：《淮南子校释（增订本）》，前揭，第1522页。"位"（地位）意味着具有一定的"权势"，但此处似表明，懂得"无为"的治国者不应凭借"位"而行事。另外，"（权）势"可能也有违于作为"治道"的"适情"。对此，《缪称训》有言"天下有至贵而非势位也，有至富而非金玉也……原心反性则贵矣，适情知足则富矣"，见张双棣撰：《淮南子校释（增订本）》，前揭，第1133页。在本书讨论"适情"的第二章，"适情"就是符合"原心反本"的（参本书第二章第二节对《精神训》中"衰世凑学，不知原心反本"一说的相关阐述）。此处"原心反性"与"势位"形成了冲突。

第一节　先秦西汉"无为"思想述略

在先秦西汉思想史中，儒、道（以《庄》《老》为代表）、法（以《韩非子》《管子》为代表）三家皆有"无为"思想，另外，《黄帝四经》中也存在"无为"思想。以下分别论之。

一、儒家

在先秦西汉儒家经典中，关于"无为"，一般而言，《论语》以下的孔子的观点不容忽视：

> 子曰："无为而治者，其舜也与？夫何为哉，恭己正南面而已矣。"[①]

此处，"无为"被定义为一种君临天下之时的道德化姿态（字面义是恭敬修己），并无过多内涵。顾理雅（Herrlee Creel）认为，对于孔子而言，通过"无为"而进行的治理，是指治国者应该"当政而不是管治"（reign

---

[①] 程树德撰，程俊英、蒋见元点校：《论语集释》，中华书局，1990年，第1062页。

but not rule）。① 《论语》此处的"无为而治",虽言"治"却将"治"道德化了,似的确如顾理雅所说,没有出现一般意义上的表控制义的"治"这一层意思。而在《礼记》中,"无为"被认为与"不已"有关,即与一种持之以恒的态度有关。② 按照孙希旦的看法,"不已"又可被引申为"笃恭而天下平",③ 其中亦强调"恭"(恭敬),似与《论语》中的"无为"思想在一定程度上能够沟通。总之,在《论语》与《礼记》中,"无为"大致可以被认为是治国者的道德化的姿态或态度。而在《淮南子》中,"无为"并非等于道德(moral),虽然与礼等伦理制度有关,但不等于伦理制度(两者是控制与被控制的关系)。④

---

① Herrlee Creel, *What is Taoism? and Other Studies in Cultural History*, University of Chicago Press, 1970, p.60.
② 参《礼记·哀公问》"贵其'不已'。如日月东西相从而不已也,是天道也;不闭其久,是天道也;无为而物成,是天道也",见孙希旦撰,沈啸寰、王星贤点校:《礼记集解》,前揭,第1265页。此文本用"日月东西相从"说明"不已"的意思,即不停歇、持之以恒。由于孔子的这一段话都在围绕"不已"进行阐发,所以自然可以说其中的"无为"与"不已"的意思有关。
③ 孙希旦撰,沈啸寰、王星贤点校:《礼记集解》,前揭,第1265页。
④ 参前引《俶真训》"是故以道为竿,以德为纶,礼乐为钩,仁义为饵,投之于江,浮之于海,万物纷纷孰非其有。"本书绪论第三节已经对此文本进行过专门解释。作为"道"的"无为"不等于作为道德工具的"礼"与作为道德因素的"仁义",但前者与后两者之间形成了联系。

在先秦西汉这一时间跨度内，除了《论语》与《礼记》中的"无为"思想外，就笔者所见，儒家对"无为"的阐发主要出现在《荀子》《春秋繁露》《韩诗外传》中。另外，在儒生刘向所撰的《说苑》（以及《新序》）、扬雄仿《论语》而作的《法言》（以及儒生陆贾所撰的《新语》）中，亦言及"无为"。以下分别论之。

（一）《荀子》

在《荀子·解蔽》中，"无为"被认为与"仁者"所具备的"恭"有关。[①] 这一种"恭"，与《论语》和《礼记》中的"恭"并不等同，因为其被解释为一种在禁欲前提下的、与世隔绝的"闲居静思"。[②] 单看"闲居静思"，其与《淮南子》的"无为"思想亦在一定程度上有所相通，因为《淮南子》说"闲居而乐，无为而治"，[③] 两者皆指"无为"的人应该清闲（但《淮

---

① 参《荀子·解蔽》"故仁者之行道也，无为也；圣人之行道也，无强也。仁者之思也恭，圣者之思也乐"，见王先谦撰，沈啸寰、王星贤点校：《荀子集解》，前揭，第404页。从语境可以看出，"仁者之思也恭"一说是对"仁者之行道"一说（"无为"）的阐发。

② 参《荀子·解蔽》"是以辟耳目之欲，而远蚊虻之声，闲居静思则通。思仁若是，可谓微乎"，见王先谦撰，沈啸寰、王星贤点校：《荀子集解》，前揭，第403页。此文本在"仁者之思也恭"一说之前，形容"思仁"，是对"仁者之思也恭"的具体说明。

③ 张双棣撰：《淮南子校释（增订本）》，前揭，第1480页。

南子》未说"无为"等于"静思",更未说"无为"要求禁欲、与世隔绝)。而《荀子·宥坐》阐述了另一种"无为"。其中说"水遍与诸生而无为",意即水流遍及万物群生而"无为"。对此,王先谦进一步解释为"不有其功""无私"。[①] 照此解释,此处"无为"有退让、不争之义。《老子》八章有"水善利万物而不争"一说,[②] 与《荀子·宥坐》中的此说近似,皆指水在触及万物之时的不争特征。而《淮南子》作者亦将"无为"比作柔弱的水,[③] 与王先谦的解释下的《荀子·宥坐》中的此说亦可能相通。

(二)《春秋繁露》

在《春秋繁露》中,"无为"已经被视为关乎治理的道术,而且基于"无为",治国者能够驾驭、利用群

[①] 王先谦撰,沈啸寰、王星贤点校:《荀子集解》,前揭,第524页。
[②] 王弼注、楼宇烈校释:《老子道德经注校释》,前揭,第20页。
[③] 参《原道训》"夫水所以能成其至德于天下者,以其淖溺润滑也。故老聃之言曰:'天下至柔,驰骋天下之至坚,出于无有,入于无间。吾是以知无为之有益。'"见张双棣撰:《淮南子校释(增订本)》,前揭,第80页。此处,在老子的话中,"至柔"被用于比喻"无为",而老子关于"至柔"的话又是对之前对"水"的阐述的总结。

臣。① 而在《淮南子》中，"无为"也具备这一层意思（见本章第三节）。另外，《春秋繁露》作者亦使用"寂寞"（以及"不言""静""无声"）②、"不急其功"③等表安静或柔弱或不争义的词汇，来阐述"无为"这一概念，与《淮南子》亦是有所相通。④ 最后，《春秋繁露》中的"无为"与表应变义的"应"亦有紧密关系，⑤ 与《淮南子》作者对"无为"的阐述亦有所相通。⑥

（三）《韩诗外传》

《韩诗外传》认为，"无为"作为治国者针对臣子

---

① 参《春秋繁露·离合根》"故为人主者，以无为为道，以不私为宝。立无为之位而乘备具之官，足不自动而相者导进，口不自言而摈者赞辞，心不自虑而群臣效当"，见苏舆撰、钟哲点校：《春秋繁露义证》，前揭，第165页。

② 参《春秋繁露·立元神》"寂寞无为"，见苏舆撰、钟哲点校：《春秋繁露义证》，前揭，第167页；《春秋繁露·保位权》"为人君者居无为之位，行不言之教，寂而无声，静而无形"，见苏舆撰、钟哲点校：《春秋繁露义证》，前揭，第175页。

③ 参《春秋繁露·对胶西王越大夫不得为仁》"修其理不急其功，致无为而习俗大化，可谓仁圣矣"，见苏舆撰、钟哲点校：《春秋繁露义证》，前揭，第268页。

④ 如前引《原道训》"天下至柔，驰骋天下之至坚，出于无有，入于无间。吾是以知无为之有益"；前引《览冥训》"所谓不言之辩、不道之道也。故召远者使无为焉"；前引《主术训》"清静无为"。

⑤ 参《春秋繁露·顺命》"犹郊之变，因其灾而之变，应而无为也"，见苏舆撰、钟哲点校：《春秋繁露义证》，前揭，第413页。

⑥ 本书第二章第五节已经阐述"无为"与"应"的关系。

的治理方式或状态,①能够带来福分,②换言之,"无为"与祸福问题有关。"无为"能够带来福分这一义,与《淮南子》中说法亦是相通,因为《淮南子》作者亦言"福生于无为"。③尤其值得指出的是,《韩诗外传》卷六亦通过一个故事,拓展了"无为"的含义:

> 孔子行,简子将杀阳虎,孔子似之,带甲以围孔子舍。子路愠怒,奋戟将下。孔子止之曰:"由!何仁义之寡裕也。夫《诗》《书》之不习,礼乐之不讲,是丘之罪也。若我非阳虎而以我为阳虎,则非丘之罪也,命也夫!歌予和若。"子路歌,孔子和之,三终而围罢。《诗》曰:"来游来歌。"以陈盛德之和而无为也。④

笔者认为,上述故事叙述的孔子的"无为",至少可以引出以下两个特征:一、具有退让的特征,因为孔

---

① 参《韩诗外传》卷七"进贤使能,各任其事。于是君绥于上,臣和于下,垂拱无为",见韩婴撰、许维遹校释:《韩诗外传集释》,前揭,第268页。
② 参《韩诗外传》卷五"福生于无为,而患生于多欲",见韩婴撰、许维遹校释:《韩诗外传集释》,前揭,第194页。
③ 见张双棣撰:《淮南子校释(增订本)》,前揭,第1102页。
④ 见韩婴撰、许维遹校释:《韩诗外传集释》,前揭,第226、227页。

子不赞同子路贸然应战；二、这一退让并不是为了退让而退让，而或许是因为孔子洞察到子路面临众多武士实际上无法突围，从而随机应变，吟咏歌曲（或许是为了向简子暗示自己并非阳虎）。另外，上述故事中的"无为"，可以说是与《韩诗外传》卷五所谓"福生于无为"相通。因为，通过孔子的"无为"（以及子路在孔子的劝说下实现"无为"），孔子和子路在杀身大祸降临之前保住了性命，算是获得了一种福分。

（四）《说苑》和《新序》

《说苑》和《新序》皆在一定程度上继承了前述《论语》的"无为"观，即，"无为"的意思与恭敬修己这一义有关。[①] 然而，《说苑》和《新序》亦认为，在恭敬修己这一义外，"无为"在于任用群臣，甚至在《新序》看来，与"无为"有紧密关系的恭敬修己这一点，其实现的条件可能就是任用群臣。[②] 另外，《说

[①] 参《说苑·君道》"不动而变，无为而成，敬慎恭己而虞、芮自平"，见刘向撰、向宗鲁校注：《说苑校证》，前揭，第9页；《新序·杂事四》"恭己无为，而天下治"，见刘向撰、卢元骏校注：《新序今注今译》，台湾商务印书馆，1975年，第113页。

[②] 参《说苑·君道》"人君之道清净无为，务在博爱，趋在任贤"，见刘向撰、向宗鲁校注：《说苑校证》，前揭，第1页；《新序·杂事四》"故王者劳于求人，佚于得贤。舜举众贤在位，垂衣裳，恭己无为，而天下治"，见刘向撰、卢元骏校注：《新序今注今译》，前揭，第112、113页。

苑·君道》亦认为，"无为"在于"博爱"。① "博爱"的意思，或可用《说苑·君道》中的"容下"来理解，大致指能够宽容臣下民众，少进行干涉、少用法律。②

（五）《法言》和《新语》

在《法言》中，"无为"的实现与礼和法律的实现有紧密关系。具体而言，在礼和法律发挥治理天下民众作用后，治国者能够实现"无为"。③ 而在《淮南子》中，"无为"与礼和法律的关系稍显复杂：1. 根据本书绪论第三节所述，"无为"与"制礼"相通，而礼本身并不属于"无为"的范畴，却是被懂得"无为"的治国者利用的手段；2. "无为"的实现与礼和法律的施行有紧密关系，但具体而言，这一紧密关系不是像《法言》中那样，而是指礼和法律对治国者本人的限制有助于治

---

① 参《说苑·君道》"人君之道清净无为，务在博爱"，见刘向撰、向宗鲁校注：《说苑校证》，前揭，第1页。
② 参《说苑·君道》"人君之事，无为而能容下。夫事寡易从，法省易因，故民不以政获罪也。大道容众，大德容下，圣人寡为而天下理矣"，见刘向撰、向宗鲁校注：《说苑校证》，前揭，第2页。
③ 参《法言·问道卷第四》"在昔虞、夏，袭尧之爵，行尧之道，法度彰，礼乐著，垂拱而视天下民之阜也，无为矣"，见汪荣宝撰、陈仲夫点校：《法言义疏》，中华书局，1987年，第125页。

国者实现"无为"[①]（但也不意味着礼和法律属于"无为"的范畴，因为礼和法律并非属于"无为"所处的"治道"层面）。所以，《淮南子》作者在这一点上的意思既在一定程度上与《法言》作者有所区别，也有表面层次上的接近。而在《新语》中，"制礼"和礼的施行，被认为就是"有为"，而这一"有为"亦叫作"无为"。[②] 另外，在《新语》中，"无为"也与"谨敬"这一概念（或可理解为谨慎恭敬）发生一定关系：具体而言，如果治国者能同时做到"无为"与"谨敬"，就能良好的治理天下。[③]

[①] 参《主术训》"法籍礼仪者，所以禁君，使无擅断也。人莫得自恣则道胜，道胜而理达矣，故反于无为"，见张双棣撰：《淮南子校释（增订本）》，前揭，第965、966页。
[②] 参《新语·无为》"周公制作礼乐，郊天地，望山川，师旅不设，刑格法悬，而四海之内，奉供来臻，越裳之君，重译来朝。故无为者乃有为也"，见王利器撰：《新语校注》，中华书局，1986年，第59页。
[③] 参《新语·无为》"夫道莫大于无为，行莫大于谨敬。何以言之？昔虞舜治天下，弹五弦之琴，歌《南风》之诗，寂若无治国之意，漠若无忧民之心，然天下大治"，见王利器撰：《新语校注》，前揭，第59页。在这一语境中，"虞舜治天下"的故事是对"无为"且是对"谨敬"的具体证明。

二、道家

（一）《庄子》

在《庄子》中，"无为"这一方式被认为能够安定"性命之情"，而所谓安定"性命之情"，意味着不喜好（或不尊崇、不珍惜）目明、耳聪、仁—义、礼—乐、圣—智这五方面——相较于这五个方面，"无为"这一方式更能够安定"性命之情"。[①] 以上观点，至少可推出两点：1. "无为"意味着不沉溺于耳目之欲（可能与节欲有关）[②]，与《淮南子》中"适情"这一概念的部分义理（可表节欲义）有共通之处；2. "无为"不等于礼乐和仁义，

[①] 参《庄子·在宥》"而且说明邪？是淫于色也；说聪邪？是淫于声也；说仁邪？是乱于德也；说义邪？是悖于理也；说礼邪？是相于技也；说乐邪？是相于淫也；说圣邪？是相于艺也；说知邪？是相于疵也。天下将安其性命之情，之八者，存可也；亡可也……而天下乃始尊之惜之，甚矣天下之惑也……故君子不得已而临莅天下，莫若无为。无为也而后安其性命之情"，见郭庆藩撰、王孝鱼点校：《庄子集释》，前揭，第367—369页。

[②] 参《庄子·天运》"古之至人，假道于仁，托宿于义，以游逍遥之虚，食于苟简之田，立于不贷之圃。逍遥，无为也；苟简，易养也；不贷，无出也"，见郭庆藩撰、王孝鱼点校：《庄子集释》，前揭，第519页。按照《庄子全译》，"苟简"一词可以理解为"马虎简单、无奢无华"，见张耿光：《庄子全译》，贵州人民出版社，1995年，第253页。照此看来，"无为"虽然不能说等同于"苟简"，但由于两者处于同一局限性的语境中，都被用于描述"至人"，所以可以说，两者有关联。

此与《淮南子》的说法亦相同。① 另一方面,"无为"与"万物"的化育有关。② "万物"的化育可能涉及的是:民众能够安定。③ 在"无为"与"万物"的化育的关联中,治国者并非事必亲为。④ 治国者应该"无为",而治国者的臣子不应该"无为",否则治国者与臣子之间就不能形成君臣关系;如果仅是治国者"无为",那么治国者就能利用"有为"的臣子。⑤ 另外,虽说治国者并非事必亲为,但"无为"并非意味着完全不

---

① 证据仍然是以下《俶真训》文本:"是故以道为竿,以德为纶,礼乐为钩,仁义为饵,投之于江,浮之于海,万物纷纷,孰非其有。"对这一文本,之前已经阐述过。
② 参《庄子·在宥》"汝徒处无为,而物自化",见郭庆藩撰、王孝鱼点校:《庄子集释》,前揭,第390页。
③ 参《庄子·天地》"古之畜天下者,无欲而天下足,无为而万物化,渊静而百姓定",见郭庆藩撰、王孝鱼点校:《庄子集释》,前揭,第404页。
④ 参《庄子·天道》"故古之王天下者……能虽穷海内,不自为也。天不产而万物化,地不长而万物育,帝王无为而天下功",见郭庆藩撰、王孝鱼点校:《庄子集释》,前揭,第465页。此处,"无为"被用来总结"不自为"。"不自为"意即不亲自做事。
⑤ 参《庄子·天道》"上无为也,下亦无为也,是下与上同德,下与上同德则不臣;下有为也,上亦有为也,是上与下同道,上与下同道则不主。上必无为而用天下,下必有为为天下用,此不易之道也",见郭庆藩撰、王孝鱼点校:《庄子集释》,前揭,第465页。

"为";①"无为"尽管有"虚—静"的特征,但"虚—静"这一特征不是绝对的静止不动。② 而在《庄子·应帝王》中,"无为"一词的意思是"不成为……"之义,与"虚"这一说法有关。以下是具体文本:

> 无为名尸,无为谋府;无为事任,无为知主……尽其所受于天,而无见得,亦虚而已。至人之用心若镜,不将不迎,应而不藏,故能胜物而不伤。③

按照《庄子全译》,上述文本意为:"不要成为名誉的寄托,不要成为谋略的场所;不要成为世事的负担,不要成为智力的主宰……任其所能秉承自然,从不表露也不自得,也就是心境清虚淡泊而无所求罢了。修养高尚的至人心思像一面镜子,对于外物是来者即照去者不留,应合事物本身从不有所隐藏,所以能够反映外物而又不因此损心劳神。"④ 如果做到不受名誉、谋略、世事束缚以及不逞

---

① 参《庄子·庚桑楚》"虚则无为而无不为也",见郭庆藩撰、王孝鱼点校:《庄子集释》,前揭,第810页;《庄子·庚桑楚》:"为出于无为矣",见郭庆藩撰、王孝鱼点校:《庄子集释》,前揭,第815页。
② 参《庄子·天道》"虚则静,静则动,动则得矣。静则无为",见郭庆藩撰、王孝鱼点校:《庄子集释》,前揭,第457页。
③ 郭庆藩撰、王孝鱼点校:《庄子集释》,前揭,第307页。
④ 张耿光:《庄子全译》,前揭,第137页。

智,可以被总结为"虚"。根据前述,在《庄子》其他文本中,"无为"的确有"虚"的因素。所以,此处的"虚"的含义或可以用以说明"无为"。同时,在阐述了"虚"之后,此处文本又提出了表应变义的"应"的概念,似将其作为对"虚"的进一步演绎。如果作此解释,那么,"无为"与"应"之间便因为"虚"而发生了关联。最后,需要补充的是,在《庄子》中,"无为"与"自然"一词已经发生了关联。①

（二）《老子》

在《老子》中,"无为"是圣人对民众的治理方式,②但并非专门属于圣人的治理方式,也是一般治国者应该懂得的。③"无为"虽然是"道"或"上德"的

---

① 参《庄子·田子方》"无为而才自然矣",见郭庆藩撰、王孝鱼点校:《庄子集释》,前揭,第716页。
② 参《老子》三章"是以圣人之治,虚其心,实其腹;弱其志,强其骨。常使民无知无欲,使夫智者不敢为也。为无为,则无不治",见王弼注、楼宇烈校释:《老子道德经注校释》,前揭,第8页。
③ 参《老子》三十七章"道常无为而无不为,侯王若能守之,万物将自化",见王弼注、楼宇烈校释:《老子道德经注校释》,前揭,第90、91页。有学者认为,《老子》的文本极少明显地论及"作为政治控制手段或方法"的"无为",见Liu, Xiaogan, ed., *Dao Companion to Daoist Philosophy*, Springer, 2015, p.250。但笔者认为需要注意的是,《老子》三十七章此处可能便是在说,"无为"是治国者需要守护的一种手段或统治者行为品质。同时,上一条注释引述的《老子》三章中,也是在关于治理民众的语境中谈及"无为"。

因素，①但还是与"事"（行事、事务）有关，②且与"万物"的化育有关。③以上算是《老子》对"无为"的基本规定，以下是《老子》中对"无为"的更为具体的阐述：

第一，"无为"被"柔"字譬喻，可能具有类似于所谓以柔克刚④的特征（《老子》四十三章）。⑤对"柔"的坚守本身就是"强"（《老子》五十二章），⑥并不是懦弱无能。

第二，"无为"与"不言"并举（或包含"不

---

① 参《老子》三十七章"道常无为而无不为"；《老子》三十八章"上德无为而无以为"，见王弼注、楼宇烈校释：《老子道德经注校释》，前揭，第93页。
② 参《老子》二章"是以圣人处无为之事"，见王弼注、楼宇烈校释：《老子道德经注校释》，前揭，第6页。
③ 参《老子》三十七章"道常无为而无不为，侯王若能守之，万物将自化"，见王弼注、楼宇烈校释：《老子道德经注校释》，前揭，第90、91页。
④ 参《老子》三十六章"柔弱胜刚强"，见王弼注、楼宇烈校释：《老子道德经注校释》，前揭，第89页。
⑤ 参《老子》四十三章"天下之至柔，驰骋天下之至坚。无有入无间，吾是以知无为之有益"，见王弼注、楼宇烈校释：《老子道德经注校释》，前揭，第120页。
⑥ 参《老子》五十二章"守柔曰强"，见王弼注、楼宇烈校释：《老子道德经注校释》，前揭，第140页。

言"这一因素),① 可能具有静默的品质,但静默不等于绝对的静默不动,因为由"无为"可以引出"无不为",② 换言之,"为"(做事)是可以由"无为"概念引申出的一个因素。按照《史记》的看法,《老子》中的"无为"可能就是"无不为"。③ 另外,《老子》七十三章说"不言而善应",④ 由此可知,"应"与"无为"有关。

第三,"无为"作为"上德",引出的又是"无以为",并未引出作为"下德"的"为之"所引出的"有以为"。⑤ 笔者认为,"无以为"与"无不为"有何关系,是对"无为"的理解的一个难点。同时,《老子》本身并未明显地、直接地解释何谓"无以为"与

---

① 参《老子》二章"是以圣人处无为之事,行不言之教",见王弼注、楼宇烈校释:《老子道德经注校释》,前揭,第6页;《老子》四十三章"吾是以知无为之有益。不言之教,无为之益,天下希及之",见王弼注、楼宇烈校释:《老子道德经注校释》,前揭,第120页。
② 参《老子》三十七章"道常无为而无不为",见王弼注、楼宇烈校释:《老子道德经注校释》,前揭,第93页。
③ 《史记·太史公自序》提出老子"李耳无为自化",同时《史记·太史公自序》又言"道家无为,又曰无不为",见司马迁著、韩兆琦评注:《史记(评注本)》,岳麓书社,2004年,第1796、1781页。
④ 见王弼注、楼宇烈校释:《老子道德经注校释》,前揭,第182页。
⑤ 参《老子》三十八章"上德无为而无以为,下德为之而有以为",见王弼注、楼宇烈校释:《老子道德经注校释》,前揭,第93页。

第三章 "无为"：治国者的外在行事方式　183

"有以为"。但是，《老子》对与"无为"相反的治理状态进行了说明。具体而言，在治国者的"无为"这一治理方式下，政治共同体中不应该充斥着"忌讳"（造成民众愈加贫困）、"利器"（造成国家昏乱）、"伎巧"（众多奇怪的物件的根源）、"法令"（盗贼频生的原因）。① 另外，《老子》六十三章也阐述过符合"无为"的行事方式，如"报怨以德"、行事应从"细"处和"易"处出发，但从"易"处出发，又不等于轻言许诺。② 在接续《老子》六十三章的六十四章中，"无为"被解释为"无执""慎终如始""不贵难得之货""学不学"四点，最终达到"辅万物之自然"而"不敢为"。③ "不敢为"似乎可以被间接用于

---

① 参《老子》五十七章"天下多忌讳，而民弥贫；民多利器，国家滋昏；人多伎巧，奇物滋起；法令滋彰，盗贼多有。故圣人云，我无为而民自化"，见王弼注、楼宇烈校释：《老子道德经注校释》，前揭，第149、150页。
② 参《老子》六十三章"为无为，事无事，味无味。大小多少，报怨以德。图难于其易，为大于其细；天下难事，必作于易，天下大事，必作于细。是以圣人终不为大，故能成其大。夫轻诺必寡信，多易必多难。是以圣人犹难之，故终无难矣"，见王弼注、楼宇烈校释：《老子道德经注校释》，前揭，第164页。
③ 参《老子》六十四章"为者败之，执者失之。是以圣人无为故无败；无执故无失……慎终如始，则无败事，是以圣人欲不欲，不贵难得之货；学不学，复众人之所过，以辅万物之自然，而不敢为"，见王弼注、楼宇烈校释：《老子道德经注校释》，前揭，第165、166页。

理解：何为之前所述的作为"下德"的"为之"以及"为之"所引出的"有以为"。假设如此，那么，"为之"或"有以为"就是不"无执"、不"慎终如始"以及不"不贵难得之货"、不"学不学"。笔者根据目前学力，以下对上述"无执""慎终如始""不贵难得之货""学不学"这四点的义理进行一定初步思考：

（1）在《老子》六十四章的语境中，"无执"与"慎终如始"都能够保证"无败"（不失败），"慎终如始"似乎与"无执"有关。①或可理解为："无为"似乎意味着"慎终如始"地"无执"。对于"执"（与之类似的、并举的是"为"）的反面，《老子》六十四章有过解释，就是防患于未然（从细处着眼）。②那么，"无执"就是指防患于未然，"为"似乎是指不防患于未然。如此，似可间接理解作为"下德"的"为之"。

（2）要"慎终如始"，又要"不贵难得之

---

① 参前引《老子》六十四章"为者败之，执者失之。是以圣人无为故无败；无执故无失……慎终如始，则无败事"。
② 参《老子》六十四章"治之于未乱。合抱之木，生于毫末；九层之台，起于累土；千里之行，始于足下。为者败之，执者失之"，见王弼注、楼宇烈校释：《老子道德经注校释》，前揭，第165页。

货""学不学"。① 从文字表面意思上看,"不贵难得之货"的"难得之货"似可用于总结《老子》五十七章中"利器""伎巧"所制造的"奇物"。而"学不学",结合《老子》四十八章来看,似乎又是与"无为"相通。②

（3）至于与"不敢为"一说形成直接关联的"辅万物之自然",③ 是否可能指《老子》二十五章的"道法自然",④ 是一个疑问。但至少可以推测,由于"不敢为"是"无为"的因素,所以,"无为"与"自然"发生了关系。

---

① 参《老子》六十四章"慎终如始,则无败事,是以圣人欲不欲,不贵难得之货;学不学,复众人之所过"。"是以"这一连接词的存在,表明"不贵难得之货"与"学不学"是对前面"慎终如始"的进一步阐述。
② 参《老子》四十八章"为学日益,为道日损。损之又损,以至于无为",见王弼注、楼宇烈校释：《老子道德经注校释》,前揭,第127、128页。"道"与"学"是相反的,那么可以猜测"道"或许等于"不学"。此处又将"道"的意思引向"无为",那么或许可以说,"不学"指向"无为"。
③ 参前引《老子》六十四章"以辅万物之自然,而不敢为",见王弼注、楼宇烈校释：《老子道德经注校释》,前揭,第166页。
④ 王弼注、楼宇烈校释：《老子道德经注校释》,前揭,第64页。

三、法家

（一）《韩非子》

在《韩非子》中，"无为"这一概念有以下义理方面的特征：一、懂得隐藏权势；[①] 二、"无为"能够使得臣子对治国者产生恐惧感；[②] 三、从《韩非子·扬权》的文本来看，要实现"无为"，与"参伍比物"这一说法有关。[③] 对于第三点，以下进行进一步说明。

"参伍比物"这一说法，按照《韩非子校注》的翻译和解释，从字面上来理解，就是"验证事物"。[④] 换言之，要实现"无为"，似乎是需要在一定程度上借助对"物"的验证。由此，从表面上看，"无为"似乎具有了一定的实证主义色彩。但更为精确地讲，"参伍比物"并不只是与"物"有关，因为其被"参之以比物，

[①] 参《韩非子·扬权》"权不欲见，素无为也"，见王先慎：《韩非子集解》，前揭，第44页。结合《韩非子校注》，上述文本意为"君主的权势不要显示出来，而要保持本色，体现出无为"，见"《韩非子》校注组"撰：《韩非子校注》，前揭，第61页注9。

[②] 参《韩非子·主道》"明君无为于上，群臣竦惧乎下"，见王先慎：《韩非子集解》，前揭，第27页。

[③] 参《韩非子·扬权》"虚静无为，道之情也；参伍比物，事之形也"，见王先慎撰、钟哲点校：《韩非子集解》，前揭，第47页。

[④] "《韩非子》校注组"撰：《韩非子校注》，前揭，第66页注2。

伍之以合虚"这一说法来解释。① 按照《韩非子校注》的翻译和解释,这一说法的意思是,"验证事物",并"用合乎虚静之道的原则来交互衡量"。② 换言之,"无为"似乎表面上具有一定实证主义色彩,但这一实证主义色彩又似乎是非实证的,因为其与"虚"有关。根据《韩非子·解老》的说法,"虚"的意思就是心意不受任何牵制。③ "心意不受任何牵制",当然也包括不受"物"的牵制。照此看来,"无为"虽表面上与"验证事物"有关,但其实证主义色彩并不是绝对的。

(二)《管子》

在《管子》中,"无为"仍与治国有关。④ 类似于《韩非子·难二》中"无为"带有"无见"色彩,《管子》中的"无为"可能带有"无形"的色彩。⑤ 而在《管子》中,"无形"又与"虚无"有关系,同时

---

① 王先慎撰、钟哲点校:《韩非子集解》,前揭,第47页。
② "《韩非子》校注组"撰:《韩非子校注》,前揭,第66页注2、3。
③ 参《韩非子·解老》"所以贵无为无思为虚者,谓其意无所制也",见王先慎撰、钟哲点校:《韩非子集解》,前揭,第131页。翻译见"《韩非子》校注组"撰:《韩非子校注》,前揭,第183页注5。
④ 参《管子·君臣下》"事无为也无所生,若此则国平而奸省矣",见黎翔凤:《管子校注》,前揭,第584页。
⑤ 参《管子·兵法》"无形无为焉,无不可以化也",见黎翔凤:《管子校注》,前揭,第326页。

"虚无"意味着不逞智。① 而"无为"也意味着不逞智。② 另外，与《老子》中的"无为"一样，《管子》中的"无为"可能与"不言"有关，③ 由此可能具有静默的品质。同时，《管子》区分了"无为"与"为"，认为"无为"的人能够当"帝"，"为"的人只能当"王"。④ 之所以"无为"的人能够当帝，是因为"无为"的人既懂得行动，又能懂得静止是为行动做的准备。⑤ 如果前述"为"被读者理解为"行动"，那么显

---

① 参《管子·心术上》"智乎智乎，投之海外无自夺，求之者不得处之者，夫圣人无求之也，故能虚无，虚无无形谓之道"，见黎翔凤：《管子校注》，前揭，第759页。按照谢浩范等撰写的《管子全译》，上述文本意为"聪敏呀，聪敏呀，把聪敏扔到海外不要去强求，强求的人得不到聪敏的办法。圣人不追求聪敏，所以做到虚空。虚空又无形体的叫作道就是道"，参谢浩范、朱迎平：《管子全译》，贵州人民出版社，1996年，第500、501页。

② 参《管子·心术上》"恬愉无为，去智与故"，见黎翔凤撰、梁运华整理：《管子校注》，前揭，第764页。

③ 参《管子·心术上》"故必知不言无为之事，然后知道之纪"，见黎翔凤撰、梁运华整理：《管子校注》，前揭，第764页。

④ 参《管子·乘马》"无为者帝，为而无以为者王"，见黎翔凤撰、梁运华整理：《管子校注》，前揭，第84页。

⑤ 参《管子·势》"知静之修，居而自利。知作之从，每动有功。故曰无为者帝"，见黎翔凤撰、梁运华整理：《管子校注》，前揭，第883页。按照《管子全译》，上述文本大意为：懂得静止埋伏是为行动出击作必要准备，那么居留（笔者注：居留在静止中）自然就有好处；懂得行动出击是紧随着静止埋伏之后，那么每一次行动出击就有功效。所以说，顺应自然无为而治就能成就帝业。参谢浩范、朱迎平：《管子全译》，前揭，第563页。

然，"无为"因为包含且不限于"为"，就比"为"显得更为含义丰富。除此之外，"无为"一方面在于懂得心性或情绪的调理，① 另一方面在于对外物的"应"。②关于"应"，《管子》有其特别的阐述。"应"虽然意味着没有刻意的计划，但这并不意味着"应"是自以为是、妄作变通。③ "应"不应该是妄作变通，那么间接意味着："应"确实是与变通一义有关。

四、《黄帝四经》

在《经法·道法》中，"无为"与法律、政治制度

---

① 参《管子·心术上》"是以君子不怵乎好，不迫乎恶，恬愉无为"，见黎翔凤撰、梁运华整理：《管子校注》，前揭，第764页。按照谢浩范等撰写的《管子全译》，上述文本意为：君子不为所好之利诱惑，不被所恶之死胁迫，安闲愉悦而"无为"。参谢浩范、朱迎平：《管子全译》，前揭，第503页。

② 参《管子·心术上》"无为之道，因也"，见黎翔凤撰、梁运华整理：《管子校注》，前揭，第771页；同时，《管子·心术上》有言"其应物也若偶之，静因之道也"，见黎翔凤撰、梁运华整理：《管子校注》，前揭，第764页。

③ 参《管子·心术上》"其应也，非所设也……过在自用，罪在变化"，见黎翔凤撰、梁运华整理：《管子校注》，前揭，第764页。按照谢浩范等撰写的《管子全译》，上述文本意为：应对事务时没有计划……有时错在于自以为是，有罪过在于妄作变化。参谢浩范、朱迎平：《管子全译》，前揭，第503页。

的设立有关联:

> 故执道者之观于天下也,无执也,无处也,无为也,无私也。是故天下有事,无不自为形声号矣。形名已立,声号已建,则无所逃迹匿正矣。[1]

按照陈鼓应《黄帝四经今注今译》,上述文本中"形名已立,声号已建,则无所逃迹匿正矣"的意思是:"各项法令制度都已设立,名分、官职都已建置,那么天下万物就都在得道的圣人掌握之中了。"[2] 此处,"无为"是被得道的圣人同时示范给天下的,同时,政治制度的确立("形名"—"声号"),似乎是"无为"能够存在或得以实现的一个条件。在政治制度确立时,《十大经·名形》作者便认为,"无为"的人保持了静默,而这一静默并不等于静止不动,而是"应一物"之前的一个状态:

> 形恒自定,是我愈静;事恒自施,是我无为。静翳不动,来自至,去自往……万物群至,我无不

---

[1] 陈鼓应:《黄帝四经今注今译》,商务印书馆,2007年,第10页。
[2] 陈鼓应:《黄帝四经今注今译》,前揭,第15页。

能应。我不藏故，不挟陈。①

按照陈鼓应《黄帝四经今注今译》，上述文本的大意为："天下万物都自有它们确定的归属，因此人就更应该持守清静。天下万事都自有它们运行发展的规律，因此人也就应该虚静无为。人应该虚静专一不妄施为，事物的发生与消逝皆有其客观依据，要听其自便宛转顺应……一任事物纷至沓来，皆能应付自如。古旧的东西听其自去，新生的东西任其自来。"② 尽管陈鼓应将"形"译作万物（类似于万事），但没有理由将"政治制度"专门排除在万物之外。况且在《经法·道法》中，按照陈鼓应的翻译，"形"就可以指涉政治制度（见前述陈鼓应对《经法·道法》相关文本的翻译）。所以，笔者认为，上述文本具有以下一层意思，即，政治制度有其归属（或运行规律）。在此情况下，人处于"无为"，而这种"无为"所含有的静止性，的确是指听任事物的来去，但是在人保持"无为"之时，如果事情来了、发生了（"万物群至"），那仍要进行"应"。笔者无法直接确定这里的"应"确实表应

---

① 陈鼓应：《黄帝四经今注今译》，前揭，第336页。
② 陈鼓应：《黄帝四经今注今译》，前揭，第342页。

变义，但此处是在讲，万物万事来临之时，人都需要"应"。一般而言，由于万事万物都是变化中的事物，所以可以推知，这里的"应"可能也是表应变义，而不只是单纯的、盲目的"反应"。另外，从前述文本看，无法确证"应（物）"乃是"无为"内含的因素，但两者之前的确存在一种关系，即，"无为"是为了"应"而做的准备。

第二节 "无为"的政治性

顾理雅认为，《老子》与《庄子》中的"无为"可以被视为一种统治术（technique of government）。[①] 同样，根据第一节所述，在《论语》《春秋繁露》《韩诗外传》《说苑》《新序》《法言》《新语》《庄子》《老子》《韩非子》《管子》中，尽管"无为"的具体内涵各所不同，但"无为"具有政治性这一点，已经确定无疑，如：在《论语》中，"无为"是治国者统治天下之时的道德化姿态；在《春秋繁露》中，"无为"有助于治国者驾驭、利用群臣；在《庄子》中，"无为"有助于治国者利用臣子；在《韩非子》中，"无为"使

---

① Herrlee Creel, *What is Taoism? and Other Studies in Cultural History*, p.54.

第三章 "无为"：治国者的外在行事方式

得臣子畏惧治国者，等等。

对于道家意义上的"无为"的意思，顾理雅认为，"无为"如果仅仅意为"不做事"，是有违常识的。① 但是在《淮南子》的阐述中，不会引发这种疑虑，因为，其中的"无为"并非意为不做事，而是要做事。② 然而，"无为"的人所做之事（的性质）是什么，还是一个问题。根据前述，"无为"已经与"治道"有关，那么由此可推测，"无为"及"无为"的人所做之事可能已经具有政治性。就"无为"的政治性而言，《淮南子》作者已经认为"无为"是治国者的行事方式。③ 而《淮南子》以下文本稍加具体地论及了"无为"的政治性，认为"无为"在于建立政治性的功业：

> 听其自流，待其自生，则鲧禹之功不立，而后稷之智不用。若吾所谓无为者……因资而立功……功立而名弗有。④

---

① Herrlee Creel, *What is Taoism? Other Studies in Cultural History*, p.52.
② 如《主术训》的观点："无为者，非谓其凝滞而不动也。"见张双棣撰：《淮南子校释（增订本）》，前揭，第988页。
③ 参《主术训》"人主之术，处无为之事"，见张双棣撰：《淮南子校释（增订本）》，前揭，第906页。
④ 见张双棣撰：《淮南子校释（增订本）》，前揭，第1993页。

按照许匡一《淮南子全译》，上述文本的大意为："假若听任江河自由泛滥，坐等禾苗自生自长，那么鲧、禹治水的功勋就不能建树，后稷的智慧就不能运用。像我说的'无为'，是指……根据各人的资质建立功业……功业建立了而名声不据为己有。"[1] 众所周知，鲧、禹、后稷皆为历史上著名的治国者，无论是鲧、禹的治水，还是后稷的智慧，都是为了治理天下，而不是日常生活中的行为或智慧。由此可见，上述文本中的"立功""功立"之"功"，亦非个体生活中的功劳，而是政治治理过程中的、具有政治性的、具有治理意义的、为政治共同体民众而立下的功业。既然"因资而立功"一说是被用于说明"无为"，且具有政治性，那么，"无为"也具有政治性。诚然，在《淮南子》中，存在着"无为而自治"这一说法，似乎是指"无为"是个体意义上、非政治性的"无为"，但这一简短的说法并不是《淮南子》中"无为"的性质的主流。本节之后论述的"因循'自然'而'无为'"与"'常后而不先'而'无为'"两点，皆具有政治性。上一章所阐述的"无为"范畴内的"应"这一思想，也具有政治性。按照一般的看法，"政治性"意味着与权力的紧密

---

[1] 许匡一：《淮南子全译》，前揭，第1139页。

亲缘。然而，根据本章开头所述，"无为"之治与纯粹依靠"权势"而治，两者是两个层次的治理方式。另外，"无为"这一概念要求不主张满足个人的"嗜欲"，①与对治国者的一种劝诫或教育有关，从而间接地具有一定政治性。为此，《淮南子》作者举出耽于食欲的齐桓公、耽于珍宝的虞君、耽于听觉满足的胡王的例子，借以劝诫：如果治国者像他们一样耽于欲望，那么就做不到"无为"。②

第三节　因循"自然"而"无为"

本节的最主要目的，乃是通过对因循"自然"这一说法的再阐发，来理解"无为"的含义。但在这一阐发之前，有必要说明"无为"这一概念能够引出因循"自然"这一义域，或者说明两者具有直接关系。在此基础上，本节第二部分将简述《淮南子》中"自然"一词的

---

① 参《修务训》"若吾所谓无为者，私志不得入公道，嗜欲不得枉正术"，见张双棣撰：《淮南子校释（增订本）》，前揭，第1993页。
② 参《主术训》"是故君人者无为而有守也，有为而无好也。有为则谗生，有好则谀起。昔者齐桓公好味，而易牙烹其首子而饵之；虞君好宝，而晋献以璧马钓之；胡王好音，而秦穆公以女乐诱之"，见张双棣撰：《淮南子校释（增订本）》，前揭，第1003页。

意蕴，以及围绕因循"自然"一说而存在的治理问题。

一、"无为"与"因循'自然'"的关联

根据本章第一节，在《庄子·田子方》中，有"无为而才自然"这一说法，同时，在《老子》六十四章中，"辅万物之自然"是"无为"范畴的因素。无论"才"和"辅"字作何理解，上述说法或观点皆点出了"无为"与"自然"的关联。笔者认为，在《淮南子》中，"无为"与"自然"的关联，可以转化成更为具体的"无为"与因循"自然"这一说的关联。这一关联，笔者以下举例说明。

第一处文本：

> 执道要之柄而游于无穷之地。是故天下之事，不可为也，因其自然而推之。①

此处"是故"这一连接词的存在表明，"因其自然而推之"一说是对前述"执道要之柄"的进一步说明。根据本书绪论第二节所述，"无为"是"道之宗"。而

---

① 张双棣撰：《淮南子校释（增订本）》，前揭，第20页。

"道之宗"表"'道'的根本"义，近似等于"道要之柄"所表之义（"道"的枢纽）。[1] 所以可知，"因其自然而推之"一说可以被理解为对"无为"的进一步说明。同时，此处"因其自然而推之"一说亦被用于说明"不可为"一说。而"不可为"字面意思近似"无为"（皆表对"为"的否定），由此可见，因循"自然"这一义，亦可能由"无为"引出。

第二处文本：

> 漠然无为而无不为也，澹然无治而无不治也……所谓无治者，不易自然也。[2]

"为"是做事、行为的意思，而"治"是治理的意思，由此可知，"为"能够包含更为具体的"治"这一意思。那么可以说，在上述文本中，乃是用"无治"进一步说明"无为"。由此可知，"无治"实则是"无为"的一种具体化称呼。"不易自然"意即不改变自然，既然被用于说明"无治"，那么也可以被用于说明"无为"。"不改变自然"，换一种讲法，就是因循

---

[1] 许匡一：《淮南子全译》，前揭，第10页。
[2] 张双棣撰：《淮南子校释（增订本）》，前揭，第60页。

"自然"的意思。由此,"无为"与因循"自然"一说也可能发生关联。

第三处文本:

> 随自然之性而缘不得已之化,洞然无为而天下自和。①

上述文本尽管未直接表明"随自然之性"是由"无为"直接引出,但将两者并举,似旨在表明,两者可能有紧密关系(许匡一《淮南子全译》将"随"字译作"随顺",② 故"随自然之性"大体意思不离因循"自然"之义)。同时,《淮南子》作者有言:

> 唯灭迹于无为而随天地自然者,唯能胜理。③

上述文本亦是陈述了"无为"一说与"随—自然"一说的紧密关系。

此外,关于"无为",《淮南子》作者认为其是

---

① 张双棣撰:《淮南子校释(增订本)》,前揭,第841页。
② 许匡一:《淮南子全译》,前揭,第423页。
③ 张双棣撰:《淮南子校释(增订本)》,前揭,第1537页。

"推自然之势"。① 关于"推自然之势"一说,《淮南子》作者随即使用具体事例解释道:

因高为田,因下为池。②

显然,"因高为田"的意思是指因循(自然地理中的)高处而筑田,"因下为池"是指因循(自然地理中的)低处而筑池。所以,亦可被简单归纳为:因循"自然"(实际意义是按照大自然的规律)。当然,无论此处因循"自然"一说作何解,此处"无为"亦可引出因循"自然"之义。

二、"自然"一词背后的意蕴以及围绕"因循'自然'"一说而存在的治理问题

根据上一部分所述,以往的学者已经论及了"无为"与因循"自然"这一说有关联。然而,在《淮南

---

① 本句《道藏》本为"权自然之势",根据《文子》文本的提示(《文子》作"推自然之势"),以及高诱注的提示(高诱对此处文本恰恰注的是"推"字,而非"权"字),有误,现改如是,见张双棣撰:《淮南子校释(增订本)》,前揭,第1993、1999页注二一。
② 张双棣撰:《淮南子校释(增订本)》,前揭,第1993页。

子》中,"自然"是否仅如前述那样是指大自然规律,乃是一个问题。在中国哲学研究领域中,围绕"自然"一词,存在一定反思。例如,有学者认为,今天的学者不应该在西方nature这一概念的视域下对中国传统思想的"自然"进行观审。[1] 还有学者认为,中国传统思想中的自然观已经被西方近代自然科学的自然观遮蔽,因此,超越西方视域来对前者进行审视,是很有必要的。[2] 照此看来,如果要准确地理解《淮南子》中的"自然"的意蕴,似乎就不应该使用某一特定流行的说法的意义去简单地理解"自然"。另外,值得提出的是,对于在中国传统哲学思想中作为"自然"思想源头之一的《老子》中的"自然"一说,学者们亦众说纷纭:有人认为"自然"是"自己"的意思,[3] 有人认为"自然"的一层意思是指治国者治下的百姓,[4] 有人认

---

[1] 李飞:《中国古代自然概念与Nature关系之再检讨》,《复旦学报(社会科学版)》2015年第1期,第44页。
[2] 张汝伦:《什么是"自然"?》,《哲学研究》2011年第4期,第83、84页。
[3] 张岱年:《中国古典哲学概念范畴要论》,中国社会科学出版社,1989年,第79页。
[4] 王中江:《道与事物的自然:老子"道法自然"实义考论》,《哲学研究》2010年第8期,第40页。

为"自然"是指返璞归真的自然主义，[①]等等。照此看来，在"自然"概念的源头处，学者对"自然"的意思的理解已经存在争议。为此，笔者认为，为了保险起见，我们还是应该回到《淮南子》的文本语境，去重新探究"自然"的意蕴。

根据前述，"无为"与因循"自然"一说有关（前者甚至可能引出后者）。那么，如果将"自然"一词背后的意蕴梳理清楚，便有助于理解因循"自然"一说。诚然，单就因循"自然"一说本身而言，其总体意向仅为依照、顺从、按照"自然"之义，与政治治理似毫无关系，表面上毫无政治性。但是，由于"因循'自然'"是由"无为"引出，同时，"无为"指的是需要做事，且所做之事具有政治意义，所以可以推测，因循"自然"一说可能是"无为"所具有的政治治理意义的一个构件。以下的阐述，首先结合文本，指出"自然"一词（或因循"自然"）的意思，以此为基础，再阐述相关的治理问题。经笔者归纳，分为三个方面。

第一，"自然"指大自然物体的运行规律，如《淮南子》作者说：

[①] 王英杰：《老子自然主义的生存之道与人的生命自由》，《首都师范大学学报（社会科学版）》总第190期。

> 修道理之数，因天地之自然，则六合不足均也。是故禹之决渎也，因水以为师。①

其中，"因天地之自然"被具体解释为"因水"。后者按照许匡一《淮南子全译》，意为："顺应水往低处流的趋势"。②"水往低处流的趋势"，当然是自然规律。所以，此处因循"自然"的义理就是按照自然规律。众所周知，治国者大禹治水并非单纯的现代式环保事业，而是为了安定天下。所以可以说，虽然此处"因水"以及"因天地之自然"一说本身不具备政治性，但却可以说，按照自然规律（办事）也是治国者在治理天下之时需要做到的。简言之，按照自然规律（办事）染上了政治色彩。

第二，在《淮南子》中，人性等于"自然"：

> 人性各有所修短，若鱼之跃，若鹊之驳，此自然者，不可损益。吾以为不然。③

---

① 见张双棣撰：《淮南子校释（增订本）》，前揭，第53页。
② 许匡一：《淮南子全译》，前揭，第18页。
③ 张双棣撰：《淮南子校释（增订本）》，前揭，第2007页。

因循"自然"可指因循人性。所谓因循人性,虽然本身没有政治性,但与本书将要阐述的作为"治道"一方面的"制礼"问题有关。《淮南子》作者说:

> 民有好色之性,故有大婚之礼……故先王之制法也……因其好色而制婚姻之礼。[①]

正是因为民众具有好色这一具体化的人性的存在,所以治国者便因循好色这一人性而制作礼(制作婚礼)。总之,因循"自然"若是表因循人性义,在与作为"治道"一方面的"无为"问题形成关联的同时,又与作为"治道"的"制礼"问题有紧密关系。由于"制礼"问题含义丰富,故本书将在之后单辟一章进行阐述。根据前述,在《庄子》中,"无为"与礼形成了一定冲突,而《新语》作者虽然认为"制礼"和礼的施行最终有助于实现"无为",但没有说"制礼"思想可由"无为"引出。而在《淮南子》中,"制礼"思想却通过因循"自然"这一义与"无为"思想发生了关系。无论是治国者做到"无为"还是进行"制礼",都需要因循"自然"。那么,因循"自然"也就染上了较为浓厚

---

① 张双棣撰:《淮南子校释(增订本)》,前揭,第2094页。

的政治色彩。

第三，对"自然"的遵从意味着不逞智（或不逞能）。根据本章第一节，《庄子·应帝王》已经指出"无为"的因素包括不逞智。而《淮南子》作者说：

> 故圣人不以行求名，不以智见誉，法修自然，己无所与。①

此处"法修自然"，具体来说，被用以总结以下观点：不凭借行为与智力去追求名誉。换言之，"法修自然"含有反对逞智（逞能）的意思。② 从上述文本本身，看不出具有如此意味的"法修自然"能够产生什么治理意义。但是，可以通过《主术训》关于逞智（或逞能）的观点，来理解"法修自然"所产生的治理意义。在《主术训》存在以下观点：治国者如果做到逞智的反面（"静漠而不躁"），治下的官员们就能办好政

---

① 张双棣撰：《淮南子校释（增订本）》，前揭，第1512页。
② 《主术训》亦是将对"自然"的效仿解释为近似不逞智的意思："事犹自然，莫出于己。故古之王者，冕而前旒，所以蔽明也，黈纩塞耳，所以掩聪。"见张双棣撰：《淮南子校释（增订本）》，前揭，第904页。此处同样将"事犹自然"解释为"蔽明"和"掩聪"，后两者即治国者掩盖视力与听力之义。视力与听力被掩盖了，自然无法逞智。

事；① 治国者如果逞智（逞能），臣子们就会学得"无为"、对治国者献媚讨好、不奉献智力、将任务转嫁给治国者。② 总之，不逞智（逞能）的一个治理意义，恰恰就在于：治国者如果逞智（逞能），治下的官员臣子们就不能安于其位、尽忠尽职。根据绪论所述，治国者对臣子的控制和利用这一点也是"治道"。那么，此处算是对"治道"这一方面更为具体的阐发。另外需要补充说明的是，治国者不逞能的治理意义，亦符合"无为"本身的思想，因为《淮南子》作者说：

---

① 参《主术训》"人主静漠而不躁，百官得修焉……慧不足以大宁，智不足以安危"，见张双棣撰：《淮南子校释（增订本）》，前揭，第942页。按照许匡一《淮南子全译》，上述文本意为"君主静漠而不浮躁，能让百官办好政事……君王的有限智慧，不足以使国家转危为安"，见许匡一：《淮南子全译》，前揭，第475页。
② 参《主术训》"君人者释所守而与臣下争，则有司以无为持位，守职者以从君取容。是以人臣藏智而弗用，反以事转任其上矣"，见张双棣撰：《淮南子校释（增订本）》，前揭，第995页。按照许匡一《淮南子全译》，上述文本意为"统治臣民的君王如果放弃本分，去抢夺臣下分内的职责，那么，各个职能部门官员，就闲在自己的官位上无事可干了；本来忠于职守的官员也只好顺从君王的意愿献媚讨好，看君王的脸色来行动；他们收起自己的智慧不用，反过来把自己该做的事全都推到君王身上"，见许匡一：《淮南子全译》，前揭，第510、511页。"君人者释所守而与臣下争"可谓表明了治国者逞能的意思，虽然上述文本并未直接反对治国者逞智，但是可以间接推出。因为上述文本已经表明，治国者去抢夺臣子的职分，最终造成了臣子收起了自己的智力。换言之，这意味着治国者其实逞智去做臣子的事。

> 人主之术，处无为之事……因循而任下，责成而不劳。①

上述文本，就是说处于"无为"姿态的治国者任用臣下，使得自己不劳累（当然就是未逼能）。总之，根据前述，《春秋繁露》《说苑》《新序》《庄子》四部经典皆不同程度表明"无为"与任用臣子这一点有关联，而《淮南子》通过围绕因循"自然"这一意向的细致演绎，亦使得"无为"与任用臣子这一点形成了关联。

综上所述，尽管在《淮南子》中，存在着"自然"一词等于大自然（规律）的情况，同时存在着要求治国者按照大自然规律（办事）的情况，但这并不等于说《淮南子》作者在谈及"自然"问题时，彻底主张一种反政治或超越政治的自然主义。更值得注意的是，因循"自然"而"制礼"这一要求的存在本身就意味着，需要通过人为的"制礼"行为来对"自然"（人性）进行某种干涉，或者说，《淮南子》作者如果真的主张一种反政治或超越政治的自然主义，那么无需引出因循"自然"而"制礼"这一政治性要求。同时，"法修自然"

---

① 见张双棣撰：《淮南子校释（增订本）》，前揭，第904页。

这一要求尽管意味着治国者本身不劳累,似远离"人为",但这一要求更为关键的是要治国者任命臣子去进行"人为",所以可以说"法修自然"背后也不是一种反政治或超越政治的自然主义。即便是前述按照自然规律办事这一点,也是被《淮南子》作者用治国者安定天下的治理行为来进行例证。最后,需要强调的是,《淮南子》作者并未将"自然"一词的意义限制在某一单一的定义上,而是对"自然"一词进行了多种阐发,同时围绕因循"自然"一说而存在的治理问题,也不是单一化的,而是多重的。假设《老子》的研究者认为《老子》中的"自然"的意思是唯一的,且正在竞相去予以《老子》中的"自然"以单一定义,那么这种做法至少是不适合用于研究《淮南子》中的"自然"问题的。

第四节 "常后而不先"而"无为"

关于"先"(即表"后"的反义)与"无为"之间的问题,《淮南子》作者说:

> 所谓无为者,不先物为也。[1]

---

[1] 张双棣撰:《淮南子校释(增订本)》,前揭,第66页。

依循字面意思来理解，"无为"是指不先行行事，或托后而行事。同时，若从字面意思看，"常后而不先"一说也是具有这一层意思。这至少证明了"常后而不先"一说的确可以被内含于"无为"思想中。但是，笔者认为如果从文本语境看，"常后而不先"一说并非只具有上述一层字面意思，至少还与"应"这一概念有关联。同时，笔者认为，"常后而不先"一说，还需要结合涉及"先"这一概念与"后"这一概念的文本去理解。这一文本（包括出现了"常后而不先"的文本）主要出现在《淮南子·原道训》中。所以，本节第一部分旨在结合《淮南子·原道训》相关文本，探讨"常后而不先"的基本含义。然而，《淮南子·原道训》的文本没有过度凸显"常后而不先"的政治意义。所以，本节第二部分主要旨在结合《淮南子·道应训》中的政治事例，探讨"常后而不先"的政治色彩以及在政治中的应用。

一、"常后而不先"的基本含义

根据前述，"无为"意味着"不先物为"（或者说意味着"常后而不先"）。但"不先物为"不等于不做任何事情，而是意味着行事之时抓住时机。[①] 同时，对于"常后而不先"一说字面上所主张的托后而行事这一点，在《淮南子·原道训》文本中得到了称赞。[②] 但是笔者发现，在即将引述的以下《淮南子·原道训》文本的语境中，"常后而不先"也具有行事之时抓住时机这一点。这是以下《淮南子·原道训》文本的一个重要观点，另外的重要观点是：论及了托后而行事的好处；论及了托后而行事并非不行事；论及了托后而行事并非排除先发制人的行事方式；论及了"先"与"后"的问题还是取决于行事之时抓住时机；提示了行事之时抓住时机就是"常后而不先"的意思；提示了"常后而不先"一说与"应"这一概念的关联。以下是文本：

> 先者难为知，而后者易为攻也。先者上高则后者攀之，先者蹂下则后者蹸之；先者陨陷则后者以谋，先者败绩则后者违之……所谓后者，非谓其底

[①] 参《原道训》"动不失时，与万物回周旋转，不为先唱，感而应之"，见张双棣撰：《淮南子校释（增订本）》，前揭，第79页。此处"不为先唱"一说与"不先物为"一说的字面意思几乎一致，都是表不先行行事之义，但前一说替换了后一说。
[②] 参《原道训》"先唱者，穷之路也；后动者，达之原也"，见张双棣撰：《淮南子校释（增订本）》，前揭，第79页。

滞而不发，凝竭而不流，贵其周于数而合于时也。夫执道理以耦变，先亦制后，后亦制先。是何则？不失其所以制人，人不能制也。时之反侧，间不容息，先之则大过，后之则不逮……禹之趋时也，履遗而弗取，冠挂而弗顾，非争其先也，而争其得时也。是故圣人守清道而抱雌节，因循应变，常后而不先。[1]

笔者认为，以上文本中，确实首先论及了托后而行事的好处，并认为：先行的人大败，后来的人便可以不再重蹈覆辙。但是，托后而行事这一点（"后者"）并非意味着不行事，而是潜在地包含先发制人与后发制人两点。这两点的存在，显然说明了托后而行事并非指在任何时候无条件地托后而行事，根本上还是要把握时机。如果不把握时机，盲目抢先与盲目托后，都是不可取的。同时，抢先行事的目的还是抓住时机（上述文本以大禹的故事为例），不是为了抢先而抢先。推而论之，笔者认为，托后而行事，当然也并非为了托后而托后。我们最终可以发现，在上述文本中，对行事之时抓住时机这一点，进行的总结就包含"应变"与"常后而

---

[1] 张双棣撰：《淮南子校释（增订本）》，前揭，第79、80页。

不先"两点。换言之，"常后而不先"一说也就自然包含了行事之时抓住时机这一点，自然也是反对盲目地抢先与托后行事，也是主张在把握时机的情况下采取先发制人的行事方式。由此，我们也能够理解，为何在《淮南子·原道训》中，"应"这一概念与"常后而不先"一说被并举。因为，"应"如果按照本书第二章第四节第三部分的解释，就是表随机应变义，且具有无限可能性。换言之，"应"也是包括了上述《淮南子·原道训》文本中关于"先""后""常后而不先"问题的主张，并与"常后而不先"的意思互通，如：既然"应"具有无限可能性，那么很自然地就包括先发制人、后发制人，等等。这是非常有趣的，因为如果我们只使用上述文本首先提出的那一层意思来理解"常后而不先"，那么"常后而不先"的意思仍旧停留托后而行事这一层意思上。但是，如果我们虑及上述文本的整体语境，那么"常后而不先"的内涵就变得丰富起来。进而言之，如果一个治国者呆板地对"常后而不先"只进行字面上的理解并进行实践，那么他就是一个呆板的永远托后而行事的治国者。

二、"常后而不先"的政治色彩以及在政治之中的应用

从《淮南子》作者对"常后而不先"一说的规定看,"常后而不先"一说已经具有政治性:"常后而不先"是属于统治臣子的治国者的,而臣子应该做到的是与"常后而不先"不同的在行事方面的抢先。[①] 另外,根据上一部分所述,由于"常后而不先"与"应"在义理上形成了互通,且"应"具有政治性,那么由此可间接推知,"常后而不先"也具有政治性这一点。

当然,不消说,由于"常后而不先"被内含于具有政治性的"无为"思想中,那么"常后而不先"也可能顺带染上政治色彩。回过头来看,又由于"常后而不先"内含先发制人的因素,那么先发制人的因素也可能染上政治色彩。而"常后而不先"背后的更为丰富的政治意义,或许可以通过"柔"(或"弱")与"刚"(或"强")这两个概念来进行理解,因为,"柔"(或"弱")与"刚"(或"强")是可以同"后"与

[①] 参《主术训》"主道员者,运转而无端,化育如神,虚无因循,常后而不先也。臣道方者,论是而处当,为事先倡",见张双棣撰:《淮南子校释(增订本)》,前揭,第950页。

"先"相通的。① 简言之,"常后而不先"既可以等于"常'弱'而不'强'",又因为含有"先"发制人的因素,那么可以指在政治实践中使用强力来制服对手。首先,关于使用强力来制服对手这一点,《淮南子》作者便将秦国治国者使用暴力强行击破吴国军队这一历史故事,称之为"功之可强成"。②

换言之,先发制人这一思想在政治实践中是有其作用的。我们并不能限于"常后而不先"的字面意思,就认为先发制人在政治实践中是不可取的。当然,关于"常后而不先"一说的"常'弱'而不'强'"这一意思,在《淮南子·道应训》当中,至少有三处涉及政治实践性事例的典型文本进行了强调。从"常后而不先"本身看,其已经含有退缩、柔弱、忍让的含义,而从深层次看,已经与以柔克刚的特点发生关联。③ 根据前

---

① 参《原道训》"是故欲刚者,必以柔守之;欲强者,必以弱保之……是故柔弱者,生之干也;而坚强者,死之徒也;先唱者,穷之路也;后动者,达之原也",见张双棣撰:《淮南子校释(增订本)》,前揭,第79页。
② 参《修务训》"秦王乃发车千乘,步卒七万,属之子虎,踰塞而东,击吴浊水之上,果大破之,以存楚国。烈藏庙堂,着于宪法。此功之可强成者也",见张双棣撰:《淮南子校释(增订本)》,前揭,第2038页。
③ 参《原道训》"是故圣人守清道而抱雌节,因循应变,常后而不先;柔弱以静,舒安以定,攻大磿坚,莫能与之争",见张双棣撰:《淮南子校释(增订本)》,前揭,第80页。此处已经用"柔弱"能够胜过"坚(强)"这一层意思来进一步推衍"常后而不先"一说。

述,《荀子·宥坐》《韩诗外传》《庄子》《老子》都在不同程度上指出了"无为"这一概念的安静或柔弱或不争或退让特征。尤其是《老子》,其中指出"无为"的一方面意义在于以柔克刚。以柔克刚这一主张,与《淮南子·道应训》以下三处文本中的含义是相通的。可以提前说明的是,以下三处文本大致都表明了,治国者的"弱"在政治实践中的用处或目的,是维持稳定的或最终的强势。

第一处是"赵襄子攻翟":

> 赵襄子攻翟而胜之,取尤人、终人。使者来谒之,襄子方将食,而有忧色。左右曰:"一朝而两城下,此人之所喜也。今君有忧色,何也?"襄子曰:"江河之大也,不过三日。飘风暴雨,日中不须臾。今赵氏之德行无所积,今一朝两城下,亡其及我乎!"孔子闻之曰:"赵氏其昌乎!"夫忧所以为昌也,而喜所以为亡也,胜非其难也,持之其难者也。贤主以此持胜,故其福及后世。齐楚吴越皆尝胜矣,然而卒取亡焉,不通乎持胜也。唯有道之主能持胜……善持胜者,以强为弱。[①]

---

① 张双棣撰:《淮南子校释(增订本)》,前揭,第1250页。

上述引文说的是治国者赵襄子在政治活动中的行事姿态。具体而言，赵襄子的军队在战争中连下两城，取得强势地位，旁人都说应该为此感到高兴。而赵襄子却认为，这种强势地位预示着某种危机。按照上述文本中的总结，治国者取得强势地位并非难事，而维持强势地位才是难事。治国者要维持强势地位，不断取得胜利，便要"以强为弱"。"以强为弱"意味着，治国者在某一方面具有强大的优势之时，却刻意保持柔弱、退缩。而且，"以强为弱"并非为了退缩而退缩、为了"后"而"后"，而是为了"持胜"，即为了保持长期稳定的强势地位（而不贪图一时的强势地位）。

第二处是"魏武侯问于李克"：

> 魏武侯问于李克曰："吴之所以亡者，何也？"李克对曰："数战而数胜。"武侯曰："数战数胜，国之福。其独以亡，何故也？"对曰："数战则民罢，数胜则主骄。以骄主使罢民，而国不亡者，天下鲜矣。骄则恣，恣则极物；罢则怨，怨则极虑。上下俱极，吴之亡犹晚矣。此夫差之所以自到于干遂也。"故老子曰："功成名遂身退，

天之道也。"①

上述文本未直接出现"强"和"弱"的字眼,但是,我们可以作出以下理解:其中"数战数胜"很明显是指强势(而且算是过度的强势),而"功成名遂"可以是指代保持弱势。具体来说,李克警告治国者魏武侯:对于政治共同体,过度的强势地位并不是好事,容易导致亡国。这一段文字用《老子》的话回答了治国者在这种过度的强势地位的情况下应该怎么做,即,应该退缩。与"赵襄子攻翟"的例子一致,这个例子同样要求治国者不要贪图一时的强势地位,而应该考虑长期的稳定的强势地位。只有为了这个目的,治国者退缩的行事态度才有意义。

第三处是"越王勾践与吴战":

> 越王勾践与吴战而不胜,国破身亡,困于会稽。忿心张胆,气如涌泉;选练甲卒,赴火若灭;然而请身为臣,妻为妾,亲执戈为吴兵先马走,果擒之于干遂。故老子曰:"柔之胜刚也,弱之胜强也,天下莫不知,而莫之能行。"越王亲之,故霸

---

① 张双棣撰:《淮南子校释(增订本)》,前揭,第1262页。

中国。[1]

治国者勾践在彻底失去强势地位之时，似乎本来应该立即追求强势地位。然而，勾践最终并未这样做，而是去保持一种弱势地位，最后取得长期的强势地位。结合前述，"常后而不先"包含"后亦制先"（后发制人）这一因素，在此可以被理解为："常后而不先"包含"'弱'亦制'强'"这一因素。这一因素，与上述文本中对发生在治国者勾践身上的政治事例的总结"柔之胜刚也，弱之胜强也"一说是完全一致的。正是因为勾践在政治实践中的柔弱姿态，才使他获得最终的强势；在这一柔弱姿态之前，可能存在着一种必须避免的、即将出现的、错误的强势态度（如"忿心张胆，气如涌泉""选练甲卒，赴火若灭"）。

综上所述，《淮南子》中的秦国治国者"先发制人"（使用强力制服政治对手），以及《淮南子·道应训》中的三个例子，证明了如果治国者真正懂得"常后而不先"的意思，那么他在面对政治对手时，既可以使用强力，也可以不使用强力从而退让、柔弱。为此，

---

[1] 张双棣撰：《淮南子校释（增订本）》，前揭，第1283页。

《淮南子》作者即总结过，治国者（"圣人"）[①]既可以"弱"，也可以"强"，需要按照时机来示"强"或示"弱"。[②]

第五节　小结

在先秦西汉，儒道法三家中，皆存在着"无为"思想。在儒家经典中，"无为"的义理，时常与"恭""敬""谨敬"乃至"仁义"等道德概念形成紧

[①] 在《淮南子》中，圣人被认作治国者，证据如《缪称训》"圣人在上，则民乐其治"，见张双棣撰：《淮南子校释（增订本）》，前揭，第1066页；《泰族训》"圣人之治天下，非易民性也"，见张双棣撰：《淮南子校释（增订本）》，前揭，第2094页。类似的证据很多，限于篇幅，无法一一具列。《淮南子》中的"圣人"具备治国者这一身份属性这一点，亦符合一种对中国思想史中先秦以降的"圣人"一词的看法。例如，王文亮《中国圣人论》认为，先秦以降，"圣人"与"王"有合为一体的趋势，参王文亮：《中国圣人论》，中国社会科学出版社，1993年，第216、217页。又例如，朱汉民《圣王理想的幻灭：伦理观念与中国政治》认为，中国思想史中的"圣人""具有称王的政治权力和政治功业"，懂得"以权力为目的的帝王之术"；圣人与王是统一的，一个重要目的在于为现实的最高治国者提供一种"政治理想"，让现实的最高治国者去效法这一政治理想，从而"说服、劝导、改造"现实的最高治国者，参朱汉民：《圣王理想的幻灭：伦理观念与中国政治》，吉林教育出版社，1990年，第134、150、155页。

[②] 参《泛论训》"是故圣人者能阴能阳，能弱能强，随时而动静"，见张双棣撰：《淮南子校释（增订本）》，前揭，第1438页。

密联系（如在《论语》《礼记》《韩诗外传》《说苑》《新序》《新语》中），从而染上比较强烈的道德色彩。相对而言，在《淮南子》中，"无为"属于"道"的层次，并非等于诸如"礼乐""仁义"等道德概念。[①] 由此看来，《淮南子》的作者似有意为"无为"这一说法去除（儒家式的）道德色彩。但是，在儒家经典中，"无为"有时也不具有强烈的道德价值判断，如：《荀子》中的"无为"不仅具有《淮南子》中的"无为"的闲居意味，还与《淮南子》一样，使用柔弱的水这一意象来比喻"无为"。而《春秋繁露》《韩诗外传》《说苑》《新语》中的"无为"，与《淮南子》中的"无为"一样，又均可被视为治国者面对臣下或民众之时的一种行事或施政姿态。另外，在《荀子》《春秋繁露》《韩诗外传》乃至《说苑》中，"无为"又具有退让意味（或具有与退让这一义在一定程度上相通的"不急其功"、柔弱、"容下"等意味），而其也属于《淮南子》中的"无为"的义理。

不过，正如本章第四节所述，《淮南子》使用"常后而不先"这一说法以及相关政治实践事例，说明了"无为"中的退让或柔弱，并非是一味退让。所谓的退

[①] 参绪论第三节。

让，很可能是治国者为了更为稳定或更为长效的强势所作出的。并且，即便在围绕"常后而不先"这一说法的阐述中，也存在着要求治国者在某些时候先发制人的教诲。

最后需要补充的是，在儒生的《法言》与《新语》中，"无为"与礼发生了关系。其中，尤其值得注意的是，《新语》几乎是在说，"制作礼乐"是"无为"的一部分，但《淮南子》作者似没有确切地说"制礼"是"无为"的一部分，但通过笔者的解释，由于因循"自然"这一因素的存在，作为"治道"一方面的"制礼"与作为"治道"另一方面的"无为"之间是可以发生关系的。至此，如果我们像牟宗三那样认为"制礼"属于儒家"治道"，且"无为"属于道家"治道"，[①] 那么，我们便可以认为，《淮南子》在一定程度上使得儒家"治道"某一方面与道家"治道"某一方面形成了关联。进而言之，笔者认为《淮南子》似乎是在表明，一个治国者在需要懂得高超的外在行事方式（"无为"）的同时，又要懂得制定社会伦理或政治伦理规范（"制礼"）。

---

① 牟宗三：《牟宗三先生全集10：政道与治道》，前揭，第30、31、37页。

在道家经典中,《庄子》的观点与《淮南子》类似,认为"无为"与节制欲望有关,不等于道德因素与伦理制度(即不等于仁义与礼乐),且"无为"是治国者面对臣子之时的一种行事姿态,同时,"无为"与"应"、不逞智、"自然"都有不同程度上的关联。同样,《老子》与《淮南子》也有若干共通之处,如皆认为"无为"是治国者的治理方式、是"道"的因素、与"柔"这一说法有关、与"不言"或静默这一特征有关、与"应"这一概念有关、与"自然"这一概念有关,等等。

所以上述观点,或可以被今人用于理解《淮南子》的作者为何自道《淮南子》这本书中有"考验乎老庄之术"的内容。或者可以认为,上述"自道"并非完全是虚言。值得进一步强调的是,在《老子》六十四章中,"无为"在字面上有"不敢为"这一意思。推而论之,读者可能认为,《老子》是在主张懂得"无为"思想的治国者不应该去强行施政或行事,尤其是在看到《老子》四十三章对"无为"中"柔"这一品质的称颂的情况下。假设如此去理解《老子》中的"无为",那么,《老子》中的"无为"也是与《淮南子》中的"无为"有区别的。因为,在《淮南子》中,"无为"所含有的"常后而不先"这一层意思,虽然同样含有"柔"这一因素，但是，其中亦含有可能意味着要求治国者强行施政下令的先发制人这一层意思。

而在法家经典中，《韩非子》作者认为，"无为"与使臣子产生恐惧感这一点有关。《淮南子》中的"无为"不存在使臣子产生恐惧感这一层次意思，而是主张懂得"无为"的治国者至少应该"不以位为暴"，[①]即，近乎是在说，不要成为一个让人恐惧的暴君。但是，《韩非子》作者又认为"无为"指懂得隐藏权势。在《淮南子》中，虽然不存在与《韩非子》这一观点完全一致的观点，但是出现了以下观点：懂得"无为"的人应该隐藏行迹[②]——假设"行迹"是权势的一种显露，那么我们当然可以认为《淮南子》中的"无为"是指隐藏权势。另外，《韩非子》的作者也认为"无为"与心意不受"物"牵制这一层意思有关。类似的观点，在《淮南子》中也出现过，认为"无为"的人不受"物"的拘束。[③] 而在另一部法家经典《管子》中，

[①] 参《诠言训》"君道者，非所以为也，所以无为也。何谓无为？智者不以位为事，勇者不以位为暴，仁者不以位为患，可谓无为矣"，见张双棣撰：《淮南子校释（增订本）》，前揭，第1522页。
[②] 参《诠言训》"动有章则词，行有迹则议，故圣人挥明于不形，藏迹于无为"，见张双棣撰：《淮南子校释（增订本）》，前揭，第1494页。
[③] 参《精神训》"彼则直为义耳，而尚犹不拘于物，又况无为者矣"，见张双棣撰：《淮南子校释（增订本）》，前揭，第785页。

"无为"也具有《淮南子》中的"无为"的不逞智、静默、"应"等因素。从总体上看，《淮南子》中的"无为"，还是与《韩非子》以及《管子》分享了若干种共通的义理，虽然《淮南子·泰族训》对韩非的一部分学说（孤愤中的学说）有所贬斥，[①] 以及虽然《淮南子·要略》并未将《管子》这本书抬升为"永恒的真理"。[②]

总之，《淮南子》中的"无为"从儒道法三家经典中吸取了很多义理因素，也对三家经典"无为"思想的一些因素进行了剥离，如：使得"无为"去除了儒家式道德因素。而在《黄帝四经》中（在《经法·道法》中），虽然"无为"的达成需要政治制度的建立的配合，但"无为"与政治制度的建立这一点也还是两回事（"无为"是不可"形"的，而政治制度的建立是"形名"）。从这一点，又可以推出两点思考：一、假设《黄帝四经》中（《经法·道法》中）政治制度的建立这一点是包含了（儒家的）礼乐制度，那么可以认

[①] 参《泰族训》"今商鞅之《启塞》，申子之《三符》，韩非之《孤愤》，张仪、苏秦之从衡，皆掇取之权，一切之术也，非治之大本"，见张双棣撰：《淮南子校释（增订本）》，前揭，第2149页。
[②] 参第一章第二节对范吉尔博亨《〈淮南子〉与刘安对道德权威的索求》一书的批评。

为，在《黄帝四经》中（在《经法·道法》中），"无为"这一说法本身像在《淮南子》中那样，还是被去除了（儒家式的）道德因素；二、《黄帝四经》（《经法·道法》）的作者认为"无为"与政治制度的建立这一点是两回事，但又有联系——这一理论形态，在《淮南子》中的存在似乎变成了另一形态："无为"与"制礼"（政治制度的建立）之间通过"无为"内含的因循"自然"这一因素而联系起来（整个《黄帝四经》中也不存在"自然"这个说法）。

以上是从思想史角度来总结《淮南子》中"无为"思想。而对于本章直接阐述的《淮南子》中的"无为"思想，除了"无为"的政治性，笔者更想强调的是"无为"内含的因循"自然"这一思想因素。我们看到，《淮南子》的作者赋予了"自然"一词不止一种意思，并进而演绎了围绕因循"自然"这一思想因素而产生的多重治理意义。同时，即便当"自然"被等同于大自然物体的运行规律之时，《淮南子》的作者也通过围绕因循"自然"这一思想因素的演绎，暗示了一定程度的治理意义。我们可以说，《淮南子》的作者在阐述"自然"问题时，存在着以下倾向：使得"自然"问题与治国者的"人为"结合起来，或者说，对"自然"问题阐述的目的，还在于接下来阐述治国者的"人为"。

《淮南子》的研究者如果认定"自然"是指野生的甚或野蛮的自然，且不考虑《淮南子》作者围绕因循"自然"这一思想因素而作出的进一步阐述，那么有可能无法发现上述倾向。另外，从本书所述的整个"治道"问题着眼，我们也可以发现因循"自然"这一思想因素的存在，有其地位。正是这一思想因素的存在，使得作为"治道"一方面的"无为"问题与作为"治道"的"制礼"问题形成了联系，因为"无为"包括了因循"自然"这一思想因素，而治国者"制礼"需要因循"自然"（人性）而"制礼"。很大程度上，"制礼"的目的是束缚民众（见本书第六章第四节末所述）。换言之，虽说"制礼"需要因循人性，但其最终还是可能束缚了民众乃至可能束缚了民众的人性——或者说，我们不能简单地将与"制礼"相关的因循人性这一问题理解为对人性的放纵，因为如果将之理解为对人性的放纵，那么治国者还不如不"制礼"：没有礼这一外在制度形式的存在，人性岂不是更有可能被放纵乃至更自由？[①]

[①] 参《泰族训》"然后修朝聘以明贵贱，飨饮习射以明长幼，时搜振旅以习用兵也，入学庠序以修人伦。此皆人之所有于性，而圣人之所匠成也"，见张双棣撰：《淮南子校释（增订本）》，前揭，第2094页。

总之,"制礼"问题的存在,意味着懂得"无为"的治国者尽管可能因循人性,但还是可能处理乃至管控民众的自然欲望。对自然欲望的管控这一点,即便是在如今的西方国家,也在一定程度上存在——并非所有西方国家都允许不受限制的卖淫行为以及同性恋婚姻。只不过,对卖淫行为以及同性恋婚姻的管控手段可能是法律。

"无为"作为"治道",除了包含因循"自然"这一层思想因素,还包含"常后而不先"这一思想因素。值得注意的是,"常后而不先"这一说法,不能从字面上理解成单纯地后发制人,因为其中也包括先发制人这一因素。这一点,与《十大经·顺道》中对"常后而不先"的阐述不同。因为《十大经·顺道》作者用"弗敢以先人"这一说法来进一步阐述"常后而不先",[①] 为此笔者认为,《十大经·顺道》作者几乎算是已经为"常后而不先"去除了先发制人这一因素。最后还值得注意的是,"无为"思想所包含的"常后而不先"这一因素,与"应"这一概念("无为"与"适情"之间的

---

① 参《十大经·顺道》"卑约主柔,常后而不先。体正信以仁,慈惠以爱人,端正勇,弗敢以先人",见陈鼓应:《黄帝四经今注今译》,前揭,第326页。

关联性概念）也能形成互通。《淮南子》作者即用"常应而不唱"来进一步阐述"常后而不先"。[①] 由此亦可得出两点：一、"无为"与"适情"之间也因为"常后而不先"的存在，形成了一定的间接联系；二、治国者的"应"（随机应变），与"常后而不先"这一说法也能形成沟通，那么，无论是"常后而不先"这一说法所包含的后发制人这一层意思还是"常后而不先"这一说法所包含的先发制人这一层意思，都有可能被归为"应"这一概念的意思的一部分。

[①] 参《诠言训》"圣人常后而不先，常应而不唱；不进而求，不退而让；随时三年，时去我走；去时三年，时在我后"，见张双棣撰：《淮南子校释（增订本）》，前揭，第1560页。

第四章 "损益"与"守常":治国者保福避祸

本章旨在阐述《淮南子》中"治道"问题五个方面的第三个方面:对祸福的应对。围绕这一点,主要存在着两个说法,即"损益"与"守常"。就笔者所见,在论及《淮南子》的祸福问题时,尽管有文献(如张瑞璠主编的《中国教育哲学史(第1卷)》、杨有礼的《新道鸿烈:〈淮南子〉与中国文化》)认为需要对祸福进行应对,但皆没有指出并分析相关说法——"损益"。[1]故此,本章第一节旨在探讨"损益"问题,分为三部

---

[1] 张瑞璠主编:《中国教育哲学史(第1卷)》,山东教育出版社,2000年,第545页;杨有礼:《新道鸿烈:〈淮南子〉与中国文化》,河南大学出版社,2001年,第98、99页。

分：一、略述先秦西汉思想史上的"损益"问题；二、以第一部分的部分相关内容为铺垫，阐述《淮南子》中"损益"问题在政治方面的意义；三、阐述"损益"问题与"无为"思想如何形成联系。另外，就笔者所见，在论及《淮南子》的祸福问题时，考虑"守常"这一说法较少。故此，第二节旨在探讨"守常"问题，亦分为三部分：一、阐述《淮南子》中对"守常"的定义，并以此为基础，略述"守常"的思想史渊源；二、阐述治国者如何"守常"；三、深入探讨"守常"与"无为"的关系。最后，第三节小结不仅将归纳本章的内容，更重要的是将"损益"问题和"守常"问题这两者与穆勒《功利主义》中的一些观点进行比较，以期从政治哲学角度来审视这两个问题。

需要提前说明的是，"损益"问题中"损"与"益"两个概念本身就是涉及对祸福的应对方式，而"守常"意味着治国者对最基本的福分（治国者的肉体和国家的保全）的守护，而且为了实现这一守护，存在着若干方式，其中以"无为"为主。同时，"损益"问题亦与"无为"思想能够形成联系。由此可见，本章论及的涉及治国者保福避祸的两个问题，都与本书关注的"治道"问题之一"无为"有着密切联系（同时，

《淮南子》作者亦言"福生于无为",① 至少初步提示了"无为"与祸福问题的关联)。诚然,在《淮南子》中,存在着其他保福避祸的方式,如治国者下令通过祭祀来"祈福",② 又如可以借助祭祀物品"刍狗"来求福。③ 显然,祭祀是属于礼本身的一种仪式。但根据本书绪论所述,在《淮南子》中,礼本身并非"治道",所以通过祭祀来求福这一点,不在本章阐述范围。

第一节 损益

一、先秦西汉思想史中的"损益"问题述略

本部分的目的在于简述先秦西汉思想史中的"损益"问题,以期有利于随后对《淮南子》中"损益"问题的阐述。在《淮南子》中,"损"和"益"这对概

---

① 张双棣撰:《淮南子校释(增订本)》,前揭,第1128页。
② 参《时则训》"命四监大夫,令百县之秩刍,以养牺牲,以共皇天上帝、名山大川、四方之神、宗庙社稷,为民祈福行惠",见张双棣撰:《淮南子校释(增订本)》,前揭,第576页。
③ 参《说山训》"刍狗,待之而求福",见张双棣撰:《淮南子校释(增订本)》,前揭,第1714页。

念,与祸福形成了紧密联系。对此,《淮南子》的一处文本讲述了孔子读《易》的故事:

> 孔子读《易》至《损》《益》,未尝不愤然而叹曰:"益损者,其王者之事与!"事或欲以利之,适足以害之;或欲害之,乃反以利之。利害之反,祸福之门户,不可不察也。①

"益"和"损"被认为是治国者的事务,从而具有强烈的政治性。"益"意味着增加利益,而"损"意味着增加损害。增加利益可能导致祸,而增加损害可能导致福(类似地,在《黄帝四经·称》中,"损益"问题与祸福问题已经形成联系②)。在前述《淮南子》文本中,"益"和"损"这对概念,也与《易经》有关。那么,在简述思想史上的"损益"问题时,就有必要论

---

① 张双棣撰:《淮南子校释(增订本)》,前揭,第1879、1886页。
② 参《黄帝四经·称》"凡变之道,非益而损,非进而退。首变者凶",见陈鼓应:《黄帝四经今注今译》,前揭,第348页。此处,"变"被"益"和"损"说明,而"变"又与"凶"(祸)形成联系。对于"凶"字,陈鼓应便理解为"凶祸",见陈鼓应:《黄帝四经今注今译》,前揭,第351页。

及《易经》。《易经》过于深奥,[①] 所以在这里,笔者只是简述《易经》中"损"和"益"的最基本的意思。陆德明《周易释文》与孔颖达《周易正义》认为,《易经·损》中的"损"这一概念意为省减或减损,[②] 而《易经·益》中"益"这一概念指增长或增足。进而言之,按照《周易正义》,"益"的更为具体的意思是"利益万物",[③] 这就稍微接近于《淮南子》中"益"的意思(增加利益)。同时,由于"损"是与"益"字面上意思相反的概念,那么,结合上述意思来进行推断,"损"的意思大致就是损害万物,这也接近于《淮南子》中"损"的意思(增加损害)。但是,按照黄寿祺对"九二,利贞,征凶;弗损益之"的解释,"损"更为具体的意思在于"损有余以益不足""刚柔适中",[④] 似乎目的在于维持某种形式上的平衡、适度。按照《易经·象传》的文本,"损"又在于"惩忿

---

① 有学者便指出过,《易经》的语言以及结构常常难以让人阅读:语言方面的难解之处主要集中在"中文语言文本"(笔者注:即包括卦辞和爻辞),而结构的难解之处主要集中在作为符号的"卦"(笔者注:六十四卦),见Kidder Smith," The Difficulty of the Yijing," *Chinese Literature: Essays, Articles, Reviews,* Vol.15, p.1。
② 黄寿祺:《周易译注》,上海古籍出版社,2007年,第237页。
③ 黄寿祺:《周易译注》,前揭,第243页。
④ 黄寿祺:《周易译注》,前揭,第239页。

第四章 "损益"与"守常"：治国者保福避祸　233

窒欲"，意即"止忿堵欲，自损不善"（按照黄寿祺的解释）。[①] 换言之，"损"的这层意思是说，避免释放不好的欲望或怒气。类似地，在《易经·象传》中，"益"的一层意思又在于"见善则迁，有过则改"。[②] 这一层意思，结合黄寿祺之前对"惩忿窒欲"的解释来看，似乎是对"惩忿窒欲"的义理的补充，为此我们可以作以下解释：如果释放了不好的欲望或怒气，那么应该进行改正。至此亦可推断，在《易经》中，"损"与"益"之间可能存在一定联系。在《易经·象传》中，对"损"这一概念进行了直接解释："损下益上"，[③] 由此可以说，"损"的目的是"益"，或者说，"损"与"益"形成了一种关系："损"是手段，而"益"是目的。最后，按照《易经·象传》的解释，"益"与"损"的关键，都与时机有关。[④] 需要补充说明的是：

[①] 黄寿祺：《周易译注》，前揭，第238页。
[②] 黄寿祺：《周易译注》，前揭，第244页。
[③] 文本为"《象》曰：'损'，损下益上"，见黄寿祺：《周易译注》，前揭，第237页。
[④] 文本为"损刚益柔有时，损益盈虚，与时偕行"，见黄寿祺：《周易译注》，前揭，第238页。需要补充说明的是，有学者认为，"时"的问题在《易经》中占用重要位置，且不是被否定的对象，甚至不被最终实体（final substance）所主宰，见Wonsuk Chang, "Reflections on Time and Related Ideas in the Yijing," *Philosophy East and West*, Vol. 59,

一、在《易经·益》中，围绕"益"的另一层意思是，在受益至多之时，应该"广益于人""救凶平险"，如此才能"无咎害"，① 换言之，对他人的施益（可能造成一种自损），最终有益于自己；② 二、在《易经·损》中，"弗损"这一概念具有政治功用，③ 换言之，"损"这一概念便与政治治理发生了间接的关系。

在先秦西汉思想史其他文本中，"损益"一词亦染上政治色彩，有具体含义。如：在《论语》中，"损

No. 2, pp. 216-217。笔者认为，仅从此处语境出发，看不出"时"的某种特别重要地位，只是"损—益"概念处于平行地位。故笔者试将此处的"时"理解为"时机"这一朴素的意思。

① 文本为"六三：益之用凶事，无咎"，见黄寿祺：《周易译注》，前揭，第246页。黄寿祺对"益之用凶事"的解释为"广益于人""救凶平险"，类似地，王弼的解释为"用救衰危"，见黄寿祺：《周易译注》，前揭，第246页。

② 文本为"九五：有孚惠心，勿问元吉。有孚惠我德"，见黄寿祺：《周易译注》，前揭，第247页。《周易程氏传》作出解释"人君至诚益于天下，天下之人，无不至诚爱戴，以君之德泽为恩惠也"，见黄寿祺：《周易译注》，前揭，第247页。

③ 文本为"上九：弗损益之，无咎，贞吉，有攸往，得臣无家"，见黄寿祺：《周易译注》，前揭，第241页。按照黄寿祺的翻译，"弗损"的功用是"得臣无家"，意思就是"得到广大臣民的拥戴而不限于一家"，见黄寿祺：《周易译注》，前揭，第241页。

益"一词是指后世对前代礼制的变革;[①] 在《礼记》中,"损益"是指对礼的具体内容的变更;[②] 在《荀子》中,"损益"指对礼的变更、[③] 对制度条文的不遵守(变更)。[④] 关于"益""损"的其他政治性含义,《说苑·尊贤》作者认为,"益"指的是治国者得到贤

[①] 参《论语·为政》"子曰:'殷因于夏礼,所损益,可知也;周因于殷礼,所损益,可知也;其或继周者,虽百世可知也。'",见程树德撰,程俊英、蒋见元点校:《论语集释》,前揭,第127页。
[②] 参《礼记·礼器》"礼有大有小,有显有微。大者不可损,小者不可益",见孙希旦撰,沈啸寰、王星贤点校:《礼记集解》,前揭,第651页。
[③] 参《荀子·礼论》"礼岂不至矣哉!立隆以为极,而天下莫之能损益也",见王先谦撰,沈啸寰、王星贤点校:《荀子集解》,前揭,第355、356页。
[④] 参《荀子·荣辱》"循法则、度量、刑辟、图籍,不知其义,谨守其数,慎不敢损益也",见王先谦撰,沈啸寰、王星贤点校:《荀子集解》,前揭,第59页。按照《荀子全译》,上述文本意为"遵循法律制度,对于度量、刑法、地图册、人口册等,虽然不懂得它们的意义,却能谨慎地守住这些条文,不敢加以更改",见蒋南华等:《荀子全译》,贵州人民出版社,1995年,第57页。在《荀子》中存在一个特别的情况:对欲望满足的"损—益"(增加或减少)这一方面,尽管被纳入政治治理问题来进行讨论,相对于"道"而言,其能发挥的治理作用并不大。关于这一情况,请参《荀子·正名》"今人所欲无多,所恶无寡,岂为夫所欲之不可尽也,离得欲之道取所恶也哉!故可道而从之,奚以损之而乱?不可道而离之,奚以益而治?之故知者论道而已矣",见王先谦撰,沈啸寰、王王星贤点校:《荀子集解》,前揭,第429页。按照《荀子全译》,上述文本意为"现在的人们,所欲望的并不多,所厌恶的也不少,难道会为了欲望的不

人后获得的好处，"损"指的是治国者失去贤人后受到的损失。① 而《说苑·敬慎》作者阐释了"损"的另一种含义：

> 昔尧履天子之位，犹允恭以持之，虚静以待下，故百载以逾盛，迄今而益章。昆吾自臧而满意，穷高而不衰，故当时而亏败，迄今而逾恶，是非损益之征与？吾故曰："谦也者，致恭以存其位者也。"②

简言之，"损"被认为是处于高位的治国者的谦虚姿态（《韩诗外传》中谈及"损"时也有这层意

穷尽就放弃满足欲望的方向而去追求所厌恶的吗？所以，满足'道'所认可的欲望，哪里会因为减少了这些欲望就使国家混乱了呢？放弃那些不符合'道'的欲望，哪里会因为增多了这些欲望就使国家安定了呢？所以聪明人只是依据'道'去办事"，见蒋南华等：《荀子全译》，前揭，第483页。

① 参《说苑·尊贤》"僖公之性，非前二十一年常贤，而后乃渐变为不肖也，此季子存之所益，亡之所损也。夫得贤失贤，其损益之验如此，而人主忽于所用，甚可疾痛也"，见向宗鲁：《说苑校证》，前揭，第177页。
② 刘向撰、向宗鲁校注：《说苑校证》，前揭，第241、242页。

思①），同时，"益"被认为是这种谦虚姿态所能够带来的政治性好处，即保存高位。另外，《说苑·敬慎》还拓展了"损"的含义。"损"的含义包括：在高位之时能够降低姿态、志得意满后能够谦虚、富裕时能够节俭、尊贵时能够卑下、智慧时能够愚昧、勇武时能够怯懦、好辩而能木讷、博学而能浅出、显明时能够暗淡。② 简言之，此处"损"的总体意向大致是，在具有优秀的才能（或属性）或极大的权势之时，不要走向极端，或者说应该懂得借助与优秀才能或极大的权势相反的姿态或属性来避免走向极端。这一总体意向，虽不能说完全等同于表谦虚义的"谦"，但与后者在一定程度上有所相通（如志得意满后能够谦虚、智慧时能够愚昧）。同时，这一总体意向亦染上一定政治色彩，因为其中首先就建议：在高位时需要降低姿态。

关于"损益"问题的政治性，《春秋繁露》作者说得更为显白：政治的有效治理（即"治"）以及与有效

---

① 参《韩诗外传》"谦者，抑事而损者也。持盈之道，抑而损之，此谦德之于行也。顺之者吉，逆之者凶。五帝既没，三王既衰，能行谦德者，其惟周公乎"，见韩婴撰、许维遹校释：《韩诗外传集释》，前揭，第301页。
② 参《说苑·敬慎》"高而能下，满而能虚，富而能俭，贵而能卑，智而能愚，勇而能怯，辩而能讷，博而能浅，明而能闇；是谓损而不极"，见刘向撰、向宗鲁校注：《说苑校证》，前揭，第243页。

治理这一效果相反的"乱",是"损益"的结果,[①]同时,"损益"可由"人"发出。[②] 照此思路进行推想,假设"人"可以指治国者,那么《春秋繁露》的意思或许是治国者的"损益"与政治的有效治理和混乱治理有关。"治"显然是一种福分,而"乱"显然是一种祸患。由此可知,《春秋繁露》作者已经将"损益"问题与政治性的祸福问题勾连起来。类似地,在《墨子》中,"损益"问题也与治乱问题联系起来。其中,"损益"意思至少是指,通过人的智慧和力量,对吏治和农业施加作用,从而实现"治"这一效果。[③]

最后需要补充的是,关于"损益"问题,《老子》四十二章提出了"损之而益"与"益之而损"(《淮南子》中也出现了这两种说法,由本章下一节阐述)。并且,《老子》四十二章举了一个例子,指出

[①] 参《春秋繁露·天地阴阳》"故其治乱之故,动静顺逆之气,乃损益阴阳之化",见苏舆撰、钟哲点校:《春秋繁露义证》,前揭,第466页。

[②] 参《春秋繁露·循天之道》"夫损益者皆人",见苏舆撰、钟哲点校:《春秋繁露义证》,前揭,第457页。

[③] 参《墨子·卷九·非儒下》"有强执有命以说议曰:'寿夭贫富,安危治乱,固有天命,不可损益。穷达赏罚,幸否有极,人之知力,不能为焉。'群吏信之,则怠于分职;庶人信之,则怠于从事。吏不治则乱,农事缓则贫,贫且乱政之本,而儒者以为道教,是贼天下之人者也",见孙诒让撰、孙启治点校:《墨子间诂》,前揭,第290、291页。

何为"损之而益"：治国者使用一般人讨厌的称呼，如"孤""寡""不穀"，来进行自称。① 另外，《老子》四十八章认为通过不断地"损"，最终能够达到"无为"。②

二、《淮南子》中"损益"问题的政治性和政治意义

根据前述，《易经》已经初步说明了"损"具有政治性。同时，根据前述，《论语》《礼记》《荀子》亦指出"损益"的一层意思是指对制度的变革。"损益"的这一层意思，当然亦是具有政治性。而根据前述，在《说苑·尊贤》和《说苑·敬慎》中，"损益"已经与治国者紧密相关。关于"损益"，马王堆帛书《要》有"损益之道"一章，其中说：

---

① 参《老子》四十二章"人之所恶，唯孤寡不穀，而王公以为称。故物，或损之而益，或益之而损"，见王弼注、楼宇烈校释：《老子道德经注校释》，前揭，第117页。
② 参《老子》四十八章"损之又损，以至于无为"，见王弼注、楼宇烈校释：《老子道德经注校释》，前揭，第128页。

> 损益之道，足以观天地之变而君者之事已。[①]

笔者认为，上述文本的观点与《淮南子》以下说法能够沟通：

> 益损者，其王者之事与！[②]

显然，在《要》与《淮南子》中，"损益"问题与治国者有关。更为重要的是，《淮南子》作者已经直接将"损益"视作治国者的事务。而根据本节第一部分对《淮南子》相关文本的分析，"损益"问题确与祸福紧密相关（这一点，在前述《黄帝四经·称》《春秋繁露》乃至《墨子》中已经有不同程度的体现）。为此，《淮南子》作者提供了若干政治事例，用以教育治国者在涉及祸福问题之时，如何"损"或"益"。笔者认为，这些政治事例可分为两类：一是涉及在微观的政治事务中如何行事，以获得涉及自身的福分，或避免涉及自身的祸害；二是涉及治国者如何从长远角度去行事，

[①] 转引自廖名春：《帛书〈周易〉论集》，上海古籍出版社，2008年，第389页。
[②] 张双棣撰：《淮南子校释（增订本）》，前揭，第1879页。

去获得宏观治理层面意义上的福分。

(一) 第一类政治事例

以下是第一类的代表之一——孙叔敖儿子的政治事例——用于说明何为"损之而益":

> 孙叔敖死,王果封其子以肥饶之地。其子辞而不受,请有寝之丘。楚国之俗,功臣二世而收①爵禄,唯孙叔敖独存。此所谓损之而益也。②

孙叔敖的儿子拒绝受封优良的土地("肥饶之地"),接受受封不优良的土地("有寝之丘")。这一行为,的确是"损"己的行为,或者说,这一行为本身是不为自己增添福分的行为。但是,这一行为最终保住了祖宗爵禄。这一结果是更为难得的福分("益"),因为按照楚国政治习惯或规矩,功臣的儿子的爵禄会被收回。换言之,孙叔敖儿子通过损己行为最终为自己带来了更为难得的、超越了既定规则限制的利益。根据前述,《老子》四十二章针对"损之而益"

---

① "收"字依张双棣意见补,见张双棣撰:《淮南子校释(增订本)》,前揭,第1884页注十。
② 张双棣撰:《淮南子校释(增订本)》,前揭,第1878、1879页。

举例说，治国者使用一般人讨厌的称呼自称，来进行"损"（以便获得"益"），但是，相比《淮南子》的上述政治故事，《老子》四十二章没有解释何为"损之而益"的"益"。而根据前述，在《象传》中，存在着"损下益上"一说。尽管"损下益上"与"损之而益"在字面上有所不同，但两者中的"损"，都与"益"有紧密关系。"损"与"益"两者所蕴含的义理，从上述《淮南子》中对"损之而益"的说明来看，即为：作出"损"这一行为的人，实际上已经认为"损"所造成的损失对于他而言，相较于他通过"损"而能够获得的"益"来说，已经不那么重要。换言之，如果将"损之而益"视为一种对治国者的教诲，那么意味着治国者就应该在某些情况下放弃一些相对不重要的福分，来换取相对来说比较重要的福分。

治国者过于追求相对不重要的福分而忘记了相对重要的福分，这一点，在《淮南子》作者看来是不可取的。为此，《淮南子》中存在着以下第一类的代表之二：治国者晋厉公的故事。这一故事用于说明何为"益之而损"：

> 昔晋厉公南伐楚，东伐齐，西伐秦，北伐燕，兵横行天下而无所绻，威服四方而无所诎，遂合诸

侯于嘉陵，气充志骄，淫佚无度，暴虐万民。内无辅拂之臣，外无诸侯之助，戮杀大臣，亲近导谀。明年出游匠骊氏，栾书、中行偃劫而幽之。诸侯莫之救，百姓莫之哀，三月而死。夫战胜攻取，地广而名尊，此天下所愿也，然而终于身死国亡，此所谓益之而损者也。①

治国者晋厉公在攻城略地的行为中，无敌于天下，导致他本人在施政行为中的荒淫、暴虐，尽失人心（制造了潜在的敌意），最终被政治上的敌人栾书、中行偃幽禁至死，且幽禁期间无人搭救。简言之，治国者晋厉公获得了极大的福分（"益"）后，不懂得自"损"，反而自我膨胀，导致无法挽回的"损"（"身死国亡"）。当然，回过头来看，我们就可以发现，相对于晋厉公自己的生命与国家的保全这一福分而言，晋厉公所追求的战争胜利这一福分不太重要。更为细致地看，晋厉公不仅是在无谓地增加不太重要的福分，而且，他这一增加福分的手段是暴力。简言之，晋厉公作为治国者，是通过暴力这一强制性手段在进行"益"（增加利益、福分）。为此，值得我们注意的是，在同样对"益

---

① 张双棣撰：《淮南子校释（增订本）》，前揭，第1879页。

之而损"这一教诲进行阐述的《老子》四十二章中,便存在着"强梁者不得其死"这一教诲,[1] 意为强暴蛮横的人死无其所。这一层意思,与《淮南子》的上述政治故事是相通的,因为晋厉公也是由于过度的强暴而死。总言之,在《淮南子》中,"益之而损"这一教诲不仅是在敦促治国者不应为了一些相对不重要的福分而忘却或忽视一些相对重要的福分,而且还是在告诫治国者,不应通过强制性的手段去追求那些相对不重要的福分。

笔者综合以上"损益"问题第一类的两个代表性政治事例的义理,可以得出以下结论。《淮南子》作者主张治国者在施政行为中以"损"为主,即不要刻意贪求利益。但笔者认为,这种所谓不要刻意贪求利益,并非指不获取利益。因为,在孙叔敖儿子的故事中,孙叔敖儿子通过某种程度的自"损"行为,获得了更为难得的"益"。当然,治国者需要获取利益,但这不意味着强行获取利益,因为若是强行获取利益,可能招致更为严重的损失,导致之前通过强制手段获取的利益一并损失——在晋厉公的故事中,晋厉公自以为是地通过强制性手段来进行自"益"(战争胜利),结果获得了致命的"损"("身死国亡")。自然,在治国者的生命与

---

[1] 王弼注、楼宇烈校释:《老子道德经注校释》,前揭,第118页。

国家都已经失去的情况下，之前获得的所有利益肯定也消失了。另外，根据前述，在《象传》对"损"这一概念的解释中，都是主张"损下益上"。假设"损下益上"被理解为通过"损"来获"益"，那么可以说，《淮南子》关于"损之而益"的阐述，便与《象传》的意思相通。而根据前述，《说苑·敬慎》作者所阐述的"损"的意思是处于高位的治国者的谦虚姿态（如志得意满后能够谦虚），同时，"益"的意思是这种谦虚姿态（即"损"）所能够带来的政治性好处。由此看来，《说苑·敬慎》与《淮南子》一样，至少认为"损"在治国者那里是应该被鼓励的（晋厉公就是不谦虚的治国者，因为他"气充志骄"）。需要补充说明的是，"益"可以被理解为政治性的好处，这一点，体现在《淮南子》中孙叔敖儿子方面的"益"（保存祖宗爵禄）上，也与《说苑·敬慎》的意思相通。有趣的是，在《淮南子》中，"益"又可以被理解为强者的自以为是地、无所顾忌地自"益"，同时，这一种"益"是不被主张的（晋厉公的例子）。而晋厉公的例子恰恰又是一种教诲：治国者在勇武无敌之时应该有所收敛。这一教诲也与《说苑·敬慎》关于"损益"的阐述有所相通，因为根据前述，《说苑·敬慎》主张"勇而能怯"（勇武时能够怯懦）。

（二）第二类政治事例

根据本章第一节所述，在《易经·益》中，关于"益"的一层义理是，对他人的施益，最终有益于自己。我们虽然不能贸然认为《淮南子》中的"益"的义理是直接源于《易经》，但是，在以下将要引用的《淮南子》中"圣王布德施惠"一说所处的文本中，的确出现了近似《易经·益》的义理的内容：治国者向民众施益，以便最终获得长远利益。需要特别指出的是，这一文本虽未出现"损""益"二字，但与"损益"问题有关。因为，按照《淮南子》的说法，"损益"问题与"少德"（缺乏"德"）这一问题形成了关联，[①] 那么"布德"（大意为增布"德"）自然也与"损益"问题能够形成关联。以下是文本：

> 圣王布德施惠，非求其报于百姓也。郊望禘尝，非求福于鬼神也。山致其高而云起焉，水致其深而蛟龙生焉，君子致其道而福禄归焉。夫有阴德者必有阳报，有阴行者必有昭名。古者沟防不修，水为民害。禹凿龙门，辟伊阙，平治水土，使民得

[①] 参《人间训》"少德而多宠，一危也……故物或损之而益，或益之而损"，见张双棣撰：《淮南子校释（增订本）》，前揭，第1878页。

陆处。百姓不亲，五品不慎，契教以君臣之义，父子之亲，夫妻之辩，长幼之序。田野不修，民食不足，后稷乃教之辟地垦草，粪土种谷，令百姓家给人足。故三后之后无不王者，有阴德也。[1]

治国者的"布德施惠"，具体而言，就是大禹为民众修治水利工程、契为民众建立人与人之间的礼仪或礼制、后稷向民众传授农业技术等。简言之，这种"布德施惠"可以被归为"益"（增加利益），因为"布德施惠"确实是为民众带来利益。而且，这种"益"，虽然从短期看并未给治国者自身带来利益，但从长远看，为治国者们的后代带来了利益。同时，又可以说，对于治国者自身，这种"益"却可能近乎是"损"（因为至少是短期内没有直接利益），甚至可以认为，大禹修治水利工程是付出了自己辛劳（相当于表增加损失义的"损"）。总而言之，治国者的"布德施惠"，虽然对于治国者自身可能是一种"损"（增加损害），对于政治共同体中的民众是一种"益"（增加利益），而当民众获得各种形式的利益后，又导致治国者的后代获得利益，可谓治国者在宏观治理层面上获得长远利益。

笔者认为，在以上第二类"损益"问题中，从表

---

[1] 张双棣撰：《淮南子校释（增订本）》，前揭，第1897页。

面上看，《淮南子》的作者确实是在鼓励治国者进行"益"（增加利益），似与第一类"损益"问题中的教诲有所不同，因为在第一类"损益"问题中，治国者是被告诫应该避免"益"（增加利益）。但是，显然，在第一类"损益"问题中，治国者实际上被告诫的是应该避免盲目地为自己而"益"（增加利益）并应该进行自"损"。同时相对而言，在第二类"损益"问题中，不同之处在于：治国者实际上被告诫的是应该懂得对被治者进行"益"（向被治者施加利益）。当然，无论是在第一类还是第二类中，治国者的或"损"或"益"，都不是天真的利他主义，最终的目的都是希望自身或与自身有紧密关系的治国者阶层获益。

进而言之，治国者的自"损"不应该被误解为不求回报的利他主义，而治国者的"益"（对民众施益）也不应该被理解为不求回报的利他主义，因为两种行为的动机都是为了治国者自身或与其有紧密关系的治国者阶层。关于"损"不被视为不求回报的利他主义这一点，已经在前述《说苑》的观点中出现：治国者的自"损"实际上是为了保全高位——换言之，这种自"损"的目的很可能是一种自我保全的策略。另外，治国者的"益"（对民众施益）也不是不求回报的利他主义，这一点，在前述《易经》的观点中已经大致出现：治国者对他人施益，为的是"无咎害"——换言之，对他人施益，也近似一种自我保全的策略。

三、"损益"问题与"无为"的联系

在《淮南子》中，对"太上之道"的阐述就含有"益之而不众，损之而不寡"一说。[①] 由此看来，"道"包含了"损—益"这一因素。而根据前述，"无为"被称作"道之宗"。那么由此看来，"损""益"已经可能被包含在"无为"思想中。另外，在《淮南子》作者对"揖而损之"一说的"损之"的解释中，就出现以下义理：在聪明睿智的情况下保持愚蠢的状态、在善辩的情况下保持不好辩的状态等。[②] 而"无为"思想的具体内容，也能够与"揖而损之"的内容在一定程度上互通，因为"无为"思想的一个因素就是不逞智（见本书第三章第三节第二部分），同时也因为"无为"的一层意思是不主张发挥言辞或辩论方面的能力。[③]

[①] 张双棣撰：《淮南子校释（增订本）》，前揭，第2页。
[②] 参《道应训》"何谓揖而损之？……是故聪明叡智守之以愚，多闻博辩守之以俭，武力毅勇守之以畏，富贵广大守之以陋，德施天下守之以让"，见张双棣撰：《淮南子校释（增订本）》，前揭，第1354页。
[③] 参《主术训》"无为者……以其言莫从己出也"，见张双棣撰：《淮南子校释（增订本）》，前揭，第988页；亦参前引《览冥训》文本"所谓不言之辩，不道之道也。故召远者使无为焉"。

"损"这一概念的义理与"无为"思想的会通，亦可从"损之而益"一说中的"损"的具体义理来看。根据前述，对于"损之而益"中的"损"的一层具体义理，《淮南子》中孙叔敖儿子的政治事例已经进行了演绎。其中，孙叔敖儿子拒绝受封优良的土地。这可谓体现了一种减少欲望满足的态度。这一点，与"无为"思想含有的意思相通，因为《淮南子》作者表明"无为"的一层意思就是少欲。[①] 当然，我们也可以将"损之而益"的教诲视作对"无为"的这一要求的一种深入阐发，即，治国者的少欲不等于禁欲——"少欲"的目的可能是获取或维护更为重要的利益。[②] 另外，晋厉公的政治事例得出了"益之而损"这一教诲。具体到晋厉公的政治事例中，教诲就体现在：晋厉公在攻城略地中取得过度强势之时，不懂得收敛、自我膨胀，反而走向极端的不得人心的强势，从而走向极端的毁灭状态。笔者认为，如果治国者懂得"无为"，就不会像晋厉公这样做，避免"益之而损"。对此，笔者在本书第三章

---

① 参前引《泛论训》文本"所谓为善者，静而无为也；所谓为不善者，躁而多欲也"，"无为"的反面是"多欲"。
② 关于这一点，《主术训》有一处文本值得重视："清静无为则天与之时，廉俭守节则地生之财"，见张双棣撰：《淮南子校释（增订本）》，前揭，第942页。我们可以发现，此处文本用与"少欲"不相违背的节俭这一层义理，来进一步阐述"无为"这一概念，而节俭的目的最终还是获取利益（财富）。

第四章 "损益"与"守常"：治国者保福避祸 251

第四节第二部分阐述"无为"思想中"常后而不先"这一因素时，引述了《淮南子》中"赵襄子攻翟""魏武侯问于李克"两个事例。两个事例所蕴含的基本义理都是要求治国者在攻城略地取得强势之时应该退缩，这样做才能保持长期稳定的强势。显然，这两个事例具有正面意义，相较而言，晋厉公的政治事例具有负面意义。

第二节 守常

关于治国者保福避祸这一问题，《淮南子》文本中出现了"守常"一说。本节的目的在于阐述"守常"的基本含义以及思想史渊源，论述治国者如何"守常"（以"无为"这一行事姿态为主），并深入探讨"守常"与"无为"的关系。

一、《淮南子》中"守常"的基本含义以及思想史渊源

《淮南子》作者提出了"守常"一说。[1]值得注意

---

[1] 参《诠言训》"有以欲治而乱者，未有以守常而失者也"，见张双棣撰：《淮南子校释（增订本）》，前揭，第1507页。

的是，对于"守常"之"常"的意思，《淮南子》作者也给予了定义：

> 利则为害始，福则为祸先。唯不求利者为无害，唯不求福者为无祸。侯而求霸者，必失其侯；霸而求王者，必丧其霸。故国以全为常，霸王其寄也；身以生为常，富贵其寄也。[1]

政治共同体的保全与治国者自身肉体的保全两者，就是"常"。"守常"之"常"，相对于"霸王""富贵"等多余福分，乃是更为基础性的福分。因为，"常"是"霸王""富贵"等多余福分得以实现的基础。

在先秦西汉思想史上，"守常"一词并不多见。在《管子·侈靡》中，"守常"似乎指恪守某种可能与法律有关的常规，[2] 与《淮南子》中"守常"的含义不同。在《韩非子·喻老》中，尽管未出现"守常"一词，但出现了对"常"的一种定义，意思与前述《淮南

---

[1] 张双棣撰：《淮南子校释（增订本）》，前揭，第1537页。
[2] 文本为"法而守常"，见黎翔凤撰、梁运华整理：《管子校注》，前揭，第661页。按照谢浩范《管子全译》，上述文本意为"巩固成法而恪守常规"，见谢浩范：《管子全译》，前揭，第462页。

子》文本对"常"的定义类似：

> 邦以存为常，霸王其可也。身以生为常，富贵其可也。不欲自害，则邦不亡，身不死。①

"常"被定义为"邦"的保存与肉体的保全。同时，出现"邦不亡，身不死"一说，亦即"常"。"邦不亡，身不死"的意思，显然又是"身死国亡"的反面。笔者认为，从此出发，或许可以进一步考察"守常"的思想史渊源。以下由笔者进行简要说明。首先，对"守常"之"常"进行再考察，就会发现：其关注的是"国"与"身"的保全，而在《淮南子》中，出现过涉及治国者的"身死国亡"这一说法。②"身死国亡"自然是"守常"之"常"的反面；"守常"自然是应该避免"身死国亡"。那么，由于"守常"一词在思想史上并不多见，对"守常"的思想史渊源的阐述，就可以转化为关于思想史上的"身死国亡"一说的阐述。相对

---

① 王先慎撰、钟哲点校：《韩非子集解》，前揭，第157页。
② 如《泛论训》"徐偃王被服慈惠，身行仁义，陆地之朝者三十二国，然而身死国亡"，见张双棣撰：《淮南子校释（增订本）》，前揭，第1437页；又如前述《人间训》晋厉公故事中的说法："夫战胜攻取，地广而名尊，此天下所愿也，然而终于身死国亡。"

于其余诸子经典,"身死国亡"一说在《荀子》与《说苑》中出现得较多,而在《墨子》《文子》《鹖冠子》《韩非子》《盐铁论》《吕氏春秋》等著作中也曾出现。所以,以下首先阐述《荀子》与《说苑》中的相关观点,再来照顾其他经典:

(一)《荀子》围绕"身死国亡",有以下观点:
1. 体力(或武力)超人的治国者桀、纣最终"身死国亡",[①]似暗示对肉体和国家的保全并非绝对地取决于强大的力量;2. 治国者对权谋的依赖(对礼的不依赖),亦可导致"身死国亡";[②] 3. 昏庸的治国者对享乐的追逐亦可最终引发"身死国亡";[③] 4. 智谋险恶、意志昏暗、行为混乱、挖比干的心、囚禁箕子的治国者

---

① 参《荀子·非相》"古者桀、纣长巨姣美,天下之杰也,筋力越劲,百人之敌也,然而身死国亡",见王先谦撰,沈啸寰、王星贤点校:《荀子集解》,前揭,第75页。
② 参《荀子·王霸》"故彊,南足以破楚,西足以诎秦,北足以败燕,中足以举宋。及以燕赵起而攻之,若振槁然,而身死国亡,为天下大戮,后世言恶则必稽焉。是无它故焉,唯其不由礼义,而由权谋也",见王先谦撰,沈啸寰、王星贤点校:《荀子集解》,前揭,第206页。
③ 参《荀子·王霸》"闇君必将急逐乐而缓治国,故忧患不可胜校也,必至于身死国亡然后止也",见王先谦撰,沈啸寰、王星贤点校:《荀子集解》,前揭,第211页。

桀、纣最终"身死国亡",①似又暗示治国者如果要对肉体和国家进行保全,那么不能依赖智谋,且应该避免昏庸或暴君式的施政行为,避免杀戮(或不任用)贤臣;5. 治国者对贤臣的不任用导致"身死国亡"。②

(二)《说苑》围绕"身死国亡"这一问题,有以下观点:1. 不"谦"(不谦虚)这一品质,导致治国者对国家和肉体的无法保全;③ 2. 治国者若是不注意敌人之间的秘密联合,也可能"身死国亡";④ 3. 治国者对同姓诸侯的信赖并不能避免"身死国亡";⑤ 4. 治国者

---

① 参《荀子·正论》"桀、纣者,其知虑至险也,其志意至闇也,其行为至乱也……刳比干,囚箕子,身死国亡",见王先谦撰,沈啸寰、王星贤点校:《荀子集解》,前揭,第325页。
② 参《荀子·尧问》"昔虞不用宫之奇而晋并之,莱不用子马而齐并之,纣刳王子比干而武王得之。不亲贤用知,故身死国亡也",见王先谦撰,沈啸寰、王星贤点校:《荀子集解》,前揭,第552、553页。
③ 参《说苑·敬慎》"不谦者,失天下,亡其身,桀、纣是也",见刘向撰、向宗鲁校注:《说苑校证》,前揭,第240、241页。
④ 参《说苑·敬慎》"魏宣子肘韩康子,康子履魏宣子之足,肘足接于车上,而智氏分,身死国亡,为天下笑",见刘向撰、向宗鲁校注:《说苑校证》,前揭,第253页。按照《说苑全译》,上述文本意为"魏宣子用手肘顶碰韩康子,韩康子用脚踩魏宣子的脚,脚和手肘在车上交接暗示,就使智氏的领地被瓜分,身死国亡,被天下的人所耻笑",见王锳、王天海:《说苑全译》,贵州人民出版社,1992年,440页。
⑤ 参《说苑·谈丛》"秦信同姓以王;至其衰也,非易同姓也,而身死国亡。故王者之治天下在于行法,不在于信同姓",见刘向撰、向宗鲁校注:《说苑校证》,前揭,第406页。

对享乐的过度追求导致"身死国亡"。①

在之前列举的其余诸子经典中，关于"身死国亡"，存在着以下观点：在《墨子》中，懂得（城市）防守之术的治国者并不能避免"身死国亡"，而对民众的亲近、对政事的管理、避免以弱凌强可能与对"身死国亡"的避免有关；② 在《文子》中，践行"仁义"并不能绝对避免"身死国亡"，若要避免"身死国亡"，可能需要识时务、懂得权衡；③ 在《韩非子》中，治国者对阿谀奉承的臣子的任用可能引发"身死

---

① 参《说苑·反质》"纣为鹿台、槽丘、酒池、肉林，宫墙文画，彫琢刻镂，锦绣被堂，金玉珍玮，妇女优倡，钟鼓管弦，流漫不禁，而天下愈竭，故卒身死国亡"，见刘向撰、向宗鲁校注：《说苑校证》，前揭，第515、516页。
② 参《墨子·卷十四·备梯》"古有亓术者，内不亲民，外不约治，以少闲众，以弱轻强，身死国亡，为天下笑"，见孙诒让撰、孙启治点校：《墨子间诂》，前揭，第542页。按照《墨子全译》，上述文本意为"古代有懂得防守之术的人，但他对内不亲近百姓，对外不管理政事，以少敌众，以弱轻强，结果身死国亡，被天下人耻笑"，见周才珠、齐瑞端：《墨子全译》，贵州人民出版社，1995年，第657、658页。
③ 参《文子·微明》"仁者、人之所慕也，义者、人之所高也。为人所慕，为人所高，或身死国亡者，不周于时也，故知义而不知世权者，不达于道也"，见王利器撰：《文子疏义》，前揭，第326页。

国亡",① 同时，失去"势重"（权势）②的治国者也可能"身死国亡"；③ 在《盐铁论》中，治国者在取得战争胜利之时，应该修礼义，才可能避免"身死国亡"（或者说过度的追求战争胜利可能导致"身死国亡"）；④ 在《鹖冠子》中，对学问的废弃（导致"不知善善"），可能间接导致"身死国亡"（若是"知善善"，就会坚守左昭右穆的制度）；⑤ 在《吕氏春秋》中，治国者对政治事态变化的预知可能能够避免"身死

---

① 参《韩非子·说疑》"谄谀之臣，唯圣王知之；而乱主近之，故至身死国亡"，见王先慎撰、钟哲点校：《韩非子集解》，前揭，第405页。
② 参"《韩非子》校注组"撰：《韩非子校注》，前揭，第706页注4。
③ 参《韩非子·人主》"今势重者，人主之爪牙也，君人而失其爪牙，虎豹之类也。宋君失其爪牙于子罕，简公失其爪牙于田常，而不蚤夺之，故身死国亡"，见王先慎撰、钟哲点校：《韩非子集解》，前揭，第470页。
④ 参《盐铁论·卷九·论功》"战而胜之，退修礼义，继三代之迹，仁义附矣。战胜而不休，身死国亡者，吴王是也"，见王利器撰：《盐铁论校注》，前揭，第544页。
⑤ 参《鹖冠子·学问》"常知善善，昭缪不易一揆至今。不知善善，故有身死国亡"，见黄怀信撰：《鹖冠子汇校集注》，中华书局，2004年，第330、331页。黄怀信引用的张之纯的观点认为"昭缪不易"就是指对左昭右穆的坚守，见黄怀信撰：《鹖冠子汇校集注》，前揭，第330页。同时，张之纯认为"不知善善"的原因是"废学"，见黄怀信撰：《鹖冠子汇校集注》，前揭，第331页。

国亡"。①

二、如何"守常"

本节第一部分已经阐述了何为"守常"。而对于如何"守常",便是本部分的阐述内容。根据前述,《荀子》《说苑》《韩非子》《盐铁论》等的作者已经或直接或间接告诫治国者,应该如何在实际的政治实践或政治操作中行事,以求避免"身死国亡"。同时,笔者在论及"损益"问题之时,阐述了晋厉公的例子,说明了治国者自以为是地为自己增加利益,不懂得处理好"损益"问题,也可能导致"身死国亡"。但是笔者认为,在《淮南子》中,关于如何直接"守常",主要还是在于治国者应该达成"无为"以及达成"适情"。关于这一点,具体的文本大致是从"有以欲多而亡者"到"未有以守常而失者也"再到"不求其所未得"这一段。笔者提取其中直接围绕"守常"或"守"字的文本,将之分为三部分来进行阐述,并酌情与《荀子》《说苑》

---

① 参《吕氏春秋·贵直论·知化》"身死国亡,在于不先知化也。吴王夫差是也",见许维遹撰、梁运华整理:《吕氏春秋集释》,前揭,第628页。

《韩非子》《盐铁论》中的观点进行对比。

第一部分为：

> 有以欲多而亡者，未有以无欲而危者也；有以欲治而乱者，未有以守常而失者也。故智不足免患，愚不足以至于失宁。[1]

相对于"守常"这一最基本的治理目标或要求，凭借欲望治国（以获取更多的欲望满足）与凭借智力治国似乎都不是最为根本的，甚至是被反对的（至少欲望多可能导致亡国，智力也不足以免除祸患）。根据本书之前对"适情"以及"无为"的阐发，"适情"的基本义之一便是节欲，[2]"无为"的一项内涵便是不逞智。[3]那么可以说，要达至"守常"，至少需要做到"适情"与"无为"。根据前述，就笔者所见和所举，在其他诸子经典中，也并未直接说治国者通过"适情"与"无为"能够实现"守常"这一目标。但是，在《荀子》中，对享乐的追逐（可以说是纵欲）被认为最终引

---

[1] 张双棣撰：《淮南子校释（增订本）》，前揭，第1507页。
[2] 见第二章第二节。
[3] 见第三章第三节第二部分。

发"身死国亡",也存在着以下观点:对智谋的依赖不能避免"身死国亡",与《淮南子》此处的意思有所相通;为避免"身死国亡",《说苑》作者也反对治国者过度享乐,与《淮南子》此处的意思有所相通。另外,在《淮南子》此处,为了实现"守常"这一目标,对凭借智慧治国的不提倡可以被理解为"无为",而当"无为"具有"不逞智"这一义时,实际上又意味着对臣子的任用。[①] 那么,综合上述观点,可以初步推衍出:对臣子的任用与"守常"有一定的关系。而根据前述,在《荀子》中,对贤臣的杀戮,被认为可能导致"身死国亡",而在《韩非子》中,对阿谀奉承的臣子的任用,被认为可能引发"身死国亡"。那么可以说,在《淮南子》《荀子》《韩非子》中,任用臣子这一点似乎与避免"身死国亡"(或曰"守常")这一点有着一定的联系。

第二部分为:

> 守其分,循其理,失之不忧,得之不喜,故成者非所为也,得者非所求也。[②]

---

① 见第三章第三节第二部分。
② 张双棣撰:《淮南子校释(增订本)》,前揭,第1507页。

由于以上文本处于涉及"守常"的语境中,所以其中的"守其分"实则就是"守常"。同时,笔者认为,由于此处说得到了也不应该高兴,那么此处仍是不主张对多余的福分的刻意追求。推而言之,此处还是在教育治国者应该少些欲望,即,如果治国者做到"适情",那么自然就能够节制欲望,去守护应该守护的最为本分的东西(肉身与国家)。其余诸子经典在谈论"身死国亡"之时,没有直接提出以上文本的观点。但是,在谈论"身死国亡"时,《荀子》与《说苑》皆反对治国者过度享乐,而《盐铁论》反对治国者过度追求战争的胜利。如果将过度享乐与多余的战争胜利理解为一种多余的福分,那么可以说,《荀子》《说苑》《盐铁论》的观点与《淮南子》此处有所相通。

第三部分为:

> 知祸福之制不在于己也,故闲居而乐,无为而治。圣人守其所以有,不求其所未得。①

由于以上文本处于涉及"守常"的语境中,所以其中的"守其所以有"实则就是"守常"。对于"常"之

---

① 张双棣撰:《淮南子校释(增订本)》,前揭,第1508页。

外的、不能被人完全控制的祸福，《淮南子》作者主张以"无为"的方式去面对，而不是去刻意求得福分。或者说，《淮南子》作者在此处至少是说，在"守常"之时，需要"无为"的配合。

综上所述，笔者认为，无论是《淮南子》作者谈论的"守常"问题还是"损益"问题，都能够跟"无为"发生联系。在"守常"问题中，"无为"有助于实现"守常"这一目标。同时，在"损益"问题中，从总体上看，"损""益"这一行为方式（晋厉公那种具有负面意义的"益"除外）可以被囊括进"无为"思想。

三、"守常"问题与"无为"的关系再讨论

根据上一部分所述，关于实现"守常"这一目标，"无为"是其中关键之一。同时，在"守常"这一问题范畴中，可能存在一个疑问："身以生为常"以肉身的保全为目的，而"国以全为常"以政治共同体的保全为目的，那么，两种"常"——两种最基本的福分——如何同时被维持？或者更为具体地说，治国者如何既保全自身又保全政治共同体？答案仍然最终是"无为"。对此，笔者随后将引用《淮南子》相关文本进行阐述。笔者认为，该文本的思路乃是：一、讲述一个有关于治国

者对国家乃至肉体保全的故事；二、用"无为"这一说法对这一故事进行总结，确立了"无为"与"守常"这一目标的关系；三、在此基础上，对此处"无为"这一说法又进行了更为深入的解释（我们还可以结合同一语境下随后的文本将这一解释与"守常"这一目标联系起来）。以下是文本：

> 泰王亶父处邠，狄人攻之，事之以皮币珠玉而不听，乃谢耆老而徙岐周，百姓携幼扶老而从之，遂成国焉。推此意，四世而有天下，不亦宜乎！无以天下为者，必能活天下者。霜雪雨露，生杀万物，天无为焉，犹之贵天也。厌文搔法，治官理民者，有司也。君无事焉，犹尊君也……故得道以御者，身虽无能，必使能者为己用。[1]

笔者认为，上述文本的故事主旨在于，治国者（亶父）通过出让领土进行退让，最终获得了更大的更稳定的政治利益（"成国"），自然也就保全了自己的肉身（免于在狄人的侵扰中被杀）。这一结果当然实现了"守常"这一目标。进而言之，笔者认为，《淮南子》

---

[1] 张双棣撰：《淮南子校释（增订本）》，前揭，第1504、1505页。

作者随后乃是使用"无为"来总结治国者（亶父）这种行事方式（出让领土进行退让）。[①] 换言之，《淮南子》作者的确认为，治国者的"无为"有助于实现"守常"。不过，笔者认为，值得注意的是，在这种表退让义的"无为"之外，上述文本对"无为"又进行了新一步的阐述。具体而言，治国者的"无为"，需要通过利用有司等"能者"来实现：治国者通过利用官吏能人，来间接实现对天下的治理与管控，即便治国者自己真的"身虽无能"。在此处，笔者认为关键在于，《淮南子》作者对"无为"的这种新一步的阐述，仍然与实现"守常"这一目标有关系。具体而言，治国者的这种间接治理与管控，对于自身的肉体保全（"守常"这一目标内含的目的之一），是非常有好处的。对此，在上述文本的同一语境中存在着一个寓言：

> 方船济乎江，有虚船从一方来，触而覆之，虽有忮心，必无怨色。有一人在其中，一谓张之，一谓歙之，再三呼而不应，必以丑声随其后。向不怒

[①] 在上述文本中，涉及天的譬喻被用以继续说明"无以天下为"一说，其中出现了"无为"，用以指代"无以天下为"一说。

而今怒，向虚而今实也。[1]

根据许匡一《淮南子全译》，上述文本意为："有人乘簰筏渡江，有条空船从一方漂下来，撞翻簰筏，筏上的人虽然心中恼火，但一定没办法表示怨恨。假如空船上有一个人，筏上有的人喊着要那人快朝江中撑开去，筏上有的人又叫那人快向岸边划，再三呼喊，那人却毫无反应，这时筏上的人必定接着骂出难听的话。前一种情况不发怒，后一种情况发怒，因为前一种情况是空船，后一种情况是船上有人。"[2] 简言之，治国者的间接的治理与管控状态，被比喻为"虚船"，即便引发偶然事故（将另外的簰筏"触而覆之"），肉身不在"虚船"上却实际控制"虚船"的人（治国者）也会让被撞沉的簰筏上的人怨恨不到他本人。进而言之，治国者的"无为"，乃是通过利用数量庞大的官吏能人，来间接实现对天下的治理与管控。而在这种治理与管控状态中，一旦引发偶然的政治性事故，被治理的民众首先会去与相关的官吏能人进行纠缠，而躲在背后利用官吏能人的治国者，却很有可能不受侵害。如此看来，仍然是符合

---

[1] 张双棣撰：《淮南子校释（增订本）》，前揭，第1505页。
[2] 许匡一：《淮南子全译》，前揭，第835页。

"守常"的目标之一（治国者自身的肉体保全）。

综上所述，笔者以上对"守常"与"无为"这一主题的再探讨，旨在得出：当"无为"表退让义（出让利益）时，亦有助于实现"守常"这一目的。这一结论，是本节上一部分的观点的延伸，因为本节上一部分已经说过，为了实现"守常"这一目标，《淮南子》作者主张以"无为"的方式去面对祸福问题，而不是去刻意求得福分——换言之，本节上一部分观点在谈论"守常"与"无为"这一主题时，已经将"无为"理解为不贪求利益一义。在本书第三章第四节对"常后而不先"一说的阐述中，已经表明"无为"的一层意思就是退缩、忍让。这一层意思，恰好就体现在治国者（亶父）为了实现"守常"这一目标而进行的领土出让行为上。至此可以说，从一个角度讲，"守常"与"无为"的关系是较为紧密的。然而，笔者之所以专门在本部分探讨"守常"与"无为"的关系，更是因为愿意提醒读者《淮南子》的用意：当"无为"这一说法表对臣子的任用这一层意思之时，仍然有助于实现"守常"这一目标。而且，笔者认为，这一用意所含有的一个关键义理——如果我们稍作灵活理解的话——可以是：古代的治国者对民众的管控实际上在相当程度上是一种借助治下的其他官吏而形成的间接管控。换言之，古代的治国者，不可能事无巨细亲自管理涉及民众的各项事务，总是需要委派其他官员去进行管理。

第三节　小结

在本章阐述了关于"治国者保福避祸"这一主题的两个问题："损益"与"守常"。以下先总结对"损益"的阐述。在先秦西汉思想史上，《易经》——至少包括《易经·益》《易经·损》《易经·象传》《易经·象传》——对"损益"问题进行了演绎。同时，《淮南子》提到了《易经·益》与《易经·损》。而当《淮南子》在对第一类"损益"问题进行直接的具体阐述之时，却是通过政治实践性质的事例对《老子》四十二章的"益之而损"和"损之而益"的说法进行了解释。由此看来，在《淮南子》作者的观念中，至少在表面上，《老子》中的"益损"思想与《易经》中的"益损"思想可以形成一定会通。另外，《淮南子》作者在阐述"损益"问题之时，治国者的"损之而益"（而不是"益之而损"）得到了鼓励。这一点，与《易经·象传》中关于"损"与"益"的阐述的内涵是相通的。同时，如果我们用《老子》四十二章中的"强梁者不得其死"一说来解释"益之而损"，那么可以看出，

《老子》四十二章与《淮南子》一样，似乎都是不太主张"益"（主动为自己增加利益）的。

至此，可以简言之，《易经》《老子》《淮南子》三部经典，在"损益"问题上，一定程度上还是主张以"损"（为自己增加损失）为主。这一点，在笔者所述的第二类"损益"问题中在一定程度上，也是存在的。在第二类"损益"中，治国者尽管被鼓励去"益"（对他人施益），但这种"益"实际上对治国者自身可能是一种"损"。不过，这种对治国者自身的"损"，从长远来看，对治国者的后代又是一种"益"。而对他人施益这一点并最终有益于自己这一观点，在《易经·益》中已经存在。另外，值得注意的是，尽管"益"这一说法在《淮南子》中可能被包含在"无为"思想中，但《淮南子》作者有时似乎不是太主张通过主动行动来对自己增加利益，因为在《淮南子》作者看来，行动很可能不能带来"益"（利益、福分），而是带来"损"，这是危险的。[1]

---

[1] 参《诠言训》"动之为物，不益则损，不成则毁，不利则病，皆险"，见张双棣撰：《淮南子校释（增订本）》，前揭，第1508页。"不益则损"原作"不损则益"，明显与此处文本的整体文意不符，依陶方琦、杨树达、马宗霍意见改，见张双棣撰：《淮南子校释（增订本）》，前揭，第1509页注一八。

在《淮南子》作者对"损之而益"的说明中（孙叔敖儿子的政治事例），"损"己的行为最终带来了"益"己的福分。"损之而益"是被鼓励的，那么这可能意味着："损"己虽然本身似乎可能是不正确的行为（从一种庸俗的或流行的角度看），但"损"己这一行为由于带来了最终的福分（"益"），所以，其实是正确的行为。穆勒在《功利主义》一书第二章"功利主义的含义"中，便认为"行为的对错，与它们增进幸福或造成不幸的倾向成正比"。[1] 穆勒的这一观点，从一个侧面，似乎可以用于总结"损之而益"。但是，穆勒还说过，"功利主义的行为标准并不是行为者本人的最大幸福，而是全体相关人员的最大幸福"。[2] 如果从此观点看，"损之而益"这一说法似乎就不符合穆勒的功利主义思想。因为，在用于说明"损之而益"的孙叔敖儿子的政治事例中，孙叔敖儿子的"损"己行为，即便被认为是正确的行为，其实也只是让孙叔敖儿子这一方（即穆勒所谓的"行为者本人"）获得福分（"益"），而不是让所谓"全体相关人员"获得福分

---

[1] ［英］约翰·穆勒：《功利主义》，上海人民出版社，2008年，第7页。
[2] ［英］约翰·穆勒：《功利主义》，前揭，第12页。

（我们无法证明该政治事例中给孙叔敖儿子封地的楚庄王由于孙叔敖儿子的"损之而益"这一行为而获益）。然而，有趣的是，穆勒又说：

> 如果以为功利主义的思想模式意味着，人们应当专注于如世界或社会整体这样宽泛的一般对象，那是对功利主义思想模式的一种误解。大多数善的行为都不是为了世界利益，而是为了世界福利由之而构成的个人利益。①

如果从此观点看，用于解释"损之而益"这一说法的孙叔敖儿子的事例，由于其中不涉及"世界或社会整体这样宽泛的一般对象"，且由于只是涉及孙叔敖儿子的"个人利益"，似乎又符合穆勒所阐述的功利主义思想。当然，此处又存在一个问题，即，孙叔敖儿子的"损"己行为也许可以被称作正确的行为，但是否可以被称作"善的行为"？在同一语境中，穆勒谈及了"被道德禁止的""行为"②——如果将"善的行为"定义为"被道德禁止的""行为"的反面（被道德允许的行

---

① ［英］约翰·穆勒：《功利主义》，前揭，第18、19页。
② ［英］约翰·穆勒：《功利主义》，前揭，第19页。

为），那么，孙叔敖儿子的"损"己行为（拒绝受封优良的土地）由于自然是被道德允许的，进而可以被称作"善的行为"。由此，"损之而益"这一说法似乎符合穆勒的功利主义思想。至此，我们可以略作一个概括：穆勒的功利主义思想内含多个侧面或更为细微的观点或概念，但不是每一个侧面或更为细微的观点或概念都能被用于总结"损之而益"这一说法。

另外，我们也可以来看笔者阐述的第二类"损益"问题。在第二类"损益"中，治国者通过可能"损"己的行为（各种具体的针对民众的"布德施惠"），为民众带来利益，也进而为治国者的后代带来利益（治国者的长远利益）。这种观点，从表面上看，又与穆勒的以下思想相符："功利主义的道德承认，人具有一种力量，能够为了他人的福利而牺牲自己的最大福利。"[①] 然而细究之，又不能说完全符合。因为，可以问：治国者的"布德施惠"是否算得上"牺牲自己的最大福利"？尤其是在穆勒在同一语境中提及了"绝对牺牲自己的幸福"，并将"牺牲"与"烈士"的"自我牺牲"联系起来。[②] 换言之，在笔者看来，这种"牺牲"

---

① ［英］约翰·穆勒：《功利主义》，前揭，第17页。
② ［英］约翰·穆勒：《功利主义》，前揭，第16、17页。

似乎是指一种近乎自杀的行为。假设"牺牲自己的最大福利"是"烈士"的"自我牺牲",那么,第二类"损益"问题所透露的观点肯定不符合穆勒的功利主义思想,因为在《淮南子》中,治国者尽管需要做出"损"己行为,但自然不能说治国者为了做出"损"己行为而需要自杀(《淮南子》全书也从未主张治国者进行自杀行为)。

在笔者对"守常"的阐述中,节欲("适情"的一部分意思)这一点,或者说,避免对多余福分的刻意追求这一点,被认为达成"守常"的手段。而在穆勒对功利主义思想中,不仅"功利"被定义为"对幸福的追求",而且"幸福"被理解为一种"适度的幸福",而不是"一种狂欢的生活"。[①] 笔者认为,穆勒的这一观点,一定程度上不能随便被用于总结围绕"守常"问题的思想。因为,在围绕"守常"问题的思想中,与穆勒所谓"适度的幸福"接近的"节欲",不过是实现"守常"这一目的的手段,而在穆勒的思想中,"适度的幸福"(或非"狂欢的生活"),作为"功利",本身就是目的。当然,穆勒也将"功利"定义为"防止与

---

① [英]约翰·穆勒:《功利主义》,前揭,第13、14页。

缓和不幸",[①] 如果仅着眼于此一定义，那么"守常"的目的——避免"身死国亡"——与此一定义接近。但是，穆勒还说过，功利主义思想中的"幸福""指快乐",[②] 并强调"功利主义著作家一般将心灵的快乐置于肉体的快乐之上""极少有人会因为可以尽量地享受禽兽的快乐而同意变成低等动物"。[③] 可以问："守常"的目的——避免"身死国亡"——是否意味着是一种"心灵的快乐"呢？笔者认为，很难证明"守常"的目的是"心灵的快乐"。同时，笔者更愿意强调的是，"闲居而乐，无为而治"被认为是治国者"守其所以有，不求其所未得"（此句被用于指代"守常"）的手段。换言之，可以勉强推出："心灵的快乐"是实现"守常"这一目的的手段。

最后，需要补充说明的是，从笔者所述的《淮南子》的整个"治道"思想着眼，本章所述的"损益"问题中的"损"和"益"这两个概念，被包含在本书第三章所述的作为"治道"的"无为"思想之内。同时，在本章所述的"守常"问题中，本书第二章所述的"适

---

① ［英］约翰·穆勒：《功利主义》，前揭，第13页。
② ［英］约翰·穆勒：《功利主义》，前揭，第7页。
③ ［英］约翰·穆勒：《功利主义》，前揭，第8、9页。

情"思想的因素（节欲）以及本书第三章所述的"无为"概念都是实现"守常"这一目的的手段。所以，本章所阐述的问题与本书其余两章还是存在重要联系的。尤其是在本章"'守常'与'无为'的关系再讨论"这一部分中，治国者通过利用官吏能人来实现"守常"的目的（如治国者自身的肉体保全）这一点，可以被归纳为"无为"——在本书第三章对"无为"思想中因循"自然"这一思想因素的阐发中，笔者便已经得出："无为"的治国者应该对臣子进行任用。那么，换言之，本章"'守常'与'无为'的关系再讨论"这一部分算是对本书第三章所探讨的"无为"思想的一种衍生性讨论。

第五章 治国者与儒学

根据本书绪论第二节所述,"治道"与儒学这一方面有关。同时,在《淮南子》作者看来,在"海内大定"、治世将要开启之时,西汉治国者需要与儒学发生关系,或者说,需要借用儒学;[1]《淮南子》作者还认为,对儒学的批评(或指出儒学的缺点的存在)不意

---

[1] 参《泛论训》"逮至暴乱已胜,海内大定,继文之业,立武之功,履天子之图籍,造刘氏之貌冠,总邹鲁之儒墨,通先圣之遗教",见张双棣撰:《淮南子校释(增订本)》,前揭,第1408页。需要补充说明的是,至少从西汉创始者汉高祖一直到汉元帝,儒学是缓慢、逐渐地被西汉治国者或官方利用,参 Homer Dubs, "The Victory of Han Confucianism," *Journal of the American Oriental Society*, Vol. 58, No. 3, p.435。

味着要求废弃儒学。① 故此，本章以"治国者与儒学"为题来进行探讨。治国者需要儒学这一点，与"立大学"（建立太学）有关，而太学是需要学习材料的。我们发现，在《淮南子》中，儒学的学习材料至少被认为是"六艺"（《诗》《书》《易》《礼》《乐》《春秋》）（见本章第二节的说明）。然而，这并不意味着，《淮南子》作者主张治国者应该不加改造地接纳儒

---

① 参《修务训》"儒有邪辟者，而先王之道不废，何也？其行之者多也。今以为学者之有过而非学，则是以一噎之故，绝谷不食；以一蹪之难，辍足不行，惑也"，见张双棣撰：《淮南子校释（增订本）》，前揭，第2008页。按照许匡一《淮南子全译》，上述文本意为"儒生中虽然有走邪道的，但是先王之道始终不被废弃，为什么呢？因为躬行的人占多数。现在如果因为求学的人有过失就非议求学的人，那这就是一次噎住了便永远不沾五谷饭食，一次摔疼了便一辈子不走路，这就糊涂了"，参许匡一《淮南子全译》，前揭，第1149页。许匡一将"非学"之"非"译作"非议"（接近于批评之义），值得商榷。从《修务训》这一对儒学的辩护的语境看，"非学"一语是指彻底废弃儒学（"先王之道不废"的反面），与"儒有邪辟者"一说是有区别的，因为后者显然是指对儒学的批评（或指出儒学缺点的存在，即类似于"以为学者之有过"所暗含的意思）。如果"非学"不是指废弃儒学，而是指对儒学的批评，那么，在"今以为学者之有过而非学"说法中，就会出现如下奇怪的义理演进脉络：在一种对儒学的批评语调（"以为学者之有过"）出现了一次之后，再无谓地重复出现一次几乎相同的对儒学的批评（"非学"）。实际上，在同一语境中，用于形容"非学"一词的"绝谷不食"和"辍足不行"二说，含有彻底的弃绝或放弃的意味，显然是被用于比喻对学问的废弃这一行为。如此看来，《修务训》区分了对儒学的批评与对儒学的废弃这两个方面。

学的"六艺"。实际上,《淮南子》作者说,治国者在知道"六艺"各有缺陷时,应该对"六艺"进行改造。故此,本章在论述"治国者与儒学"这一主题之时,一个重点便在于阐述治国者对"六艺"的改造这一问题(本章第三节的任务)。另外,无论是治国者建立太学,还是治国者对"六艺"进行改造,至少需要对儒学(包括"六艺")进行一定的认知,不可能在对儒学毫不知情的前提下建立太学以及改造"六艺"。要对"六艺"进行认知,就需要学习。同时,我们发现,《淮南子》作者也认为,治国者需要学习儒学。[1] 故此,本章将要阐述的是,《淮南子》作者意在表明,治国者将通过"适情"的态度来学习儒学。就笔者所见,尚未有学者探讨过《淮南子》中的治国者采取什么态度来学习儒学。最后,由于《淮南子》中出现了作为"治道"的"制礼"问题,同时,儒学问题还涉及对礼的制作这一

---

[1] 在《修务训》中,治国者被认为需要学习("学"),以下是文本证据:"由此观之,知人无务,不若愚而好学。自人君公卿至于庶人,不自强而功成者,天下未之有也。《诗》云:'日就月将,学有缉熙于光明。'此之谓也。"见张双棣撰:《淮南子校释(增订本)》,前揭,第2025页。而在这一文本证据之前,《修务训》在对"学"的辩护中,已经认为"学"至少可以指儒学:"儒有邪辟者,而先王之道不废,何也?其行之者多也。今以为学者之有过而非学者,则是以一噎之故,绝谷不食;以一蹟之难,辍足不行,惑也。"

问题，所以本章将探讨儒学问题与"制礼"问题的关系。以下依次简介本章各节内容：

本章第一节略述先秦西汉思想经典中的治国者与儒学这一主题，目的在于为本章随后几节做铺垫。第二节阐述《淮南子》中的儒学观念。第二节的任务是有限定性的，即，被笔者阐述的儒学观念都是为了"治国者与儒学"这一主题下属的内容服务。第三节阐述治国者对儒学的"六艺"的利用、改造问题。这一问题的指出，也是便于本章第五节阐述儒学问题与"制礼"问题的关系。第四节阐述治国者采取"适情"这一态度来学习儒学。在第四节最后，亦将简单说明治国者采用"适情"的态度来学习儒学的理由。第五节阐述儒学问题如何与治国者"制礼"之问题发生关系。这一节一方面在于指出，治国者应该具备的"制礼"观乃是针对受儒学影响的儒生的"制礼"观的拨正，另一方面也是针对专论"制礼"问题的下一章所做的准备。最后，本章小结不仅是对本章主要内容的归纳，也将阐述本章事实上已经沟通了《淮南子》中"道"这一方面与儒学这一方面。

第一节 先秦西汉思想经典中的治国者与儒学这一主题

本节主要关注的是先秦西汉思想经典对治国者与儒学这一主题的阐述。一般而言，儒生是儒学的承载体和践行者，故本节将简述先秦西汉思想经典中治国者与儒生这一主题，以期有助于阐发治国者与儒学这一主题。在《史记·太史公自序》中，儒学的目的已经被认为是政治治理。[1] 同时，在《史记》的其余部分中，便出现了治国者与传承儒学的儒生发生关系这一主题，如：秦始皇召集"儒生博士"议论封禅之事（《史记·封禅书》）；[2] 汉高祖允许儒生叔孙通制定朝廷礼仪（《史

---

[1] 参《史记·太史公自序》"夫阴阳、儒、墨、名、法、道德，此务为治者也"，见司马迁著、韩兆琦评注：《史记（评注本）》，前揭，第1780页。
[2] 参《史记·封禅书》"于是征从齐鲁之儒生博士七十人，至乎泰山下。诸儒生或议曰：'古者封禅为蒲车，恶伤山之土石草木；埽地而祭，席用菹稭，言其易遵也。'始皇闻此议各乖异，难施用，由此绌儒生。'"见司马迁著、韩兆琦评注：《史记（评注本）》，前揭，第393页。

记·刘敬叔孙通列传》）；[1] 汉武帝召集"儒术之士"制定礼仪（《史记·礼书》），[2] 等等。除了《史记》之外，在诸子经典中，也出现了治国者与儒生或儒学（"儒术"）这一主题。这一主题又可以分为两类：第一类不反对治国者利用儒生或儒学，第二类表达了一定程度上的反对意见。以下进行简述。

第一类的代表是《荀子》。在《荀子》中，出现了治国者使用"儒者"以及采用"儒术"这一主题。在《荀子·儒效》中，有一段治国者秦昭王与荀子之间关于治国者使用儒者这一问题的对话。秦昭王提出"儒无益于人之国"一说，而荀子的回答则讲出治国者使用儒者带来的好处，具体而言是：如果治国者使用儒者，那么儒者在朝廷使用权势就非常适宜；如果儒者作为社稷

---

[1] 参《史记·刘敬叔孙通列传》"群臣饮酒争功，醉或妄呼，拔剑击柱，高帝患之。叔孙通知上益厌之也，说上曰：'夫儒者难与进取，可与守成。臣愿征鲁诸生，与臣弟子共起朝仪。'高帝曰：'得无难乎？'叔孙通曰：'五帝异乐，三王不同礼。礼者，因时世人情为之节文者也。故夏、殷、周之礼所因损益可知者，谓不相复也。臣愿颇采古礼与秦仪杂就之。'上曰：'可试为之，令易知，度吾所能行为之。'"见司马迁著、韩兆琦评注：《史记（评注本）》，前揭，第1358页。

[2] 参《史记·礼书》"今上即位，招致儒术之士，令共定仪，十余年不就。或言古者太平，万民和喜，瑞应辨至，乃采风俗，定制作……乃以太初之元改正朔，易服色，封太山，定宗庙百官之仪，以为典常，垂之于后云"，见司马迁著、韩兆琦评注：《史记（评注本）》，前揭，第307页。

之臣，那么也是治国者的珍宝。① 另外，在《荀子·富国》中有以下观点：如果治国者采用"儒术"，就有利于天下的太平和富足，进而有利于治国者役使百姓。② 需要补充说明的是，《法言》作者认为，治国者使用儒生之时，需要使用"真儒"，才有利于统治，否则适得其反。③

第二类的代表是《墨子》《韩非子》。根据本章开头所述，《淮南子》作者认为对儒学的批评不意味着

---

① 秦昭王提出"儒无益于人之国"一说，荀子的回答内容丰富，其中包括"儒者法先王，隆礼义，谨乎臣子而致贵其上者也。人主用之，则势在本朝而宜"，以及认为儒者如果"在人下则社稷之臣，国君之宝也"，见王先谦撰，沈啸寰、王星贤点校：《荀子集解》，前揭，第117、118页。按《荀子全译》，"人主用之，则势在本朝而宜"的意思为"君主用他（笔者注：儒者），他在朝廷用权势就非常适宜"，见蒋南华等：《荀子全译》，前揭，第113页。
② 参《荀子·富国》"知夫为人主上者……不富不厚之不足以管下也……夫天下何患乎不足也？故儒术诚行，则天下大而富，使而功"，见王先谦撰，沈啸寰、王星贤点校：《荀子集解》，前揭，第186、187页。按《荀子全译》，上述文本意为"他们懂得作为百姓的君主……不使自己丰厚富裕，就不足以管辖下面的人……天下还怕不富足吗？所以如果儒家的办法（儒术）真正能实行，天下就会太平而富足，役使百姓就会有功效"，见蒋南华等：《荀子全译》，前揭，第188页。
③ 参《法言·寡见》"或问：'鲁用儒而削，何也？'曰：'鲁不用儒也。昔在姬公用于周而四海皇皇，奠枕于京。孔子用于鲁，齐人章章，归其侵疆。鲁不用真儒故也。如用真儒，无敌于天下，安得削？'"见汪荣宝撰、陈仲夫点校：《法言义疏》，前揭，第235页。

要求废弃儒学,然而相对而言,从总体上看,《墨子》《韩非子》的作者在批评儒学或儒生(或指出儒学或儒生的缺点)的前提下,在一定程度上要求废弃儒学不用或废用儒生。首先,在《墨子·公孟》中,便出现了"儒之道足以丧天下"这一观点,[①] 此乃直言儒学导致治国者失去天下。同时,在《墨子·非儒下》中,出现了反对治国者使用儒生的倾向。其中说,在齐景公将要把土地封给孔子的时候,晏子为了劝阻齐景公,指出儒生对统治有坏处,并声称使用儒生(把土地封给孔子)不是统治齐国和民众的办法。[②] 与《墨子·非儒下》一样,在《韩非子·五蠹》中,亦出现了反对治国者使用儒生的倾向,因为,使用儒生将扰乱法治。[③] 另外,在《韩非子·显学》中,出现了反对治国者采用儒学的倾向,因为儒学的真伪无法被断定;治国者如果采用儒

---

① 孙诒让撰、孙启治点校:《墨子间诂》,前揭,第459页。
② 参《墨子·非儒下》"孔某之齐,见景公,景公说,欲封之以尼谿,以告晏子。晏子曰:'不可。夫儒,浩居而自顺者也,不可以教下;好乐而淫人,不可使亲治;立命而怠事,不可使守职;宗丧循哀,不可使慈民;机服勉容,不可使导众……今君封之,以利齐俗,非所以导国先众。'"见孙诒让撰、孙启治点校:《墨子间诂》,前揭,第300、301页。
③ 参《韩非子·五蠹》"儒以文乱法,侠以武犯禁,而人主兼礼之,此所以乱也……工文学者非所用,用之则乱法",见王先慎撰、钟哲点校:《韩非子集解》,前揭,第449页。

学,可能采用的是所谓的"愚诬之学"。① 同时,《韩非子》作者还反对治国者采纳儒生的说辞,因为儒生过于强调过往的政治功绩和经验,而不关注当下政治如何治理。② 最后,需要补充说明的是《尹文子·大道上》的情况。《尹文子·大道上》作者反对的是治国者采纳一些小人口中的儒学。具体而言,《尹文子·大道上》作者认为一些小人为了博取名誉,谈论对政治治理有害的儒学话题,所以明智的治国者应该诛杀这些小人。③

---

① 参《韩非子·显学》"孔子、墨子俱道尧、舜,而取舍不同,皆自谓真尧、舜;尧、舜不复生,将谁使定儒、墨之诚乎?殷、周七百余岁,虞、夏二千余岁,而不能定儒、墨之真,今乃欲审尧、舜之道于三千岁之前,意者其不可必乎!无参验而必之者,愚也;弗能必而据之者,诬也。故明据先王,必定尧、舜者,非愚则诬也。愚诬之学,杂反之行,明主弗受也",见王先慎撰、钟哲点校:《韩非子集解》,前揭,第457页。
② 参《韩非子·显学》"今世儒者之说人主,不言今之所以为治,而语已治之功;不审官法之事,不察奸邪之情,而皆道上古之传誉,先王之成功。儒者饰辞曰:'听吾言则可以霸王。'此说者之巫祝,有度之主不受也。故明主举实事,去无用,不道仁义者故,不听学者之言",见王先慎撰、钟哲点校:《韩非子集解》,前揭,第463页。
③ 参《尹文子·大道上》"小人亦知言损于治,而不能不言;小人亦知为损于事,而不能不为。故所言者,极于儒、墨是非之辨;所为者,极于坚伪偏抗之行。求名而已,故明主诛之",见厉时熙撰:《尹文子简注》,前揭,第13页。

第二节　简述《淮南子》中的儒学观念

本节是对《淮南子》中儒学观念的梳理。笔者需要提前说明的是，被梳理的相关内容，涉及《淮南子》作者对"儒者"的阐述，因为"儒者"（儒生）可以被视为儒学观念的承载体和践行者。更需要说明的是，本节对儒学观念进行了梳理，但并不意味着，《淮南子》作者认为，这些儒学观念在治国者的治理过程中直接发挥用处。实际上，一方面，《淮南子》作者真正主张的是，治国者可能对体现儒学观念的实质内容（如"六艺"）进行改造之后再拿来利用，换言之，《淮南子》作者是主张治国者不完全地遵循流传下来的儒学观念；另一方面，尽管《淮南子》作者主张治国者应该学习儒学，但是《淮南子》作者可能意在表明，在治国者与儒学的精神互动中，治国者应该采取特别的、异于儒生的态度（如"适情"）。对上述两个方面的阐述任务，将由本节之后的两个小节来承担。本节的任务仅仅在于，阐述与随后小节主题相关的儒学观念，为随后小节做好准备。具体而言，相关的儒学观念主要分为以下三点：

首先，儒学的学习材料是"六艺"：

> 孔丘、墨翟，修先圣之术，通六艺之论，口道

其言，身行其志，慕义从风，而为之服役者不过数十人。使居天子之位，则天下遍为儒墨矣。①

孔子精通"六艺"，而追随孔子的人无论在言辞还是行动上都跟从孔子，从总体上跟从孔子的作风。那么，自然，儒生亦要学习"六艺"。② 所以，笔者认为，儒学包括对"六艺"的学习（在《淮南子》中，"六艺"已经被定义为《诗》《书》《易》《礼》《乐》《春秋》③）。用今人的话来讲，"六艺"是儒学的学习材料。就本章随后的内容而言，可以提前指出需要研究的问题：治国者如何面对或处理儒学的学习材料。

---

① 张双棣撰：《淮南子校释（增订本）》，前揭，第1009页。
② 此处亦可推断："六艺"属于《淮南子》视域中的墨学范畴。那么，在《淮南子》视域中，"六艺"是否首先属于儒学呢？这一点，可结合《要略》以下文本来看："孔子修成康之道，述周公之训，以教七十子，使服其衣冠，修其篇籍，故儒者之学生焉。墨子学儒者之业。"见张双棣撰：《淮南子校释（增订本）》，前揭，第2199页。其中"墨子学儒者之业"表明，墨学是儒学后继者。由此推论，尽管墨学可能包含"六艺"，但是墨学的"六艺"是从儒学那里继承而来。
③ 参《泰族训》"六艺异科而皆同道。温惠柔良者，《诗》之风也；淳庞敦厚者，《书》之教也；清明条达者，《易》之义也；恭俭尊让者，《礼》之为也；宽裕简易者，《乐》之化也；刺几辩义者，《春秋》之靡也"，见张双棣撰：《淮南子校释（增订本）》，前揭，第2105页。

其次，儒生是主张禁欲的：

> 今夫儒者，不本其所以欲而禁其所欲。①

按照许匡一《淮南子全译》，上述文本意为："今天的儒家，不去探究人们欲念产生的原因，只是禁止人们的欲念。"② 关于这一儒学观念，笔者认为，我们可以做出两种推测：一、儒学如果作为一种教化，是在推行一种禁欲的观念；二、既然儒生主张禁欲，那么儒生在学习儒学的学习材料之时，也可能采取禁欲态度。就本章随后的内容而言，可以提前指出需要研究的问题：治国者是否还是采取禁欲的态度来学习儒学。

最后，儒学对心性不重视，而重视礼：

> 是故圣人之学也，欲以反性于初，而游心于虚也……若夫俗世之学也则不然，擢德攓性……摇消掉挒仁义礼乐。③

---

① 张双棣撰：《淮南子校释（增订本）》，前揭，第804页。
② 许匡一：《淮南子全译》，前揭，第402页。
③ 参《俶真训》，见张双棣撰：《淮南子校释（增订本）》，前揭，第225页。

儒学（此处的"俗世之学"），[1] 相较于"圣人之学"，并不重视心性。[2] 本书已经证明"适情"（调节内心情绪）是"治道"的一方面，但是笔者认为，此处上述儒学观念的存在，并不会绝对地阻碍作为"治道"一方面的"适情"问题与作为"治道"一方面的儒学问题形成联系或沟通。具体的联系或沟通，乃是指：治国者被认为应该通过"适情"的态度来学习儒学（对这一点的阐述任务由本章第四节承担）。换言之，治国者在学习儒学之时，采取了不同于一般儒学观念的态度（即不会采取前述的禁欲态度，因为"适情"也不主张禁欲），在精神层面上形成了一种对儒学的"超越"。当然，这种"超越"并不意味着懂得"适情"这一"治道"的治国者应该摒弃儒学，而是意味着治国者在精神层面上应该与儒学形成一种特有联系。

---

[1] 此处的"俗世之学"是"圣人之学"的反动且重视礼，笔者认为其包含儒学，因为在同一语境中，儒学就被指跟圣人作且重视礼，证据来自《俶真训》以下文本："儒、墨乃始列道而议，分徒而讼。于是博学以疑圣……繁登降之礼，饰绂冕之服。"见张双棣撰：《淮南子校释（增订本）》，前揭，第225页。
[2] 徐复观曾说此处的"圣人之学"就是反诸心、性的学问，见徐复观：《两汉思想史》，华东师范大学出版社，2001年，第141、142页。

第三节　治国者利用、改造儒学中的"六艺"

本节所关注的问题——治国者对儒学中"六艺"进行利用、改造——大体而言，可以说是关于治国者围绕儒学经典的活动的问题。从历史看，围绕儒学经典的活动是西汉治国者的一项事务。为此，有学者便提到：汉景帝命令诸博士借助"六经"制作《王制》；汉武帝立五经博士，等等。① 而在西汉经典中，治国者围绕儒学经典的活动这一点，作为问题意识，也曾出现过。如《春秋繁露·玉杯》作者便劝诫治国者借助《诗》《书》《礼》《乐》《易》《春秋》，来教育治于人者。② 又如《新书·六术》作者认为，作为"六艺"的《诗》《书》《易》《春秋》《礼》《乐》，乃是前代

---

① 曾祥旭：《士与西汉思想》，黑龙江人民出版社，2005年，第48—51页。
② 参《春秋繁露·玉杯》"君子知在位者之不能以恶服人也，是故简六艺以赡养之。《诗》《书》序其志，《礼》《乐》纯其养，《易》《春秋》明其知。六学皆大，而各有所长"，见苏舆撰、钟哲点校：《春秋繁露义证》，前揭，第35页。结合张世亮等的翻译，上述文本的前两句大意为"君子知道当权者不能以恶服人，因此就选择'六艺'（《诗》《书》《礼》《乐》《易》《春秋》）来培养人的德性"，参张世亮等：《中华经典名著全本全译丛书·春秋繁露》，中华书局，2012年，第38页。

治国者为天下设立的教化的一部分。① 上述两个观点，至少确定了"六艺"能够在治国者治下发挥作用。相对于上述历史事实以及思想经典中的观点，在《淮南子》之中，出现了治国者对儒学的"六艺"进行利用、改造这一问题。而这一问题存在的一个基本前提，便是《淮南子》作者要求治国者不废除儒学的"六艺"：

> 治国者若耨田，去害苗者而已……为孔子之穷于陈蔡而废六艺则惑。②

儒学宗师孔子在实践中曾经有过失败，但这并不意味着要求治国者废除"六艺"。借此或可以联想：虽说《淮南子》作者知道了或提及了儒生或儒学在实践中导致了错误或失败，也很可能并不等于表明：《淮南子》作者要求治国者废除儒学。③ 同时，笔者猜测，或许正是上述"治国者若耨田，去害苗者而已"这一主张

---

① 参《新书·六术》"是以先王为天下设教，因人所有，以之为训，道人之情，以之为真，是故内法六法，外体六行，以与《诗》《书》《易》《春秋》《礼》《乐》六者之术以为大义，谓之六艺"，见贾谊撰，阎振益、钟夏点校：《新书校注》，中华书局，2000年，第316页。
② 张双棣撰：《淮南子校释（增订本）》，前揭，第1757页。
③ 如《人间训》说"夫徐偃王为义而灭，燕子哙行仁而亡，哀公好儒而削，代君为墨而残。灭亡削残，暴乱之所致也，而四君独以仁义儒墨而亡

的存在，意味着《淮南子》作者虽然未主张治国者废弃"六艺"，但同时也主张治国者在利用"六艺"之时去除"六艺"中的不良因素。而相较于《淮南子》，《荀子·儒效》《荀子·富国》《法言·寡见》作者在建议治国者使用或利用儒生之时（参本章第一节所述），并未直接言及治国者使用或改造"六艺"。不过，由于一般而言儒生会传承前代经典，所以或可推测：《荀子·儒效》《荀子·富国》《法言·寡见》作者可能主张，治国者会使用或利用被儒生传承的前代经典。当然，这只是笔者的一种推测。但无论如何，《荀子·儒效》《荀子·富国》《法言·寡见》作者强调了对儒生的利用。就笔者所探，《淮南子》作者虽未过于直接论及治国者使用儒生这一点，但《淮南子》以下文本便呼应了笔者前述的猜测，其中谈及了对被儒生传承学习的经典的利用，还谈及了对这些经典的改造——具体而言，治国者（"圣人"一词所指）在明知"六艺"存在缺陷的同时，非但没有废弃"六艺"，反而利用、改造"六艺"：

者，遭时之务异也，非仁义儒墨不行"，见张双棣撰：《淮南子校释（增订本）》，前揭，第1958页。其中，鲁哀公便是因为利用了"儒"（儒学）而遭遇政治实践的失败，但"非仁义儒墨不行"亦是针对这一失败而为儒学进行的间接辩护。

> 故《易》之失鬼，《乐》之失淫，《诗》之失愚，《书》之失拘，《礼》之失伎，《春秋》之失訾。六者，圣人兼用而财制之。[1]

对于"六艺"，治国者不仅要利用（具体手法是"兼用"，意即不单用"六艺"中的某一种，而是对"六艺"进行综合利用），还要进行改造。改造手法被称作"财制"，按照许匡一《淮南子全译》，意即裁定而制作[2]（何宁、马宗霍亦言"财"通"裁"[3]）。笔者认为，由于"裁"字这一关键字眼的存在，顾及此处文本的语境，那么《淮南子》作者很可能是在说，治国者应该去除"六艺"各自的六种缺陷（"失"）。同时，笔者也认为，由于"裁"字这一关键字眼的存在，《淮南子》作者肯定了治国者对既存的、通过前人而流传下来的"六艺"具有改造的权力（推而言之，治国者不应该带着一种崇古精神来盲目接纳"六艺"）。

当然，《淮南子》全书其余部分并未再详谈治国者应该如何改造"六艺"。那么，读者看到此处，可能会产生一个困惑：《淮南子》作者为何不更为具体地详

---

[1] 张双棣撰：《淮南子校释（增订本）》，前揭，第2063页。
[2] 许匡一：《淮南子全译》，前揭，第1198页。
[3] 张双棣撰：《淮南子校释（增订本）》，前揭，第2108页注一五。

谈治国者应该如何改造"六艺"。但其实,笔者认为,《淮南子》作者提到治国者可以对"六艺"进行"财制"("财制"大致可以被理解为改造,并删除其中缺陷)这一点,相对于同样指出"六艺"各自缺陷的《礼经·经解》,已经算是一种"创见"。因为,《礼经·经解》相关文本指出了"六艺"各自缺陷,却未丝毫提治国者或"圣人"对"六艺"进行改造这一点。①实际上,就笔者所见,在先秦西汉思想史中,就算是略微提及治国者或"圣人"对"六艺"或经典进行改造这一类型的阐述,也是较少的。类似的阐述,就笔者所见,仅出现在《法言·问神》以及《性自命出》中:在《法言·问神》中,仅是使用寥寥数语大致提及周文王对《易》的改造,以及孔子可能制作过或改造过《诗》

---

① 《礼记·经解》载:"孔子曰:'入其国,其教可知也:其为人也,温柔、敦厚,《诗》教也。疏通、知远,《书》教也。广博、易良,《乐》教也。洁静、精微,《易》教也。恭俭、庄敬,《礼》教也。属辞、比事,《春秋》教也。故《诗》之失愚,《书》之失诬,《乐》之失奢,《易》之失贼,《礼》之失烦,《春秋》之失乱。其为人也,温柔、敦厚而不愚,则深于《诗》者也;疏通、知远而不诬,则深于《书》者也。广博、易良而不奢,则深于《乐》者也。洁静、精微而不贼,则深于《易》者也。恭俭、庄敬而不烦,则深于《礼》者也。属辞、比事而不乱,则深于《春秋》者也。'"见孙希旦撰,沈啸寰、王星贤点校:《礼记集解》,前

《书》《礼》《春秋》四者;① 在《性自命出》中,作者仅提及圣人对《诗》《书》《礼》《乐》的改造。② 更需要强调的是,在《春秋繁露·玉杯》作者和《史记·太史公自序》作者对《礼》《乐》《书》《诗》《易》《春秋》的最直接阐述中,也未提及治国者或"圣人"对《礼》《乐》《书》《诗》《易》《春秋》进行改造这一点,反而强调了就政治治理而言,《春秋》相对于《礼》《乐》《书》《诗》《易》五者,

---

揭,第1254、1255页。笔者引用的是《礼记·经解》中孔子的一段话的完整部分,其中提及了《礼》《乐》《书》《诗》《易》《春秋》可能造成的"失",但上述引号只是提及六者可能造成的好处和坏处,无涉对六者的改造。

① 参《法言·问神》"或曰:'经可损益与?'曰:'《易》始八卦,而文王六十四,其益可知也。《诗》《书》《礼》《春秋》,或因或作而成于仲尼,其益可知也。故夫道非天然,应时而造者,损益可知也。'"见汪荣宝撰、陈仲夫点校:《法言义疏》,前揭,第144页。

② 参《性自命出》"《诗》《书》《礼》《乐》,其始出,皆生于人……圣人比其类而论会之,观其先后而逆顺之,体其义而节文之,理其情而出入之",见刘钊撰:《郭店楚简校释》,福建人民出版社,2005年,第89页。针对《诗》《书》《礼》《乐》,之后出现了圣人发出的"论会""逆顺""节文""出入"四个动作。那么可以说,《诗》《书》《礼》《乐》是四种动作所作用的对象。按照刘钊的解释,"论会"意即编排,"出入"意即"损益"(改造),见刘钊撰:《郭店楚简校释》,前揭,第95页。

更具特别的或一定的优势。① 换言之,《春秋繁露·玉杯》作者和《史记·太史公自序》作者似乎在一定程度上不太同意《淮南子》作者对"《春秋》之失"的强调,进而不同意《淮南子》作者要求治国者对《春秋》进行改造。

综上,笔者认为,《淮南子》作者提出的治国者在知道"六艺"存在缺陷前提下需要对"六艺"既要"兼用"同时又要"财制"这一观点,在先秦西汉思想史上,可以被我们后世研究者用来跟其他经典的观点来进行比较研究。但是,笔者并未发现,在先秦西汉思想史上,与《淮南子》作者完全相同的观点出现在其他经典中。甚至,就笔者所见,在先秦西汉思想史的其他经典中,"兼用"与"财制"两个概念就没有同时被与"六艺"或儒学的六经联系起来过。

---

① 参《春秋繁露·玉杯》"君子知在位者之不能以恶服人也,是故简六艺以赡养之。《诗》《书》序其志,《礼》《乐》纯其养,《易》《春秋》明其知。六学皆大,而各有所长。《诗》道志,故长于质。《礼》制节,故长于文。《乐》咏德,故长于风。《书》著功,故长于事。《易》本天地,故长于数。《春秋》正是非,故长于治人。能兼得其所长,而不能遍举其详也",见苏舆撰、钟哲点校:《春秋繁露义证》,前揭,第35—37页;同时参《史记·太史公自序》"是故《礼》以节人,《乐》以发和,《书》以道事,《诗》以达意,《易》以道化,《春秋》以道义。拨乱世反之正,莫近于《春秋》。《春秋》文成数万,其指数千。万物之散聚皆在春秋",见司马迁著、韩兆琦评注:《史记(评注本)》,前揭,第1787页。

第四节　治国者对儒学的学习态度："适情"

根据本章第三节所述，治国者的确与儒学发生了基本关系。具体而言，治国者知道"六艺"各有缺陷的前提下，而改造"六艺"。"知道'六艺'本身有缺陷"这一点至少表明，治国者可能在精神层面上对"六艺"进行了认知，否则，便无所谓"知道"。要获得对"六艺"的认知，自然需要对"六艺"的学习（首先不论这种学习的深度如何）。同时，根据本章开头所述，《淮南子》作者也确实认为治国者需要学习儒学。而本节的目的便在于阐述治国者对儒学的学习态度："适情"，以及在最后简述采取这一学习态度的理由。

笔者在此必须提前指明的是，在《淮南子》中，治国者的"适情"这一态度是对"道"这一概念的进一步阐述，或者说，"适情"这一态度与"道"是相通的。① 从《老子》四十八章看，"道"与"学"之间似

---

① 参《原道训》"吾独忼慨遗物，而与道同出。是故有以自得之也，乔木之下，空穴之中，足以适情"，见张双棣撰：《淮南子校释（增订本）》，前揭，第113页。

乎是对立的、不可融通的。[1] 然而，相对而言，《淮南子》作者尽管同样区分了"道"与"学"，但似乎并未彻底切断"道"与"学"的关系。[2] 由此推而论之，与"道"这一概念相通的"适情"这一态度，乃是有可能与"学"之间发生关系。另外，关于学习态度这一问题，笔者必须指出的是，在先秦西汉思想史上，在《荀子·大略》《说苑·建本》《新序·杂事》等文本中，仅然是提出或劝谕治国者进行学习，并未详细谈及采取何种态度来学习。[3] 同时，笔者仅发现《法言·学行》

---

[1] 参《老子》四十八章"为学日益，为道日损。损之又损，以至于无为"，见王弼注、楼宇烈校释：《老子道德经校释》，前揭，第127、128页。此处，"学"被称作"益"，而"道"被称作"损"，两者似乎是对立矛盾的。

[2] 参《本经训》"晚世学者，不知道之所一体，德之所总要，取成之迹，相与危坐而说之，鼓歌而舞之，故博学多闻而不免于惑"，见张双棣撰：《淮南子校释（增订本）》，前揭，第853页。此处尽管区分了"道"与"（博）学"，但似乎是认为"学"者本来应该懂得"道"，换言之，似在暗示"道"与"学"可能形成结合。

[3] 参《荀子·大略》"尧学于君畴，舜学于务成昭，禹学于西王国"，见王先谦撰，沈啸寰、王星贤点校：《荀子集解》，前揭，第489页；《说苑·建本》"有国者不可以不学《春秋》"，见刘向撰、向宗鲁校注：《说苑校证》，前揭，第68页。《新序·杂事五》"鲁哀公问子夏曰：'必学而后可以安国保民乎？'子夏曰：'不学而能安国保民者，未尝闻也。'"见刘向撰、卢元骏校注：《新序今注今译》，台湾商务印书馆，1975年，第153页。

中出现了关于治国者的学习态度的阐述,即急急慌慌的态度("汲汲")。[1] 所谓急急慌慌的态度,当然有悖于《淮南子》中含有"调和情绪"这一义的"适情"这一态度(参本书第二章第二节)。笔者以下便开始阐述"适情"为何是治国者对儒学的学习态度(所依据的核心文本都是来自《淮南子·精神训》)。

笔者认为,如果要得出"适情"这一态度是治国者对儒学的学习态度,那么,首先存在一个问题,即,要弄清楚,在《淮南子》中,并非治国者的儒生对儒学的学习态度是什么——确定儒生学习儒学时的态度并非"适情"。笔者认为,儒生对儒学的学习态度之时采取的可能态度是:有悖于"适情"这一态度的禁欲这一态度。具体而言,这种态度不仅被称作"禁其所欲""闭其所乐",还可从《淮南子》作者所述的孔子弟子的故事得出:"富贵之乐"(代指欲望满足)与"先王之道"(代指儒学)两者,在儒生心中形成了冲突(并出

---

[1] 参《法言·学行卷第一》"学之为王者事,其已久矣。尧、舜、禹、汤、文、武汲汲,仲尼皇皇,其已久矣",见汪荣宝撰、陈仲夫点校:《法言义疏》,前揭,第22页。关于"汲汲",王念孙理解为"如有追而弗及也"(汪荣宝撰、陈仲夫点校:《法言义疏》,前揭,第22页)。现代学者认为,"汲汲"的意思是急急慌慌或急急忙忙,与王念孙的理解基本一致,见李守奎、洪玉琴:《扬子法言译注》,黑龙江人民出版社,2003年,第7、8页。

现"心战"这一在心性方面的不良效应），[1] 简言之，在儒生那里，欲望满足与对儒学的学习两者之间无法共融，或者说，儒生在学习儒学之时不得不与欲望形成隔绝（即儒生不懂得调和欲望，只懂禁欲，当然也就不懂得"适情"这一态度）。同时，本章第二节也指出，儒学就是对心性的不重视。那么由此可以进一步确定，儒生对儒学的学习态度并非"适情"。而且，笔者需要强调的是，在上述故事中存在一层不容忽视的义理：当儒生学习儒学之时，导致了"肥"（胖），而当儒生沉溺于欲望满足之时，导致了"臞"（瘦）。[2] 笔者强调这一层义理，是为了表明"适情"这一问题与对儒学的学习这一点之间能够发生初步的联系，因为，在《淮南子》作者的叙述的同一语境中（《淮南子·精神训》

---

[1] 参《精神训》"今夫儒者，不本其所以欲而禁其所欲，不原其所以乐而闭其所乐……夫颜回、季路、子夏、冉伯牛，孔子之通学也，然颜渊夭死，季路菹于卫，子夏失明，冉伯牛为厉。此皆迫性拂情而不得其和也。故子夏见曾子，一臞一肥。曾子问其故，曰：'出见富贵之乐而欲之，入见先王之道又说之。两者心战，故臞。先王之道胜，故肥。'推此志，非能贪富贵之位，不便侈靡之乐，直宜迫性闭欲，以义自防也。虽情心郁殪，形性屈竭，犹不得已自强也"，见张双棣撰：《淮南子校释（增订本）》，前揭，第804、805页。
[2] 参《精神训》"出见富贵之乐而欲之，入见先王之道又说之，两者心战，故臞。先王之道胜，故肥"，见张双棣撰：《淮南子校释（增订本）》，前揭，第804页。

中），具有"适情"这一态度的人恰恰被认为是"岂为贫富肥臞哉"（不会"肥"，也不会"臞"）。[1] 推而言之，具有"适情"这一态度的人，当然可能不会出于欲望满足与对儒学的学习，而或"臞"或"肥"。

然而，此处的结论虽然暗示"适情"可能可以作为一种对儒学的学习态度，但笔者认为还需要更进一步说明，因为单看"岂为贫富肥臞哉"一说，可能存在两种解释：一、一个人不学习导致"肥"的儒学，也不参与导致"臞"的欲望满足，当然可以被称作某种意义上的"岂为贫富肥臞哉"，自然也就不会"臞""肥"；二、一个人对儒学进行学习，同时也进行欲望满足，但同样"岂为贫富肥臞哉"。笔者认为，解释一虽然是可以引出的，但却是错误的，因为在解释一中，这个人是禁欲的，与"适情"的义理本身（节欲但不禁欲）就形成冲突（如果认可解释一，"岂为贫富肥臞哉"一说便不能被用于解释"适情"）。再来看解释二。解释二是可能正确的，因为"适情"的意思与"量腹而食"（大

---

[1] 参《精神训》"若夫至人，量腹而食，度形而衣，容身而游，适情而行……夫岂为贫富肥臞哉"，见张双棣撰：《淮南子校释（增订本）》，前揭，第805页。

体是指在欲望满足方面，追求适度、调和）[1]和情绪的调和适度（这一点至少可被视为针对精神层面）[2]等义理有关，换言之，具有"适情"这一态度的人在欲望满足方面，以及在精神层面上，都是采取适度、调和但不排斥的原则。自然，对儒学的学习可以被认为涉及精神层面，那么可以说，一个人可以采取"适情"的态度，同时进行欲望满足层面以及对儒学的学习。同时，笔者在此有必要做一个假设：如果一个人对儒学的学习采取严格的排斥态度，那么就意味着一个人刻意禁止自己的心性或内心与儒学发生关系，从而走向了另一种层面的"迫性（闭欲）"，同样无法做到"适情"（因为"适情"绝不意味着对自己心性的压迫）。此处还需要特别指出的是，在《淮南子·精神训》的语境中，一般的治国者被劝说应该具有"适情"这一态度。[3] 那么，可以

---

[1] 参《精神训》"若夫至人，量腹而食，度形而衣，容身而游，适情而行……夫岂为贫富肥臞哉"，见张双棣撰：《淮南子校释（增订本）》，前揭，第805页。

[2] 参《精神训》"达至道者则不然，理情性，治心术，养以和，持以适"，见张双棣撰：《淮南子校释（增订本）》，前揭，第804页。

[3] 参《精神训》"夫仇由贪大钟之赂而亡其国，虞君利垂棘之璧而擒其身，献公艳骊姬之美而乱四世，桓公甘易牙之和而不以时葬，胡王淫女乐之娱而亡上地。使此五君者，适情辞余，以己为度，不随物而动，岂有此大患哉"，见张双棣撰：《淮南子校释（增订本）》，前揭，第805页。

得出以下结论：治国者对儒学的学习态度是"适情"。

以下笔者将简单说明，治国者采取"适情"的态度来学习儒学，是有理由的。理由是：一、若是治国者像儒生一样采取禁欲之态度去学习儒学，便可能在同时面临儒学与欲望满足之时，出现"心战"这一不良效应，进而导致对心性的伤害，无法达成治国者自身应该懂得的"适情"态度（调和情绪）；二、若是治国者彻底不学习儒学，走向另一种"迫性（闭欲）"，或者说走向一种精神层面上的"禁欲"（对精神层面的"事物"——儒学——采取严格的排斥态度），那么治国者就无法对儒学进行基本的认知，进而无法利用儒学，从而无法知道儒学的"六艺"有哪些缺陷，更谈不上对"六艺"的改造。从以上第二个理由看，我们也可以推导出以下图景：治国者一方面为了调和情绪与欲望，应具有"适情"这一态度，同时，"适情"这一态度又成为治国者学习儒学（为了改造、利用儒学而学习）之时的态度。由此可见，本书所阐述的作为"治道"一方面的"适情"思想，与作为"治道"另一方面的儒学便发生了基本关系。

第五节 儒学问题与治国者"制礼"行为的关联

在《淮南子》中，出现了对儒学践行者所推行的礼制的批评，如：儒学的践行者被认为推行了不合人情的礼制（"行相反之制，五縗之服"）。① 同时，《淮南子》作者又认为，如果进行"制礼"，需要不受儒学的彻底束缚。② 由此笔者推测，《淮南子》作者的一个基本主张可能在于，治国者需要一种新的"制礼"行为方式，用以拨正儒学中的不合理的"制礼"观。同时，根据本章第三节所引述的《淮南子》中关于"六艺"的文本，作为儒学的"六艺"之一的《礼》具有缺点，所以治国者需要对《礼》进行改造。由此笔者推测，在治国者的"制礼"的具体方式背后，也出现了治国者应该对承载着儒学的"制礼"观的经典的改造这一要求。值得我们注意的是，《礼》这一经典所具有的缺点是"伎"，根据许匡一《淮南子全译》，结合许慎注，

---

① 参《齐俗训》"夫儒墨不原人情之终始，而务以行相反之制，五縗之服"，见张双棣撰：《淮南子校释（增订本）》，前揭，第1173页。按照许匡一《淮南子全译》，上述文本意为"儒家、墨家不研究人类情感的变化规律，却硬要主观地实行违反常情的礼制，规定守孝期限和孝服"，见许匡一：《淮南子全译》，前揭，第621页。
② 参《齐俗训》"故制礼义行至德，而不拘于儒墨"，见张双棣撰：《淮南子校释（增订本）》，前揭，第1179页。

"忮"的意思是"位卑者嫉妒位尊者"。① 同时,《淮南子》作者称,礼(实存的礼)的作用是"别尊卑",但可能造成"恭敬而忮"的缺点。② 总言之,无论是作为儒学的"六艺"之一的《礼》,还是应用于实践的礼,都存在"忮"这一缺点。《淮南子》作者认为治国者会因为《礼》有这一缺点而改造《礼》,却并未更为详细地谈论治国者如何具体改造作为经典的《礼》。然而,在指出实存的礼所具有的"恭敬而忮"这一缺点的语境中(《淮南子·齐俗训》),《淮南子》作者较为详细地阐述了如何制作礼这一问题(笔者在专论"制礼"问题的下一章中,以"对'制礼'的要求之一:制作具有多重道德标准的礼"为题对其进行讨论),以求实现"各安其性,不得相干"这一礼治方面的目标或状态,避免"忮"这一状态的出现(这一状态由于指的是"位卑者嫉妒位尊者",那么意味着"位卑者"并未"安其性")。那么可以推测,当《淮南子》作者较为详细地阐述如何制作礼这一问题之时,可能也是针对具有"忮"这一缺点的《礼》。在此,笔者需要补充强调

① 见许匡一:《淮南子全译》,前揭,第1198页;又参许慎注"《礼》尊尊卑卑,尊不下卑,故忮也",见张双棣撰:《淮南子校释(增订本)》,前揭,第2108页注一二。
② 张双棣撰:《淮南子校释(增订本)》,前揭,第1135页。

的是：《礼》与应用到实践中的礼都具有"忮"这一缺点，恐怕不是巧合——《淮南子》作者事实上也并未区分《礼》与应用到实践中的礼，更没有证据显示，应用到实践中的礼并非出自作为"六艺"之一的《礼》。由此，我们可以推测，《淮南子》作者关于如何制作礼这一问题的阐述，针对的也可以是具有同样缺点（"忮"）的、作为"六艺"之一的《礼》。

另外，根据前述，《淮南子》作者认为，儒学的践行者推行了不合人情的礼制，具体而言，他们推行了"五缞之服"这一礼制。"五缞之服"主要就是包括守孝三年这一礼制内容。[①] 根据《淮南子》作者的说法，守孝三年就是一种古礼，应用到后世会失去原本的意义。[②] 换言之，儒学的践行者推行的礼之所以不符合人情，很可能是因为推行了僵化的古礼（《淮南子》作者亦批评儒学践行者的崇古意向，认为他们的崇古意向无

[①] 根据许慎注，"五缞之服"首先就包含"三年""服"，即守孝三年，见张双棣撰：《淮南子校释（增订本）》，前揭，第1175页注四。
[②] 参《本经训》"古者上求薄而民用给，君施其德，臣尽其忠，父行其慈，子竭其孝，各致其爱而无憾恨其间。夫三年之丧，非强而致之……晚世风流俗败……被衰戴绖，戏笑其中，虽致之三年，失丧之本也"，见张双棣撰：《淮南子校释（增订本）》，前揭，第893、894页。

法在实践中完全成行）①。而《淮南子》作者在提出对"五缞之服"这一古礼的批评的语境中（《淮南子·齐俗训》）便指出：即便是古人，也会不制作烦琐而不合时宜的礼制，反而会改造古人所面对的古礼。②从此出发，关于如何制作礼这一问题，《淮南子》作者也展开了阐述。对此，笔者在专论"制礼"问题的下一章中，以"对'制礼'的要求之二：改造前人之礼"为题对其进行讨论。总言之，儒学的践行者的"制礼"行为方式可能具有浓厚的崇古倾向，而《淮南子》作者认为治国者的"制礼"行为方式应该也成为一种对前者的拨正。

第六节 小结

在先秦西汉思想史上，正如本章第一节所总结的，

---

① 参《泛论训》"《诗》《春秋》，学之美者也，皆衰世之造也，儒者循之，以教导于世，岂若三代之盛哉"一说，以及"今儒、墨者称三代、文武而弗行，是言其所不行也"一说，见张双棣撰：《淮南子校释（增订本）》，前揭，第1350、1378—1399页。上述文本表明，无论是以往时代的经典，还是以往的盛世，都是被儒生推崇的，但是无法达成经典附带的目的，或无法把以往的盛世蕴含的内容带到现世中。
② 参《齐俗训》"古者非不知繁升降槃还之礼也，蹀《采齐》《肆夏》之容也，以为旷日烦民而无所用，故制礼足以佐实喻意而已矣"，见张双棣撰：《淮南子校释（增订本）》，前揭，第1174页。

治国者要么被劝说采纳儒学("儒术")或任用儒学的实践者("儒者")(如在《荀子》中),要么被劝说不要任用儒生或采纳儒学(如在《墨子》《韩非子》中)。由于《淮南子》作者还是肯定了治国者对"六艺"的利用这一点,所以可以大致地说,《淮南子》的作者还是没有违背《荀子》中的观点。但是,在论及治国者对儒学的利用方面,相对于《荀子》《墨子》《韩非子》,《淮南子》中还是有特别的内容,即,《淮南子》作者认为,治国者不仅不应废弃"六艺",可能应该对"六艺"进行改造。仅从今人的角度看,当然可以质问《淮南子》的作者为何没有谈及如何具体改造"六艺",但是在《淮南子》所处的先秦西汉思想脉络中,提及治国者或圣人对"六艺"部分本身或经典进行改造这一点,已属少见(仅出现在《法言》与《性自命出》中)。为此,今人们也许可以进行以下猜测:虽然《淮南子》的作者谈及治国者应该对"六艺"进行改造,但实际上《淮南子》的作者还没有超凡的智识来进行改造。但是,根据笔者所述,在《淮南子》中,儒学问题与"制礼"问题能够发生关联,具体来讲,就是作为"六艺"之一的《礼》与被应用到实践的礼都具有共同的缺陷("忮"),同时,《淮南子》的作者要求治国者应为这一缺点而对礼进行改造,并告诉了治国者应该如何改造(具体阐述见本书第六章)。由于我们无法在《淮南子》中找到《礼》与实践中的礼的严格区别，所以，或许我们可以推测，治国者对礼的改造，可能意味着对《礼》的改造。由此，今人或许不能彻底断定，《淮南子》的作者没有超凡的智识来对"六艺"进行改造。

另一方面，根据笔者的阐述，《淮南子》的作者还提出，治国者应该通过"适情"的态度来学习儒学。为此，笔者还进一步说明，治国者通过"适情"的态度来学习这一点，至少可以成为治国者对"六艺"进行利用或改造的一项条件。当然回过头来说，从先秦西汉思想史上看，这一条件还是有一定特点的。因为，《史记》的作者常常叙述治国者召集儒生来商讨与儒学相关的政策，但是，似没有提及过治国者本人应该使用何种"态度"来学习儒学。而在《法言》作者看来，治国者应该采取急急慌慌的态度来学习，而不是采取"适情"这一态度。所谓急急慌慌这一态度，从今人的角度来看，似乎是值得揣测的。因为，今人可以猜测，所谓采取急急慌慌的态度来学习，似乎是针对《法言》的古代读者的一种劝诫、教诲乃至"高贵的谎言"。这种急急慌慌的态度，从今人角度看，当然是一种近似于竭力刻苦的学习态度，符合所谓被赞颂的儒生"皓首穷经"之精神。但是，如果治国者需要竭力刻苦地学习儒学，那么治国者不一定有充分心力来治理国家。相对而言，治国者在学习儒学之时采取"适情"的态度,就懂得调节内心情绪,避免出现儒生身上因"心战"效应而导致的"形性屈竭"(心身都损耗干净)的情况,[①] 也就有充分心力来治理国家。笔者认为,这当然可以被我们视为治国者通过"适情"这一态度来学习儒学的另一理由或好处。

不过,虽然《淮南子》的作者认为治国者不能采纳儒生对儒学的学习态度,但正如本章最开始所言,《淮南子》的作者还是认为西汉治国者需要借用儒学。单论西汉治国者借用儒学这一点,也是出现在西汉大的思想历史背景中。因为,根据本章第一节援引的《史记》所载,汉高祖、汉武帝等都在治国之时任用儒生(儒学的实践者)制定过具体制度。当然,回过头来说,《淮南子》的作者关于儒学的观点的特点在于,认为治国者应该对儒生所传习的"六艺"进行改造,并对儒生所推广的僵化的古礼进行改造。

最后,本小结有必要指出:根据本书第一章第一节的阐述,高诱认为,有儒生("诸儒大山、小山之

[①] 参《精神训》"故子夏见曾子,一臞一肥。曾子问其故,曰:'出见富贵之乐而欲之,入见先王之道又说之。两者心战,故臞。先王之道胜,故肥。'挂其志,非能贪富贵之位,不便侈靡之乐,直宜迫性闭欲,以义自防也。昌情心郁殪,形性屈竭,犹不得已自强也",见张双棣撰:《淮南子校释〔增订本〕》,前揭,第804页。

徒"）参与著成《淮南子》这部书。这种观点，属于一种文献学的观点。为此，有读者可能认为，《淮南子》中存在儒学成分或内容这一点，是合理的。但是，即便这种文献学的观点是历史事实，也没有直接让读者清楚地看到：在《淮南子》中，治国者应该如何面对或应对儒学。当然，关于治国者采取"适情"的态度来学习儒学这一点，我们如果依从上述文献学观点，也可以进行一番推测，即，认为这一点就是"诸儒大山、小山之徒"的观点。因为，高诱说"诸儒大山、小山之徒"与其余刘安的门客们"共讲道德，总统仁义，而着此书"——换言之，"诸儒大山、小山之徒"也可能懂得"道德"（《淮南子》中与心性有关的，且与"道"相通的思想——"适情"），也可能讲出治国者通过与"道"相通的"适情"（调节心性）这一态度来学习儒学这一观点。那么，假设"诸儒大山、小山之徒"讲出了这一观点，那么我们当然可以认为，参与著成《淮南子》的儒生已经意识到以往的儒生或儒学存在的问题或缺陷，尽力沟通"道"与儒家两者。由此看来，我们就不必生硬地认为，在《淮南子》中，"道"与儒家（或儒学）无法沟通。另外，再从本书研究的《淮南子》中的"治道"问题的整体着眼，也能发现"道"与儒家

（或儒学）能够形成沟通[1]：

首先，本书第二章所述的与"道"相通的"适情"这一点，虽然关乎的是治国者的心性问题，但同时成为治国者对儒学的学习态度（本章已经论述）。由此看来，"适情"这一点与儒学这一问题，作为与"治道"有关的两个方面，在治国者身上形成了一种特别的会聚，当然，也可以说，本章的部分内容与第二章的部分内容也是存在一定联系的。

其次，与"适情"形成紧密联系的"无为"（"道之宗"）这一点（第三章关注的问题），也可以与"制礼"问题（第六章关注的问题）形成联系，同时，"制

---

[1] 有学者提到过一个推测：《淮南子》的文本来自汉代之前的各类学派，可能损害了《淮南子》这部书的整体性，见Charles Le Blanc, *Huai-nan Tzu：Philosophical Synthesis in Early Han Thought*, Hong Kong University Press, 1985, p.79。笔者认为，即便这一推测是正确的，但也不意味着，在"治道"层面上，涉及"治道"的各个方面问题之间无法形成沟通，更不能说《淮南子》中的有关"道"的文本资源所内含的义理与"儒学"之间完全无法联系、沟通。至少仅从本章第四节看，笔者已经证成"适情"这一态度与儒学之间发生的特别勾连。笔者更要强调的是，《淮南子》作者的意图可能是：如果一个治国者是一个真正懂得"治道"的治国者，那么，治国者可能应该既吸收有关"道"的文本资源所内含的义理所含有的教诲，也学习儒学之中的一些教诲（虽然他应该在不废弃承载儒学教诲的"六艺"的前提下对"六艺"进行改造），否则，治国者也无法看出儒学中的"制礼"观的缺陷，进而无法达到作为"治道"另一方面的"制礼"思想所内含的各种要求。

礼"问题与本章（第五章）所关注的儒学问题也发生了联系。由此看来，本书第三、五、六章之间也是存在一定联系的。关于这一联系，简单来讲，就是治国者在面对儒学的有缺陷的"制礼"观之时，至少应该采取"无为"思想所内含的因循"自然"（人性）这一要求来进行"制礼"，以求对儒学的实践者所推广的礼制进行改造。

第六章 "制礼"：治国者对礼的制作

根据第三章第三节第二部分所述，在《淮南子》的"治道"思想中，"无为"问题借由因循"自然"（人性）这一说法与"制礼"问题形成了关联。当《淮南子》的作者具体谈论因循人性与"制礼"问题之时，乃是认为，治国者应该根据民众的人性的各个具体方面（如"好色之性""饮食之性""悲哀之性"等），制定相应的具体礼制（如"大婚之礼""大飨之谊""衰绖哭踊之节"），而且，《淮南子》作者强调了治国者以人性为基础来对礼进行制作这一点。[1] 由此看来，

---

[1] 参《泰族训》"民有好色之性，故有大婚之礼；有饮食之性，故有大飨之谊；有喜乐之性，故有钟鼓筦弦之音；有悲哀之性，故有衰绖哭踊之节。故先王之制法也，因民之所好而为之节文者也。因其好色而制婚姻之礼，故男女有别；因其喜音而正雅、颂之声，故风俗不流；因其宁家室、

《淮南子》作者在直接论及"制礼"问题之时，承认了人性可能有多个方面。而且，在《淮南子》作者直接论及"制礼"问题的语境中，我们并没有看到《淮南子》作者刻意地以道德（moral）的名义贬斥民众的"好色之性"（而《论语·卫灵公》中的孔子便是以道德的名义对"好色"进行贬斥[①]），而是发现《淮南子》作者在强调民众的人性有好的方面，所以治国者需要礼来对人性进行引导，如对于人性中的仁义潜质，也需要礼来进行引导。[②] 另外值得提出的是，"制礼"问题，或者说对礼的制作问题，亦是汉代历史中的一个问题。正如学

乐妻子，教之以顺，故父子有亲；因其喜朋友而教之以悌，故长幼有序。然后修朝聘以明贵贱，飨饮习射以明长幼，时搜振旅以习用兵也，入学庠序以修人伦。此皆人之所有于性，而圣人之所匠成也"，见张双棣撰：《淮南子校释（增订本）》，前揭，第2094页。

① 参《论语·卫灵公》"子曰：'已矣乎！吾未见好德如好色者也。'"见程树德撰，程俊英、蒋见元点校：《论语集释》，前揭，第1094页。

② 参《泰族训》"有其性，无其养，不能遵道……人之性有仁义之资，非圣人为之法度而教导之，则不可使乡方。故先王之教也，因其所喜以劝善"，见张双棣撰：《淮南子校释（增订本）》，前揭，第2095页。此处"因其所喜以劝善"一说，与本章之前注释引述的《泰族训》中的"因民之所好而为之节文者"一说处于同一语境，故可以被引申为通过礼这一手段来对人性进行引导，具体例子如之前注释引述的《泰族训》中的说法："因其好色而制婚姻之礼。""好色"是人性所喜，"制婚姻之礼"是"劝善"的手段。

者总结的，汉代出现了关于对礼的制作这一方面的历史事件，例如：叔孙通为汉高祖制定朝仪、王莽集团建明堂辟雍之礼、刘珍奉命重编朝仪、曹褒奉命编修礼典，等等。① 可见，对礼的制作这一点作为一个问题，在汉代较为突出。

本章第一节旨在简述先秦西汉思想史中关于礼的制作的观点。其中的一些观点，在之后几节中将被用于与《淮南子》中的"制礼"思想进行比较。本章第二节旨在阐述对《淮南子》中"制礼"的要求之一：制作具有多重道德标准的礼。这一要求本身是潜在地符合因循"自然"（因循人性）而"制礼"这一总体要求的，因为这一要求至少避免了将具有单一或一元化的道德标准的礼粗暴地施加到具有不同人性特征②的政治共同体成员身上。同时，这一要求背后存在着的考量是：农民、商人或工人不一定能够践行士人所能够践行的道德标准（如清高廉洁的"伉行"）（具体阐述见本章第二节

---

① 甘怀真：《皇权、礼仪与经典诠释：中国古代政治史研究》，华东师范大学出版社，2008年，第60—68页。
② 参《齐俗训》"是以士无遗行，农无废功，工无苦事，商无折货，各安其性，不得相干"，见张双棣撰：《淮南子校释（增订本）》，前揭，第1210页。尽管此处并未说明士人、农民、工人、商人的人性具体是什么，但这里可以引出：四种类型的人物的人性可能是不同的，否则也不存在"各安其性"互不干涉这一层意思。

末）。本章第三节旨在阐述"改造前人之礼"这一"制礼"要求。这一要求，不仅反对儒学践行者在"制礼"问题方面的复古倾向，也顺带反对了儒学践行者的不因循人性[1]的"制礼"倾向。本章第四节旨在阐述"制礼"问题的两个附属问题：鬼神问题以及愚民问题。就笔者所见，将两个附属问题直接与"制礼"问题进行对接的研究，目前尚不存在。前人对《淮南子》中"制礼"思想的研究——如徐复观《两汉思想史》、那薇《汉代道家的政治思想和直觉体悟》、苏志宏《秦汉礼乐教化论》——多是认为"制礼"重在按照时代所需而对礼进行制作（或者说改造），[2] 而没有论及鬼神问题以及愚民策略，也没有论及"制作具有多重道德标准的礼"这一要求。最后，本章小结不仅是对本章内容的总结，也将酌情阐述《淮南子》中"制礼"思想与政治运行过程中的"透明度"问题，以期从现代角度来理解

---

[1] 儒生的所谓不"因循人性"，或可作以下理解：儒生强行推广"三年之丧"这一过度要求守孝者长期保持严肃状态的礼制，而守孝者的人性可能无力保持一种长期严肃的状态。具体参《本经训》"被衰戴绖，戏笑其中，虽致之三年，失丧之本也"，见张双棣撰：《淮南子校释（增订本）》，前揭，第894页。

[2] 徐复观：《两汉思想史》，前揭，第170页；那薇：《汉代道家的政治思想和直觉体悟》，前揭，第80页；苏志宏：《秦汉礼乐教化论》，四川人民出版社，1991年，第230页。

"制礼"思想的内在义理。

第一节　先秦西汉思想史中关于礼的制作的观点

本节的目的是简要阐述先秦西汉思想史中关于礼的制作的观点。关于礼的制作的观点，在《礼记》单一一部经典中出现得较多。故以下首先总结《礼记》中的观点，再简述其他经典中的观点，如《论语·为政》《荀子·大略》《春秋繁露·三代改制质文》等文本中的观点。

《礼记·檀弓上》记载了一段子路在服丧期满却未除服的故事：子路未除服这一行为，似不符合既成的礼制，而孔子为了劝子路除服，便指出子路这一行为不符合"先王制礼"的教诲。[1] 由此可以推知，儒家可能主张，后世对礼的践行者，不应随意对前代治国者

---

[1] 参《礼记·檀弓上》"子路有姊之丧，可以除之矣，而弗除也，孔子曰：'何弗除也？'子路曰：'吾寡兄弟而弗忍也。'孔子曰：'先王制礼，行道之人皆弗忍也。'子路闻之，遂除之"，见孙希旦撰，沈啸寰、王星贤点校：《礼记集解》，前揭，第183页。按照《礼记全译·孝经全译》，上述文本意为"子路为出嫁的姐姐服丧，到了可以除服的日子他还不除。孔子就问他：'为什么还不除服呢？'子路说：'我的兄弟很少，所以不忍心到了九个月就除服啊！'孔子说：'先王制定的礼，对于正人君子来说，就是教他要适当控制感情的。'子路听了，就立即除掉了丧服"，见吕友仁、吕咏梅：《礼记全译·孝经全译》，贵州人民出版社，1998年，第121页。

所制定的礼进行改动。类似地,在《礼记·檀弓上》中的一个子夏和子张的故事中,礼的践行者被认为应该对前代治国者所制作的礼进行严格遵守[1]。《礼记·王制》还存在以下观点:天子治下的一国之君不应该随意改动礼制[2]。但是,《礼记·檀弓上》在一些时候,也存在特别的看法,如其中指出过以往的礼的具体内容的错误,[3] 似暗示应该纠正错误。换言之,尽管《礼记·檀弓上》的作者表达了对前代治国者所制作的礼的某种程度上的尊重,但这种尊重似乎不是绝对的。《礼记·檀弓上》的作者暗示过,被制作出的礼,应该是

---

[1] 参《礼记·檀弓上》"子夏既除丧而见,予之琴,和之不和,弹之而不成声。作而曰:'哀未忘也。先王制礼而弗敢过也。'子张既除丧而见,予之琴,和之而和,弹之而成声,作而曰:'先王制礼,不敢不至焉。'"见孙希旦撰,沈啸寰、王星贤点校:《礼记集解》,前揭,第205页。

[2] 参《礼记·王制》"变礼易乐者为不从;不从者,君流",见孙希旦撰,沈啸寰、王星贤点校:《礼记集解》,前揭,第328页。按照吕友仁、吕咏梅《礼记全译·孝经全译》,上述文本意为"任意改变礼乐就是不服从中央,不服从中央的国君要被流放",见吕友仁、吕咏梅:《礼记全译·孝经全译》,前揭,第258页。

[3] 参《礼记·檀弓上》"小敛之奠,子游曰:'于东方。'曾子曰:'于西方。敛斯席矣。'小敛之奠在西方,鲁礼之末失也",见孙希旦撰,沈啸寰、王星贤点校:《礼记集解》,前揭,第222、223页。

能够被后人继承、习传下去的礼,[①] 同时,《礼记·檀弓上》的作者还主张丧礼应该追求奢俭之适。[②] 除了以上《礼记·檀弓上》的观点,关于对礼的制作,《礼记》中还存在以下看法,如在对具体的礼的内容的制作上(如关于养老的礼制),周人修改、兼用了前代虞氏、夏后氏、殷人采用的礼的具体内容(《礼记·王制》);[③] 针对不同身份的人,应制定不同的相应的礼仪(《礼记·礼器》);[④] 在对礼进行制作之时,可能既要复归"人情"(《礼记·礼运》作者认为"人情"在于"喜、怒、哀、惧、爱、恶、欲"七端,[⑤] 治国者

---

① 参《礼记·檀弓上》"弁人有其母死而孺子泣者,孔子曰:'哀则哀矣,而难为继也。夫礼,为可传也,为可继也。故哭踊有节。'"见孙希旦撰,沈啸寰、王星贤点校:《礼记集解》,前揭,第210页。
② 参《礼记·檀弓上》"子游问丧具。夫子曰:'称家之有亡。'子游曰:'有亡恶乎齐?'夫子曰:'有,毋过礼;苟亡矣,敛首足形,还葬,县棺而封,人岂有非之者哉!'"见孙希旦撰,沈啸寰、王星贤点校:《礼记集解》,前揭,第224页。
③ 参《礼记·王制》"凡养老:有虞氏以燕礼,夏后氏以飨礼,殷人以食礼,周人修而兼用之",见孙希旦撰,沈啸寰、王星贤点校:《礼记集解》,前揭,第378—382页。
④ 参《礼记·礼器》"是故先王之制礼也,不可多也,不可寡也,唯其称也。是故,君子大牢而祭谓之礼;匹士大牢而祭谓之攘",见孙希旦撰,沈啸寰、王星贤点校:《礼记集解》,前揭,第645、646页。
⑤ 参《礼记·礼运》"何谓人情?喜、怒、哀、惧、爱、恶、欲",见孙希旦撰,沈啸寰、王星贤点校:《礼记集解》,前揭,第606页。

对礼进行制作，就是要针对"人情"①），又要遵守传统（《礼记·礼器》）；② 应该依据事物的固有特性，来制作礼，如依据日出东方、月出西方这一自然规律（《礼记·礼器》）；③ 在对酒礼进行制作之时，应该考虑制作节制欲望而非放纵欲望的礼（《礼记·乐记》）。④

在《礼记》之外，关于对礼的制作的观点，就笔

---

① 参《礼记·礼运》"故圣王修义之柄，礼之序，以治人情"，见孙希旦撰，沈啸寰、王星贤点校：《礼记集解》，前揭，第618页。
② 参《礼记·礼器》"礼也者，反本、修古，不忘其初者也。故凶事不诏，朝事以乐；醴酒之用，玄酒之尚；割刀之用，鸾刀之贵；莞簟之安，而槀鞂之设。是故，先王之制礼也，必有主也，故可述而多学也"，见孙希旦撰，沈啸寰、王星贤点校：《礼记集解》，前揭，第657页。根据《礼记全译·孝经全译》的解释，"凶事不诏，朝事以乐"是指"反本"，即回归人性，而其后"醴酒之用"一系列说法是指"修古"，即遵循传统，见吕友仁、吕咏梅：《礼记全译·孝经全译》，前揭，第468页。
③ 参《礼记·礼器》"是故昔先王之制礼也，因其财物而致其义焉尔。故作大事必顺天时，为朝夕必放于日月"，见孙希旦撰，沈啸寰、王星贤点校：《礼记集解》，前揭，第659页。按照《礼记全译·孝经全译》，上述文本意为"所以从前的先王在制礼之时，就依据事物固有的特性赋以意义。所以举行祭祀时一定顺着天时，啥时候祭啥神绝不错乱；举行朝日、夕月之祭，一定仿照日出于东与月出于西"，见吕友仁、吕咏梅：《礼记全译·孝经全译》，前揭，第470页。
④ 参《礼记·乐记》"大飨之礼，尚玄酒而俎腥鱼，大羹不和，有遗味者矣。是故先王之制礼乐也，非以极口腹耳目之欲也"，见孙希旦撰，沈啸寰、王星贤点校：《礼记集解》，前揭，第982、983页。

者所见，散见于《论语·为政》《荀子·大略》《春秋繁露·三代改制质文》《庄子·天运》《文子·上礼》《商君书·更法》《史记·礼书》《性自命出》中。在《论语·为政》中，商代的礼被认为是对夏代的礼的改造，周代的礼被认为是对商代的改造，[1]即每一朝代在制作礼之时，都对前代的礼进行过改动。在《荀子·大略》中，存在以下观点：制作礼之时，需要懂得"反本"（"反本"之"本"就是指顺应人心，但在《荀子·大略》中，未见具体说明何为"人心"）。[2]在《春秋繁露·三代改制质文》中，治国者被认为至少应该依据五行系统以及"夏、商、质、文"的规则来制作礼。[3]在《庄子·天运》中，在治国者治下，礼被认

---

[1] 参《论语·为政》"子曰：'殷因于夏礼，所损益，可知也。周因于殷礼，所损益，可知也。其或继周者，虽百世可知也。'"见程树德撰，程俊英、蒋见元点校：《论语集释》，前揭，第127页。

[2] 参《荀子·大略》中的"礼以顺人心为本"一说以及"制礼反本成末，然后礼也"一说，见王先谦撰，沈啸寰、王星贤点校：《荀子集解》，前揭，第490、492页。

[3] 参《春秋繁露·三代改制质文》"王者改制作科奈何？曰：当十二色，历各法而正色，绌三之前曰五帝，帝迭首一色，顺数五而相复，礼乐各以其法象其宜。顺数四而相复。咸作国号，迁宫邑，易官名，制礼作乐"，见苏舆撰、钟哲点校：《春秋繁露义证》，前揭，第186页。按照张世亮等的翻译，上述文本意为"新王如何改变制度、制作科条呢？回答是：在十二色当中，采用其中一种作为正色而改变历法。逆着子、丑、三正的顺序而循环往复，贬退三代以前的君王而称之为五帝，五帝轮流各以

为需要根据时代的变化而改变。① 在《商君书·更法》中，公孙鞅认为，制礼之时要考虑是否有利于民众，如果古礼不利于民众，便应该废除，② 而且，应按照时代变化所需而对礼进行制作。③ 在《史记·礼书》中，存在以下观点：前代对礼的制作，之所以出现了改动，是为了因循"人情"（但在《史记·礼书》中，未见对"人情"的具体说明）。④ 而关于对礼的改动这一方面的问题，如果从《史记·刘敬叔孙通列传》所叙述的叔孙通的制礼观来看，也存在以下观点：为了因循"人

一种颜色为首选之色；顺着木、火、土、金、水五行的顺序而循环往复，各自按照五行的法则来制定适合时宜的礼乐；顺着夏、商、质、文的次序而循环往复，不论三复、四复、五复都要更改国号，迁徙都城，改易官名，制定礼仪、创作音乐"，见张世亮等：《中华经典名著全本全注全译丛书·春秋繁露》前揭，第226页。

① 参《庄子·天运》"故夫三皇五帝之礼义法度，不矜于同而矜于治。故譬三皇、五帝之礼义法度，其犹柤梨橘柚邪！其味相反而皆可于口。故礼义法度者，应时而变者也"，见郭庆藩撰、王孝鱼点校：《庄子集释》，前揭，第514、515页。

② 参《商君书·更法》"礼者，所以便事也。是以圣人苟可以强国，不法其故；苟可以利民，不循其礼"，见蒋礼鸿撰：《商君书锥指》，中华书局，1986年，第3页。

③ 参《商君书·更法》"礼法以时而定"，见蒋礼鸿撰：《商君书锥指》，前揭，第4页。

④ 参《史记·礼书》"观三代损益，乃知缘人情而制礼，依人性而作仪"，见司马迁著、韩兆琦评注：《史记（评注本）》，前揭，第306页。

情"（但在《史记·刘敬叔孙通列传》中，未见对"人情"的具体说明），从而将较古的礼的内容与较为晚近的礼的内容进行混合后，以制作新的礼。①

第二节 对"制礼"的要求之一：制作具有多重道德标准的礼

根据上一节总结，先秦西汉思想史中并未出现"制作具有多重道德标准的礼"这一观点。尽管《礼记·礼器》《荀子·大略》提出，在制作礼之时，应该回归"人情"或顺应"人心"，但这类观点是否等同于或能够直接推导出更为具体的"制作具有多重道德标准的礼"这一观点，是很难证实的。同时，尽管《礼记·礼器》又提出：针对不同身份的人应制作不同的相应的礼仪。但所谓"不同的相应的礼仪"，是否遵循多重道德标准，亦是很难证实的。因为，可以假设：虽然"不同的相应的礼仪"意味着礼的形式的不同，但不同的形式也可能是在单一的道德标准的指导下被制作出来的。另

---

① 参《史记·刘敬叔孙通列传》"叔孙通曰：'五帝异乐，三王不同礼。礼者，因时世人情为之节文者也。故夏、殷、周之礼所因损益可知者，谓不相复也。臣愿颇采古礼与秦仪杂就之。'"见司马迁著、韩兆琦评注：《史记（评注本）》，前揭，第1358页。

外，根据本书第五章第五节所述，在《淮南子》中，作为儒学的"六艺"之一的《礼》，以及以往被应用于实践的礼，都可能产生"位卑者嫉妒位尊者"这一副作用。换言之，至少可以说，以往的礼并未使得不同的政治共同体成员彼此相安无事或相安无妨。而《淮南子》中蕴含的"制作具有多重道德标准的礼"这一关于"制礼"的要求，其目的之一便是使得不同的政治共同体成员"各安其性，不得相干"。笔者认为，首先，在《淮南子》中，对于单一的道德标准，治国者是不主张的。以下《淮南子》作者的说法可以说是一种提示：

> 廉有所在而不可公行也……矜伪以惑世，伉行以违众，圣人不以为民俗。①

许匡一《淮南子全译》将上述文本译为："廉洁的美德在一些人的身上存在，但是不能普遍公开地推行……装出矜持虚伪的廉洁模样来迷惑世人，自视清高脱俗而脱离群众，圣人是不会拿这种品性去改造民俗的"。② 笔者认为，上述文本存在两层意思。第一层就

---

① 张双棣撰：《淮南子校释（增订本）》，前揭，第1142页。
② 许匡一：《淮南子全译》，前揭，第600、602页。

是:"廉"这种道德标准,不是能够被普遍推广的。当然,不能被普遍推广这一点,不等于说"廉"这种道德标准应该被彻底抹杀,而是可能意味着"廉"这种道德标准应该在它该在的地方。从此亦可看出,在《淮南子》中,乃是允许"廉"这种道德标准之外的其他标准存在的。那么至少可以说,当面向政治共同体所有成员之时,治国者推行单一的道德标准这一行为是不一定被主张的。至于上述文本的第二层意思,笔者认为,就是对此的进一步强调:"矜""伉行"这两种道德标准,并不应被治国者普遍推广到所有民众身上。

那么至此可以问,治国者不推行单一的道德标准,与"制礼"问题有何干系?为此,笔者首先发现,在《淮南子》作者的观念中,"矜"这一道德标准与礼是能够发生关联的,有了礼才产生"矜"这一道德标准。[①] 根据前引许匡一的翻译,在"矜"所处的语境中,与"矜"这一道德标准相通或类似的道德标准还有"廉"与"伉行"(廉洁、自视清高)。由此可以推知,"廉"与"伉行"这两项道德标准,也可能是由礼所产生的。既然治国者不应推行单一的道德标准这一点

---

① 参《齐俗训》"为礼者相矜以伪",见张双棣撰:《淮南子校释(增订本)》,前揭,第1226页。

已经成立,同时又因为"道德标准"是礼所产生的(而不是凭空、脱离制度而产生的),那么由此可以推知,治国者在"制礼"之时,也不应制作具有单一的道德标准的礼,否则,被制作出来的礼在被政治共同体成员实践之时,单一的道德标准就可能被践行。或者说,治国者在制作礼之时,应该制作一种适合于一般民众践行的道德标准的礼(虽然前述《淮南子》文本尚未告诉我们这种道德标准是什么),同时,这种礼也应含有"廉"(或与之类似的"矜""伉行")这类不适于民众践行的道德标准(因为"廉"这种道德标准并未被治国者彻底抹去)。以上是笔者的推论。而这种推论亦可通过对笔者将要引述的《淮南子·齐俗训》以下文本的解释而得到一定印证。该文本主要旨在提出一种对良好的礼("治世"中的礼)应该是怎么样或造成什么结果。具体而言,这种礼能够使得不同的政治共同体成员彼此相安无事、安于本分,并安于各自的人性——笔者认为,这种良好的礼,当然是治国者在制作礼之时应该努力实现的。《淮南子》言:

> 治世之体易守也,其事易为也,其礼易行也,其责易偿也。是以人不兼官,官不兼事,士农工商,乡别州异。是故农与农言力,士与士言行,工

与工言巧，商与商言数。是以士无遗行，农无废功，工无苦事，商无折货，各安其性，不得相干。①

在这种良好的礼的作用下，士人谈论的是农民、工人、商人并不谈论的"行"，那么可以推知，士人可能践行的是一般民众无法践行的"伉行"这一道德标准。而值得注意的是，尽管"伉行"这一道德标准不能被治国者制作出来的礼拿去教化一般民众，②但这不等于说，《淮南子》的作者不认为一般民众应该不被治国者进行道德教化。③进而言之，在良好的礼的作用下，民众践行的是不同于"伉行"的道德标准。同理亦可推测，在良好的礼的作用下，虽然工人、商人、农民不践行士人所践行的"伉行"，但这并不等于说，工人、商人、农民不会或不应被治国者进行道德教化。换言之，在良好的礼的作用下，工人、商人、农民也可能践行不同于"伉行"的其他道德标准。以以上所述为基础，笔

---

① 张双棣撰：《淮南子校释（增订本）》，前揭，第1210页。
② 参《齐俗训》"敖世轻物，不污于俗，士之伉行也，而治世不以为民化"，见张双棣撰：《淮南子校释（增订本）》，前揭，第1210页。
③ 参《泰族训》"故圣人怀天气，抱天心，执中含和，不下庙堂而衍四海，变习易俗，民化而迁善"，见张双棣撰：《淮南子校释（增订本）》，前揭，第2081页。

者可以总结：如果治国者制作礼，那么被制作的礼应该内含多重的道德标准，而且，关于多重道德标准，虽然前述《齐俗训》文本只是提及其中的"伉行"这一种道德标准，并未具体谈论工人、商人、农民应该践行其他的不同种类的道德标准，但可以确定的是，工人、商人、农民不被要求践行"伉行"这一种道德标准（至少按照一般常识，逐利的商人便很不容易践行"伉行"），否则治国者便无法实现"各安其性，不得相干"这一治理效果。

至此，我们可以总结《淮南子》的作者在"制礼"问题上的一个要求：治国者在制作礼之时，不应向所有政治共同体成员推行单一的道德标准，而应该制作内含多重道德标准的礼。为此，《淮南子》作者阐述了政治共同体中各个不同成员在一种良好的礼的作用下的良好状态（"各安其性，不得相干"）。这一良好状态，恰恰源于被制作出来的礼具有多重的道德标准。更为具体地说，有了多重的道德标准，士人、农民、工人、商人各自才能够践行不同的适于他们的诸种专门道德标准，从而"各安其性"。仅从字面上看便知，"各安其性"这一效果，很难说是违背了因循人性而"制礼"这一总体要求的。当然，笔者在本章开头说了，因循人性而"制礼"这一要求不等于"完全顺从人性"，而是主张礼被制作出来，从而对人性进行"引导"或"规范"。带着这种观点，我们也可以来理解在前述"各安其性"一说所处语境的意思。良好的礼出现后，使得不同的政治共同体成员"各安其性，不得相干"这一点，对政治共同体不同成员的不同人性进行了"引导"，因为，这种礼将士人"引"去践行"伉行"，而没有将士人之外的农民、工人、商人"引"去践行"伉行"。同时，这一点，也可谓对政治共同体不同成员的不同人性进行了"规范"，因为，这种礼使得不同的政治共同体成员互不干涉。

第三节 对"制礼"的要求之二：改造前人之礼

根据本章第一节所述，在思想史上，《礼记》的作者要求后世践行者严守前代治国者所制作的礼，但也指出过过去的礼的错误，似乎暗示后世治国者为此可以重新制作礼。同时，《礼记》的作者说，在对某一具体的礼的内容进行制作时，周代的人对周代之前虞氏、夏后氏、殷人的礼的内容是兼用的。换言之，在对某一具体的礼的内容方面，周代的人尽管可能在一定程度甚或很大程度同时继承了虞氏、夏后氏、殷人的礼，但还是制作出了一种不同于虞氏的礼、夏后氏的礼、殷人的礼这三种礼中任意一种的新的礼。在《论语·为政》《庄子·天运》《史记》中，也存在着对前代的礼进行改造的观点。从总体上看，《淮南子》中的"制礼"思想大致继承了这一点，因为至少按照《淮南子》作者的观点所含的基本要求，治国者应该废除烦琐的礼，尤其是持续时间较久的丧礼。① 根据本书第五章第五节所述，儒学的践行者便力主推行包含守孝三年这一内容的"五缞之服"的丧礼制度。守孝三年自然是持续时间较久的丧礼。那么可以推测，按照《淮南子》作者的观点，治国者在制作礼之时，有可能废除守孝三年这一礼制，② 从而对"五缞之服"这一礼制进行重制、改造。守孝三年这一制度，在《淮南子》所处时代，自然已经算是流传下来的前人之礼。如此看来，如果治国者按照《淮南子》作者的观点，去废除守孝三年这一礼制，那么不仅是对儒学所传承的具体礼制的改造，也可能是对儒学

---

① 参《齐俗训》"乱国则不然，言与行相悖，情与貌相反，礼饰以烦，乐优以淫，崇死以害生，久丧以招行，是以风俗浊于世而诽誉萌于朝，是故圣人废而不用也"，见张双棣撰：《淮南子校释（增订本）》，前揭，第1174页。
② 《齐俗训》对守孝三年这一礼制进行了批评："夫三年之丧，是强人所不及也，而以伪辅情也。"见张双棣撰：《淮南子校释（增订本）》，前揭，第1173页。

践行者的崇古意向①的不赞同。另，在《论语·阳货》中，孔子为"三年之丧"这一礼制进行了辩护。②假设孔子的这一辩护是思想史事实或历史事实，那么，前述《淮南子》中的"制礼"思想恐怕可以进而被认为是对孔子的礼制观的一种修正。

在《淮南子》另一处文本中，其中的"制礼"思想亦含有"改造前人之礼"这一点（并要求改造厚葬这一礼制）：

> 古者，非不知繁升降槃还之礼也，蹀《采齐》《肆夏》之容也，以为旷日烦民而无所用，故制礼足以佐实喻意而已矣……非不能竭国糜民，虚府殚财，含珠鳞施，纶组节束，追送死也，以为穷民绝业而无益于槁骨腐肉也，故葬薶足以收敛盖藏而已。③

---

① 本书第五章第五节论述了《淮南子》中的儒学践行者的崇古意向之问题。
② 参《论语·阳货》"子曰：'予之不仁也！子生三年，然后免于父母之怀。夫三年之丧，天下之通丧也。予也有三年之爱于其父母乎！'"见程树德撰，程俊英、蒋见元点校：《论语集释》，前揭，第1237页。
③ 见张双棣撰：《淮南子校释（增订本）》，前揭，第1174页。

许匡一《淮南子全译》将上述文本译为:"古人并不是不会制定烦琐的尊卑进见礼节,不会表演《采齐》《肆夏》那样的舞乐,而是认识到拿那些繁文缛节旷日持久地麻烦百姓毫无用处,所以制定的礼节足够帮助表明真情实意就行了……古人并不是不会耗尽国库储备、劳民伤财,为帝王将相、达官贵人举行厚葬,让死者含珠宝裹玉衣,带走生前的享受,来追念死者的恩德,送他们归天,而是认识到这样穷了百姓,毁了正业,而对枯骨腐肉毫无益处,所以安葬足够掩盖遗体就是行了。"[1] 我们从上述《淮南子》文本看出,古人面对他们眼中的烦琐古礼之时,也会对这类烦琐古礼进行改造、减省。换言之,古人对他们眼中的前人之礼也进行了改造。在上述《淮南子》文本对"制礼"问题的阐述中,值得我们注意的是对"繁升降槃还之礼"的潜在批评(认为这种礼太过麻烦民众百姓)。《史记·孔子世家》便引用晏婴的话,称孔子"繁登降之礼"。[2] 假设孔子"繁登降之礼"这一说法是思想史事实或历史事实,那么,《淮南子》作者对"制礼"问题的阐述,亦似可进一步被视作对孔子的礼制观的批评——或者是针

---

[1] 许匡一:《淮南子全译》,前揭,第622页。
[2] 司马迁著、韩兆琦评注:《史记(评注本)》,前揭,第762页。

对儒学践行者礼制思想的批评，因为《淮南子》作者即言儒学践行者"繁登降之礼"。[①] 总言之，前述《淮南子》文本中关于"制礼"的总体观点，便是认为出于避免劳民伤财的原因，应该改造、减省前人之礼。而根据本章第一节总结，《礼记·礼器》中的一种关于对礼的制作的观点是：在对礼进行制作之时，要遵守传统。相较之下，在《淮南子》中，儒学践行者因为固守"五缞之服"这一礼制（其中包含守孝三年这一礼制）而被批评为"不原人情之终始"（即不因循人性），[②] 在此情况下，前述《淮南子》作者观点中出现了以对"厚葬久丧"[③]的潜在批评为出发点的"制礼"思想（"葬薶足以收敛盖藏"）。照此看来，《淮南子》作者似并不认为，在制作礼之时需要严格遵守传统，因为，如果严格遵守传统，可能又会回到遵循"五缞之服"这一礼制的老路子，从而被批评为不因循人性，也不符合"制礼"

[①] 参《俶真训》"儒墨乃始列道而议，分徒而讼……繁登降之礼"，见张双棣撰：《淮南子校释（增订本）》，前揭，第225页。

[②] 参《齐俗训》"夫儒墨不原人情之终始，而务以行相反之制，五缞之服"，见张双棣撰：《淮南子校释（增订本）》，前揭，第1173页。

[③] 参《泛论训》"厚葬久丧以送死，孔子之所立也"，见张双棣撰：《淮南子校释（增订本）》，前揭，第1407页。但这一观点与《礼记·檀弓上》作者的主张不同，因为《礼记·檀弓上》作者主张丧礼应该追求奢俭之适（见本章第一节的简述）。

的总体要求。在不严格地遵守传统的前提下对礼进行制作，当然可以被认为属于"改造前人之礼"这一"制礼"要求。为此，《淮南子》作者以下观点可能提供了一些理由，如：以往的治国者楷模——三王五帝——各自就是根据时代变化而重新对礼进行制作，[1] 同时，《淮南子》作者主张"先王之制，不宜则废之"；[2] 治国者使用一成不变的礼制去应付时代的变化，被认为是不适当的；[3] 以往的治国者楷模舜、文王，也有不遵循他们眼中的前人之礼从而进行变通的时候。[4] 总之，《淮南子》作者认为，治国者对礼的改变、重新制作这一不遵守传统、不遵守古礼的行为，无可非议。[5] 从更深层次讲，这一不严格遵守传统的倾向，其目的之一，

---

[1] 参《泛论训》"故五帝异道而德覆天下，三王殊事而名施后世，此皆因时变而制礼乐者"，见张双棣撰：《淮南子校释（增订本）》，前揭，第1370页。

[2] 张双棣撰：《淮南子校释（增订本）》，前揭，第1341页。

[3] 参《泛论训》"何况乎君数易世，国数易君！人以其位达其好憎，以其威势供嗜欲，而欲以一行之礼，一定之法应时偶变，其所不能中权亦明矣"，见张双棣撰：《淮南子校释（增订本）》，前揭，第1379页。

[4] 参《泛论训》"常故不可循，器械不可因也，则先王之法度有移易者矣。古之制，婚礼不称主人，舜不告而娶，非礼也。立子以长，文王舍伯邑考而用武王，非制也。礼三十而娶，文王十五而生武王，非法也"，见张双棣撰：《淮南子校释（增订本）》，前揭，第1361、1369页。

[5] 参《泛论训》"故圣人法与时变，礼与俗化……故变古未可非"，见张双棣撰：《淮南子校释（增订本）》，前揭，第1370页。

就是有利于民众。① 这一目的具体来讲，就是前述所谓的：避免使用繁文礼节去旷日持久地麻烦民众，避免厚葬这一礼制穷了百姓。另外，这一不严格遵守传统的倾向之所以成立，也可能是因为《淮南子》的作者看出：儒学实践者在严格遵循传统的前提下，并未真正恢复传统。② 不过笔者认为，更为重要的是，《淮南子》的作者洞察出：过去时代的人（殷、周、春秋的人）在对礼进行制作之时，其实都没有真正做到严格遵循传统。③ 换言之，在进行"制礼"之时，不严格地遵循传统从而对前人之礼进行改造，可能才是真正的实存的"传统"。

第四节 "制礼"的两个相关问题：鬼神问题以及愚民问题

本部分探讨"制礼"的两个相关问题：鬼神问题

---

① 参《泛论训》"苟利于民，不必法古"，见张双棣撰：《淮南子校释（增订本）》，前揭，第1370页。
② 参《泛论训》"《诗》、《春秋》，学之美者也，皆衰世之造也，儒者循之，以教导于世，岂若三代之盛哉"，见张双棣撰：《淮南子校释（增订本）》，前揭，第1378、1379页。
③ 参《泛论训》"夫殷变夏，周变殷，春秋变周，三代之礼不同，何古之从"，见张双棣撰：《淮南子校释（增订本）》，前揭，第1387页。

以及愚民问题。具体而言，本部分首先的任务是探讨鬼神问题，再由对鬼神问题的讨论引出与之相关的愚民问题。尽管笔者尚未见到有学者明确认为在《淮南子》中鬼神问题与"制礼"问题直接有关，但已有学者进行初步揭示，在《淮南子》中，鬼神问题与礼相关。如：钱钟书便以《淮南子》为例，围绕鬼神这一问题，认为"设教济政法之穷，明鬼为官吏之佐，乃愚民以治民之一道"，其与礼息息相关，因为，基于鬼神迷信，"礼法之萌芽茁焉"。[1] 而在《淮南子》中，从微观角度看，祭祀与鬼神紧密联系，[2] 同时，从宏观角度看，祭祀问题又是"制礼"问题的一部分。[3] 所以从大体上讲，鬼神问题大致也可被纳入"制礼"问题的讨论范畴。对于"制礼"问题，本章第二、三节已经阐述了治国者应如何制作礼，那么可以问：关于鬼神问题，在

---

[1] 钱钟书：《管锥编》，中华书局，1979年，第18、19页。
[2] 参《泛论训》"今世之祭井、灶、门、户、箕、帚、臼、杵者，非以其神为能飨之也，恃赖其德，烦苦之无已也……故炎帝于火，而死为灶；禹劳天下，而死为社；后稷作稼穑，而死为稷；羿除天下之害，死而为宗布。此鬼神之所以立"，见张双棣撰：《淮南子校释（增订本）》，前揭，第1479页。
[3] 参《泛论训》"夏后氏祭于暗，殷人祭于阳，周人祭于日出以朝，此祭之不同者也……故五帝异道而德覆天下，三王殊事而名施后世，此皆因时变而制礼乐者"，见张双棣撰：《淮南子校释（增订本）》，前揭，第1370页。上述文本最终用"因时变而制礼乐"一说进一步说明"祭之不同者"。

《淮南子》中，是否存在着文本，用以阐述鬼神信念如何被人为地搞出来这一点呢？（如何实行钱钟书所谓的"明鬼"）笔者在《淮南子》中找到了这一文本。笔者认为，这一文本的主要观点是，将不宜于让民众接触或知道的现象或传闻，用鬼神信念来进行遮掩，具体方式就是通过"类推"的方式，针对不宜让民众接触或知道的现象或传闻进行重新解释：

> 夫见不可布于海内，闻不可明于百姓，是故因鬼神机祥而为之立禁，总形推类而为之变象。①

许匡一《淮南子全译》将上述文本译为："有些现象不能公布于天下，有些传闻不能向百姓说明，因此就利用鬼神决定吉凶祸福的迷信观念来定出种种禁忌，汇合各种人们熟知的形象、形态加以类推，给这些现象、传闻作出解释。"② 简言之，"不宜于让民众接触或知道的现象或传闻"本身是被解释的对象，而"鬼神"已经治理民众的人做出解释（"变象"的结果）。同时，解释方式是"类推"，而"类推"所依傍的"材料"或

---

① 张双棣撰：《淮南子校释（增订本）》，前揭，第1478页。
② 许匡一：《淮南子全译》，前揭，第819页。

"道具"是"人们熟知的形象、形态"。更进一步说,"鬼神"作为最终的解释结果,被呈现给民众时,是与"人们熟知的形象、形态"有关的,但同时,"鬼神"之所以被呈现出来,乃是用于遮掩"不宜于让民众接触或知道的现象或传闻"。简言之,"鬼神"是对"不宜于让民众接触或知道的现象或传闻"的歪曲性解释(否则,此处也不用出现"变象"一词)。从表面上看,由于"鬼神"与"人们熟知的形象、形态"(民众所理解或认为的"真实")有关(被借助"人们熟知的形象、形态"类推出来),那么,笔者认为,"鬼神"沾染了"人们熟知的形象、形态"的"真实性"。同时,更为深层的"真实"——"不宜于让民众接触或知道的现象或传闻"——被这种"真实性"所掩盖了。总之,关于鬼神信念如何被人为地搞出来这一点,笔者认为,《淮南子》作者是在建议治国者用一种可以被民众接受的"真实",来掩盖、歪曲另一种不宜被民众接受的"真实"。

从现代人的角度着眼,民众似乎有权接触《淮南子》作者眼中的不宜被民众接触的"真实"。如果我们认同现代人的这种信念,那么,我们可以认为,《淮南子》作者在阐述鬼神信念如何被人为地搞出来这一点时,是在暗示古代治国者应该采取一种愚弄民众的策略。同时，《淮南子》作者自身也承认，鬼神信念就是用来教化不懂得利害关系的愚人的。[1] 根据前述，在《淮南子》作者眼中，民众被认为不应接触那些"现象或传闻"，那么至此可以总结说，鬼神信念就是用来教化不懂得利害关系的愚民的。笔者认为，这就是古代治国者在人为地搞出鬼神信念之时采取愚弄民众策略的原因。或者我们可以说，一方面，民众被古代治国者认为是愚民，另一方面，古代治国者被认为应该愚弄民众。另外，在《淮南子》中，也存在以下观点：古代治国者治下的民众，如果在认知或知识层面上不被限制，那么德行的衰退似不可避免。[2] 据此，笔者认为，这一观点虽然可能只是一种对古代治国者的教诲，但从另一侧面，可以被用以理解《淮南子》作者为何认为世上存在着"不宜于让民众接触或知道的现象或传闻"。为此，我们可以做一个联想，来理解《淮南子》作者的意思：用在今人看来"政治不正确"的话来讲，愚民如果接触了不应接触的"现象或传闻"，不懂得利害关系，那么

---

[1] 参《泛论训》"为愚者之不知其害，乃借鬼神之威以声其教，所由来者远矣"，见张双棣撰：《淮南子校释（增订本）》，前揭，第1479页。

[2] 《泰族训》提及"故民知书而德衰"，见张双棣撰：《淮南子校释（增订本）》，前揭，第2155页。许匡一《淮南子全译》将"德"翻译为"德行"，见许匡一：《淮南子全译》，前揭，第1236页。

进而可能胡作非为，德行的衰退也就随之而来。

将民众视作愚民这一点，在笔者看来，也存在于《淮南子》作者所阐述的"制礼"思想中。以下《淮南子》的文本是证据：

> 夫圣人作法而万物制焉，贤者立礼而不肖者拘焉。制①法之民，不可与远举；拘礼之人，不可使应变。耳不知清浊之分者，不可令调音；心不知治乱之源者，不可令制法。②

"制礼"的主体，不应是民众；民众应该是被制作出来的礼所要束缚的对象；"制礼"的主体必须具有高超见识，而民众不具备高超的见识，所以不应"制礼"。简言之，在《淮南子》中，民众不仅不被认为具有高超的见识（被认为是愚民），而且还被认为应该被束缚于治国者（在"制礼"方面具有高超见识的治国者）所制作的礼中。同时，在《淮南子》中，又存在着"圣人制礼乐而不制于礼乐"一说。③ 由此可知，治国

---

① 高诱注"制"为从（即顺从）之义，见张双棣撰：《淮南子校释（增订本）》，前揭，第1393页注二五。
② 张双棣撰：《淮南子校释（增订本）》，前揭，第1387页。
③ 张双棣撰：《淮南子校释（增订本）》，前揭，第1370页。

者("圣人")如若作为"制礼"的主体,不应像愚民那样被礼束缚。然而,那薇《汉代道家的政治思想和直觉体悟》一书认为,《淮南子》在阐述对礼的制作问题之时,"礼与俗化"这一点"具有思想解放的作用"。[1] 笔者认为,那薇的观点值得细究。首先,按照《淮南子》的观点,所谓的"思想解放的作用"不能够施加在民众身上,因为,民众不被允许参与对礼的制作过程,谈不上被"思想解放"从而制作礼;其次,从前述《淮南子》观点看,民众本身应该被在认知或知识层面上进行限制,那么也就没有了所谓"思想解放",而相对于民众,治国者懂得"礼与俗化"(接近于笔者之前阐述的"改造前人之礼"这一要求所含的意思:不生硬地坚守前人的礼),就不再严格地受到传统的束缚、不再盲目地崇拜古人,似可被认为其身上存在"思想解放"这一特征。末了,值得补充说明的是,在《淮南子》作者透露出"民众应该在认知或知识层面上被限制"这一点的语境中,存在着以下观点:"故上下异道则治,同道则乱"。[2]

---

[1] 那薇:《汉代道家的政治思想和直觉体悟》,前揭,第82页。
[2] 张双棣撰:《淮南子校释(增订本)》,前揭,第2155页。

第五节 小结

在先秦西汉关于"制礼"的思想史上，《淮南子》作者提出了"制作具有多重道德标准的礼"这一关于"制礼"的要求。这一要求，在《礼记》《论语》《荀子》《春秋繁露》《庄子》《商君书》《史记》等论及对礼的制作这一问题的经典中，并未明确出现。可见，这一要求，乃是《淮南子》相对于上述经典的一个创见。当然，《淮南子》中的"制礼"思想，还是大致没有违背《礼记》《荀子》《史记》在谈论对礼的制作这一问题之时对人性（或言"人心"，或言"人情"）的重视姿态，尽管《淮南子》作者在专门谈论"制礼"思想之时，更为具体地提出了自己与"制礼"思想相关的对人性的理解。这一理解，并未像《论语》那样，将人性的某一可能引人反感的方面以道德的名义加以贬斥，而是强调，对于人性中的可能令人反感的方面，需要通过被制作出来的礼来进行引导、规范。

尤其值得注意的是，对于《论语》所贬斥的"好色"这一人性，《淮南子》作者主张治国者制作"大婚之礼"来加以引导，而《论语》并未说过通过对婚礼的制作来对"好色"这一人性加以引导。但笔者认为，《淮南子》的作者在专门谈论"制礼"思想之时阐述人性，并不是在有意宣扬一种特别的人性观，而是将对人性的阐述作为对"制礼"这一问题的阐述的一个必要步骤，或者说，对人性的阐述与对"制礼"的阐述是缠绕在一起的，原因主要是：《淮南子》作者在专门谈论"制礼"思想的语境中，特别强调了需要通过人性之外的手段来对人性进行引导。但是，本书绪论已经说过，在《淮南子》中，虽然"制礼"属于"治道"，但礼本身不属于"治道"（类似《庄子》中的情况）。由此，笔者认为，《淮南子》作者尽管提出需要通过人性之外的手段来对人性进行引导，但这并不等于说：通过一种一成不变的礼来对人性进行引导。为此，本章第三节便阐述了"改造前人之礼"这一要求，其中指出：《淮南子》作者反对儒家在丧礼制作方面的僵化的复古态度，也反对烦琐的古礼，还反对严格地遵守传统来对礼进行制作——在《淮南子》作者眼中，很多之前的时代或古人都没有在对礼进行制作之时严格地遵循传统。

如果硬要说《淮南子》中的"制礼"思想遵循了传统，那也不过是遵循了重视人性"这一传统"，但是恰恰是因为重视人性"这一传统"本身，《淮南子》作者似乎在主张：为了"这一传统"，对礼的内容可以进行变通。至此，又可以问：这种变通是不是无限制的变通？或者说，这种变通是不是没有任何原则的？笔者认为，可以回到本书上一章阐述的儒学问题来理解这一问题。具体来说，尽管《淮南子》作者在谈及"制礼"问题时批评了儒生的"制礼"观（如批评儒生强行推行"三年之丧"），但并不等于说：《淮南子》中主张变通或主张"改造前人之礼"的"制礼"思想彻底否定了儒生或儒家的"制礼"观，因为《淮南子》主张拥有"制礼"权力的治国者利用、改造（而不是废弃）儒生们传习的《礼》这一经典。进一步而言，众所周知，《礼》这一经典承载了不限于丧礼的众多礼仪内容，而我们并未发现，《淮南子》作者对《礼》中的所有礼仪内容进行了全盘攻击。换言之，笔者推测：《淮南子》作者可能倾向于认为，治国者应该以《礼》中的礼仪内容为基础，来进行"制礼"活动。

回过头来说，所谓"改造前人之礼"这一要求，虽然主张对前人之礼进行变通，但这一变通还是"遵循一定原则"——当然，笔者所谓的"遵循一定原则"，指的是治国者不是凭空对礼进行变通，而是以《礼》的礼仪内容为基础进行变通，或者说，被变通的对象始终包括那些礼仪内容。为此，更为值得注意的是，根据本书第五章第三节所述，《淮南子》作者虽然论及治国者尽管会对《礼》进行改造，但没有直接论及如何逐条改造《礼》本身所含的全部礼仪内容。

最后，需要总结的是，《淮南子》作者还阐述或暗示了与"制礼"问题相关的鬼神问题以及愚民问题。古代治国者被认为应该制造鬼神信念，来遮掩政治共同体中不宜被民众接触或知晓的现象或传闻。从今人的视角看，这种做法，无疑是在减少政治运行中的某种"透明度"。但是，任何国家都存在国家机密。虽说我们可能认为，《淮南子》作者眼中不宜被民众接触或知晓的现象或传闻的实质内容与今日的国家机密的实质内容不是完全相同的，但是我们至少可以认为，无论在《淮南子》这部古书的主张中，还是今日政治运行的实际情况中，都不存在所谓政治运行的绝对的透明度。

一个不可否认的事实是，西方所谓民主国家的新闻发言人，都是善于利用修辞技巧来回避、遮掩记者的尖锐问题的高手；西方所谓民主国家的所有最高决策过程，当然不是完全大白于天下。很多时候，西方所谓民主国家的民众不过是依靠政治"八卦"或道听途说的传闻来对政治运行的很多真相来加以揣测——而且，很多政治"八卦"可能是政客们刻意放出。

由此可以问：西方政客们的这种做法的意图是不是类似于《淮南子》中的治国者制造鬼神信念之时背后的意图呢？另外，《淮南子》作者在论及"制礼"问题时，也倾向于认为并不是所有人都能够参与"制礼"活动：愚民不应参与"制礼"活动。

西方代议制国家的议会当然不是专门从事制定《淮南子》意义上的"礼制"的活动，但是，议员们多数时候从事了制定法律的活动。尽管议员们可能是被选举产生，且被称为代表了民众的意志，但是，实际制定法律的过程，还是由议员们乃至附属于议员的专业技术幕僚来承担（并不是每个民众都具有制定法律的专业技能）。换言之，在西方所谓民主国家运行中，仍然不是真正地实现所有民众都参与到实际的法律制定过程中（选票代表的意志是否能够直接体现到议会的所有法律制定过程中，也是一个问题）。总之，在西方所谓民主国家的政治规则的制定过程中，并非真正地实现了所有民众的全程参与，而且，民众也被认为应该遵守议员们所制定出来的政治规则（所谓遵守宪法以及相关法律）。类似地，在《淮南子》作者的观念中，所有民众并不被主张或允许全程参与围绕礼制这一政治性规则的制定过程，而且，民众同样被认为应该遵守治国者所制定出来的礼制这一政治性规则。

第七章 反思牟宗三、徐复观关于"治道"的观点

本章的目的旨在结合《淮南子》中的"治道"思想,来反思现代学者关于"治道"的观点。牟宗三作为中国哲学研究方面的现代巨擘,其《政道与治道》一书中第二章"论中国的治道"的观点引起了笔者的注意;徐复观与牟宗三一样,同属中国哲学研究方面的现代巨擘,其《学术与政治之间(新版)》一书有"中国的治道"一文。两位现代巨擘,不约而同地阐述了"治道"问题,且题目几近一致,不得不引起笔者的重视。本章首先反思牟宗三的观点,其次反思徐复观的观点。

第一节　反思牟宗三的"治道"观

牟宗三《政道与治道》一书中第二章"论中国的治道",论及了儒、道、法三家的"治道"。同时,牟宗三亦极力批判法家"治道",要么称李克、吴起、商鞅等法家"不能代表一个整个的文化系统",① 要么称被李斯实践的韩非子法家思想"抹煞""人间光明之根"。② 所以笔者在此有必要强调,笔者主要反思的是牟宗三在书中一定程度上不反对的儒、道两家的"治道"方面的问题。以下简述牟宗三在儒、道两家的"治道"方面的主要观点。在《政道与治道》第二章中,牟宗三说,在道家"治道"那里,儒家"治道"中的礼,③ 作为"外在的形式",是对人性的束缚;礼所塑造的"人为"的"等差"("亲亲尊尊"),即一种政治—伦理等级,引起了"纷争"。④ 鉴于此,道家"治道"旨在冲破礼以及礼所塑造的等级,从而"道法自

---

① 牟宗三:《牟宗三先生全集10:政道与治道》,前揭,第45页。
② 牟宗三:《牟宗三先生全集10:政道与治道》,前揭,第46页。
③ 牟宗三认为,儒家"治道"主张礼治,参牟宗三:《牟宗三先生全集10:政道与治道》,前揭,第30、31页。
④ 牟宗三:《牟宗三先生全集10:政道与治道》,前揭,第36页。

然"。① "道法自然"的意思，就是从礼以及礼所塑造的等级中"解脱"，从而"自适其性"（追求"自然之性"，只是"自然主义"）——如果治国者"自适其性"，做到"让开一步"，就能让治下的诸个体"各适其性""各可其可"。由此，"道法自然""归于'无为'"。② 另外，笔者需要指出的是，牟宗三认为，在道家"治道"那里，"无为"与儒家"治道"中的礼不能形成沟通，或者说，道家"治道"中的"无为"思想反对儒家"治道"所主张的"本德性天理之'为'"（"人为"的礼所塑造的等级）；在儒家那里，儒家所主张的"无为"既反对私意、私智（此与道家相通），又与"本德性天理之'为'"相通，换言之，即与礼相通。③ 相较于主张礼治的儒家"治道"，道家"治道"缺乏礼这个"维系人群"的"底子"。④ 由此，道家"治道"容易被儒家吸收。⑤ 牟宗三认为，对于牟宗三所处的"今日"，儒家"治道"与道家"治道"的意义

---

① 牟宗三：《牟宗三先生全集10：政道与治道》，前揭，第36、37页。
② 牟宗三：《牟宗三先生全集10：政道与治道》，前揭，第37页。
③ 牟宗三：《牟宗三先生全集10：政道与治道》，前揭，第37页。
④ 牟宗三：《牟宗三先生全集10：政道与治道》，前揭，第40页。
⑤ 牟宗三：《牟宗三先生全集10：政道与治道》，前揭，第40、41页。

第七章　反思牟宗三、徐复观关于"治道"的观点　349

的"转出"，"统系于'政道'之转出"。① 换言之，牟宗三可能是在说，儒家"治道"与道家"治道"的实现，取决于"政道"的实现。根据《政道与治道》第一章"政道与治道"所述，"政道"就是"原则上即为不变"的"宪法"，② 再结合《政道与治道》中"新版序"来看，亦可说是"民主政治"。③ "民主政治"在一定程度上，被牟宗三理解为"真正的法治"，④ 与"开放社会"不相违背。⑤ 当然，牟宗三对上述意义的"民主政治""宪法""开放社会"是期待、赞同的。

以上述为参照，笔者在本节将分若干点，来反思牟宗三的观点。在反思之前，需要提前说明的是，诚然《政道与治道》第二章"论中国的治道"很可能没有考虑或顾及《淮南子》的"治道"思想，但是或许恰恰鉴于此，借助《淮南子》中的"治道"思想，我们便可以从一个新的角度来反观牟宗三的观点。另外，《政道与治道》第二章开篇即表示，对儒道"治道"的阐述，也以第一章"政道与治道"中的"基本观念"为"背

---

① 牟宗三：《牟宗三先生全集10：政道与治道》，前揭，第41页。
② 牟宗三：《牟宗三先生全集10：政道与治道》，前揭，第25页。
③ 牟宗三：《牟宗三先生全集10：政道与治道》，前揭，新版序，第18页。
④ 牟宗三：《牟宗三先生全集10：政道与治道》，前揭，新版序，第23页。
⑤ 牟宗三：《牟宗三先生全集10：政道与治道》，前揭，新版序，第24页。

景"，与"政道"有关系；[①] 同时，笔者发现，牟宗三对道家"治道"的阐述，也与《政道与治道》一书"新版序"、第三章"理性之运用表现与架构表现"、第七章"政治如何能从神话转为理性的"、第八章"理性之内容的表现与外延的表现"中的某些观点有一定关系。故以下在进行反思时，亦将顾及《政道与治道》一书"新版序"以及第一、三、七、八章的相关观点。

一、牟宗三关于道家"治道"与礼的关系的观点

牟宗三认为，在道家"治道"那里，由于礼被认为对人性形成了束缚，所以道家"治道"（如在人性上主张"自适其性"进而"无为"）与儒家"治道"所主张的礼有冲突。有趣的是，类似于礼与人性形成冲突的观点，仍然存在于中国哲学研究专家陈静晚近关于《淮南子》的著述《自由与秩序的困惑——〈淮南子〉研究》中。陈静认为，在《庄子》中，人的真性与礼法（"俗伪"）之间"存在着根本性的紧张"，[②] 而《淮南子》

[①] 牟宗三：《牟宗三先生全集10：政道与治道》，前揭，第29页。
[②] 陈静：《自由与秩序的困惑——〈淮南子〉研究》，云南大学出版社，2004年，第254页。

作者继承了《庄子》的这种思路。① 然而，笔者认为，在《淮南子》中，实际的情况更为复杂。诚然，《淮南子》作者确实认为礼与人性形成了一定冲突，② 且礼造成了一定的纷争（如前述牟宗三所认为的那样）。③ 但是，《淮南子》作者认为这种与人性形成冲突的礼是可以避免的，因为《淮南子》作者同时认为，治国者可以通过重新制作符合人性特点的、具有多重道德标准的礼。④ 换言之，《淮南子》作者并非如牟宗三以及持与牟宗三类似观点的陈静那样，认为礼与人性不可调和，而是认为，通过恰切的"制礼"行为方式（本书所述的《淮南子》中"治道"思想的最后一个方面），可以调和礼与人性。另外，根据前述的牟宗三的观点，道家"治道"中的"无为"这一方面，与礼也形成了冲突。然而，根据本书绪论第一节所述，在《庄子·天道》中，"无为"作为"道"，与礼也能形成结合。为此，更值得注意的是，牟宗三认可《庄子》外篇的观点可以

---

① 牟宗三：《牟宗三先生全集10：政道与治道》，前揭，第259页。
② 参《齐俗训》"率性而行谓之道，得其天性谓之德。性失然后贵仁，道失然后贵义。是故仁义立而道德迁矣，礼乐饰则纯朴散矣"，见张双棣撰：《淮南子校释（增订本）》，前揭，第1135页。
③ 参《齐俗训》"及至礼义之生，货财之贵，而诈伪萌兴，非誉相纷，怨德并行"，见张双棣撰：《淮南子校释（增订本）》，前揭，第1135页。
④ 具体见本书第六章第二节所述。

被用于说明道家的"治道",因为,牟宗三在《政道与治道》第二章"论中国的治道"中,便曾引用与《庄子·天道》同属《庄子》外篇的《庄子·田子方》中"文王观于臧"的故事,来说明道家的"治道"[①]——由此进一步可以问,为何牟宗三对同属《庄子》外篇的《庄子·天道》的上述义理视而不见?另外,牟宗三在《政道与治道》第二章说,道家的"治道""本身不能自足独立"。[②] 此或是表明,道家的"治道"有缺陷。结合前述,或许可以推知,缺陷是缺乏礼。然而,从《庄子·天道》的观点看,道家"治道"中的"无为"这一层面,与礼能够形成一种结合。换言之,道家"治道"是有可能吸纳儒家"治道"所主张的礼的。笔者认为,牟宗三或许是为了坚持或维护儒家在中国文化中的主角式地位,[③] 并未说出这点,而只是说:道家"治道"容易被儒家吸收。进而言之,笔者推测,牟宗三或许出于自己对儒家的信仰,忽视了道家"治道"——包

[①] 牟宗三:《牟宗三先生全集10:政道与治道》,前揭,第38、39页。
[②] 牟宗三:《牟宗三先生全集10:政道与治道》,前揭,第40页。
[③] 在《政道与治道》一书"新版序"中,第八部分题为"中国文化主位性的维持",其中,牟宗三说:"中国文化以儒家作主,这个文化生命主要的动向、形态是由儒家决定的。"见牟宗三:《牟宗三先生全集10:政道与治道》,前揭,新版序,第33、34页。

括在《淮南子》中被称为"道之宗"的"无为"——以某种形式或程度与儒家"治道"所主张的礼这一方面（亦包括"创制礼乐"）[1]发生积极关系的可能性。这一可能性的体现，在《淮南子》的"治道"思想中，就是"无为"思想与"制礼"思想两者之间能够形成联系。[2]

二、牟宗三关于儒道"治道"与"制礼"问题的观点

牟宗三认为，在道家"治道"那里，礼是"外在的形式"，人应该从中"解脱"，且礼并非"本于性情"；[3] 在儒家"治道"那里，礼"本于性情"，且只要本于性情，在制作礼之时，对礼可"随时斟酌损益"。牟宗三还指出，"儒家之所以为儒家"，不在对某一特定礼制的"死守"。[4] 总言之，牟宗三否定了在道家"治道"范畴内存在着对礼的制作这一项事务，同时高度认可了儒家"治道"懂得如何从人性角度出发、

---

[1] 牟宗三：《牟宗三先生全集10：政道与治道》，前揭，第31页。
[2] 具体论述见本书第三章第三节第二部分。
[3] 牟宗三：《牟宗三先生全集10：政道与治道》，前揭，第36、37页。
[4] 牟宗三：《牟宗三先生全集10：政道与治道》，前揭，第30页。

以"随时斟酌损益"的方式来制作礼。

笔者认为,牟宗三做如此判断之时,恐怕没有考虑到《淮南子》中关于"制礼"的相关思想的存在。本书第五章第五节已经阐述过,《淮南子》作者认为儒家在对礼的制作这一方面,存在着不合人性、死守古礼等问题,同时认为,儒学经典《礼》本身也存在着问题,所以,《淮南子》作者认为,在制作礼之时,需要不受儒学的彻底束缚。为此,本书第六章中"对'制礼'的要求之一:制作具有多重道德标准的礼"一节以及"对'制礼'的要求之二:改造前人之礼"一节,便是旨在讨论如何制作礼,以拨正儒家在制作礼这一方面存在的问题。当然,我们也可以说,《淮南子》中的"制礼"思想,虽然是对儒家在制作礼这一方面的缺陷的一种拨正,但在所谓制作礼应该"本于性情"(本于人性)、"随时斟酌损益"这两方面,是符合牟宗三所述的儒家"治道"中的相关要求的。同时,根据前述,《淮南子》中的"制礼"思想,与"无为"思想形成了勾连,[①] 那么,至少是有望拓宽牟宗三眼中的道家"治道"的内涵。回过头来看,笔者猜测,牟宗三可能是同样为了坚持或维护儒家在中国文化中的主角式地位,过

---

① 见本书第三章第三节第二部分。

分赞扬了儒家"治道"在制作礼这一方面的完美性，而忽视了道家"治道"从自身出发能够与"创制礼乐"这一因素发生关系。

另外，还可以问的是，如果牟宗三意识到《淮南子》作者对儒家在制作礼这一方面进行的批评，牟宗三还会赞扬儒家"治道"在制作礼这一方面的完美性吗？为此，笔者需要补充说明的是，牟宗三虽然意识到思想史中（从墨子一直到胡适）对儒家的批评，但该批评与对礼的制作这一问题没有最直接的关系。牟宗三在《政道与治道》的"新版序"中所陈述的这一批评，乃是认为儒家没有"事功的精神"（或如牟宗三所称引的胡适的观点所暗示的：不是"有用"或"实用主义"）。[1] 按照牟宗三的陈述，"事功的精神"是指"商人精神"。[2] 显然，这一批评与对礼的制作这一问题没有最直接的明显关系。回过头来看，我们可以说，《淮南子》作者作为西汉人，已经明确指出先秦西汉的儒家在对礼的制作这一方面存在缺陷，并非如牟宗三所说的那样能够按照"本于性情""随时斟酌损益"的要求来对

---

[1] 牟宗三：《牟宗三先生全集10：政道与治道》，前揭，新版序，第15、16页。
[2] 牟宗三：《牟宗三先生全集10：政道与治道》，前揭，第17页。

礼进行制作。为此，笔者认为，《淮南子》作者的这一批评，至少可以有利于牟宗三作品的读者从另一个角度看待牟宗三关于儒家"治道"中对礼的制作这一点的阐述。

三、牟宗三所谓道家"治道"是"自然主义"的观点

牟宗三认为，道家"治道"中的"自适其性"的条件是从礼以及礼所塑造的等级中"解脱"，且如果治国者"自适其性"，"让开一步"，就能让治下的诸个体"各适其性"，由此治国者归于"无为"。为此，牟宗三将道家的"治道"（包括"无为"在内）视为一种"自然主义"。笔者认为，这种"自然主义"，换句话说，已经近乎一种放任主义，甚至可以说是一种准无政府主义。而牟宗三又说，道家"治道"是"自'在上者'言"，[1] 意即从治国者层面讲。那么，如果道家"治道"是一种近乎准无政府主义的"自然主义"，那么何须"自'在上者'言"？换言之，治国者这一角色，在牟宗三所述的道家"治道"的理论图景中，似乎

---

[1] 牟宗三：《牟宗三先生全集10：政道与治道》，前揭，第30页。

是可有可无的，因为，治国者既不需要借助礼来管控民众（当然更不可能借助比礼更严酷的刑、法，而在《淮南子》中，尽管礼不是"治道"，但仍会被懂得"治道"的治国者利用），又同时追求让民众"各适其性"，更是对政治事务"昧然不应"[①]（而在《淮南子》中，懂得"无为"的治国者被认为至少应该进行随机应变），且笔者发现，牟宗三在《政道与治道》第二章"论中国的治道"专论道家"治道"的部分（第36到41页），也没有说懂得道家"治道"的治国者应该任命臣子去完成政治治理（而在《淮南子》中，懂得"无为"的治国者被认为至少应该任命臣子去完成政治治理）。读者可能认为，牟宗三已经断定道家"治道""本身不能自足独立"（当然由此推论，道家"治道"的自然主义倾向也可能"本身不能自足独立"），可以回避笔者的上述追问和质疑。但是笔者必须指出的是，当牟宗三断定道家"治道""本身不能自足独立"之时，并未认真考虑《淮南子》作者围绕"治道"思想的论述。笔者认为，《淮南子》中围绕"治道"的论述从一个角度凸显了治国者的作用和地位，可以避免道家"治道"的自然主义倾向，也可能使得道家"治道"避

---

① 牟宗三：《牟宗三先生全集10：政道与治道》，前揭，第39页。

免"本身不能自足独立"这一窘境。以下分论之。

第一,在《淮南子》中,治国者(他懂得作为"道之宗"的道家"治道""无为")被认为应该对礼进行控制(利用),[1] 进而控制民众(符合牟宗三所谓的道家"治道"是"自'在上者'言"这一观点),从而避免自然主义乃至准无政府主义、放任主义的出现,亦避免牟宗三所谓道家"治道""本身不能自足独立"的情况。

第二,在对"无为"与"自然"的阐述中,《淮南子》作者认为治国者的"无为"是指治国者应该因循"自然"办事(立下政治功业)乃至因循"自然"(人性)而"制礼",同时《淮南子》作者亦否认了"自然"(人性)的不可改造性;[2] 懂得"无为"的治国者亦为了实现因循"自然"("法修自然")这一要求而任用臣子,从而对政治共同体实行间接但实存的治理。[3] 照此看来,《淮南子》作者在围绕道家"治道"("无为")的阐述这一方面,避免了牟宗三的道家"治道"观所引发的治国者地位作用可有可无的问题,

---

[1] 参本书绪论第三节开头对《俶真训》相关文本的分析。
[2] 参《修务训》"人性各有所修短,若鱼之跃,若鹊之驳,此自然者,不可损益。吾以为不然",见张双棣撰:《淮南子校释(增订本)》,前揭,第2007页。
[3] 见本书第三章第三节第二部分,以及第四章第二节第三部分。

也同时避免了牟宗三所谓道家"治道"在政治治理方面的近乎放任主义的自然主义倾向,可以说是对牟宗三所言道家"治道"的一种修正或补充。

四、牟宗三所谓道家"治道"是"消极"的观点

牟宗三认为,在道家"治道"中,治国者的"自适其性",由于"反有为",从而最终达至"无为"。笔者认为,若是如此,道家"治道"被牟宗三阐述成为一种颇具消极色彩的理念(牟宗三本人也称其为"消极")[1]。由此看来,在牟宗三眼中,道家"治道"似乎在说:不要求治国者在具体政治治理中有所作为。当然,值得注意的是,牟宗三也透露了道家"治道"中的"无为"反对的是"私意""私智""下等欲望"的"为"。[2] 换言之,即便牟宗三认为"无为"含有"有所作为"一层意思,也是从否定的层面进行阐述的——实际上,笔者亦未发现牟宗三谈论"有所作为"这一面到底是什么(牟宗三似乎更为强调的是治国者应该"昧然不应")。关于以上牟宗三的观点,笔者进行了以下

---

[1] 牟宗三:《牟宗三先生全集10:政道与治道》,前揭,第37页。
[2] 牟宗三:《牟宗三先生全集10:政道与治道》,前揭,第37页。

反思。一般而言，在西方政治中，大多数治国者皆有"下等欲望"（如肯尼迪、克林顿的绯闻等），而如果遵循牟宗三所理解的道家"治道"思想，治国者只能成为一个近乎禁欲的人，这在西方政治的现实中几乎是不可能发生的；在西方政治中，治国者或领导者皆会自觉或不自觉地"有所作为"，那么，笔者认为，还不如借用《淮南子》的中国治理智慧在对他们的宣传教育中直接告诉应该如何"有所作为"，而不是鼓励他们"昧然不应"。同时，笔者认为，在《淮南子》的"治道"思想中，存在着积极的更为切合现代政治中一般治国者实际情况的教诲，以下分而论之。

首先，"适情"指的是追求欲望的适度，但不指禁欲，[①] 相比牟宗三所理解的道家"治道"中的准禁欲主义，似更为适合用于教育西方世界中数量更为广泛的、在个体修身方面无法实现准禁欲主义的一般治国者，而且，如果用准禁欲主义去要求治国者，似是将治国者与民众做作地隔绝开来（会被嘲讽为"不接地气"）。

其次，"应"这一教诲，作为沟通"适情"与"无为"两者之间的概念，表随机应变义，似更能被牟宗三期待的现代政治中的治国者所接受，因为，在现代政治的运

---

① 见本书第二章第二节。

行中，每日突发事件较多，需要治国者在关键时刻作出相应的不同应对行为或策略——假设遵循牟宗三所理解的道家"治道"思想（如"昧然不应"），治国者恐怕会处于一种玩忽职守、懒政怠政的状态，可能造成执政危机或对政治共同体中的灾难或恶性公共事件坐视不管。

五、牟宗三关于道家"治道"与"政道"的论述

牟宗三认为道家"治道"（包括"自适其性""各适其性"等），与儒家"治道"一样，缺乏"政道"。而在《政道与治道》第一章"政道与治道"，牟宗三认为，"治道"（无论儒道）应该被"政道""夹制"，[①] 在此前提下可以讲求"治道"。[②] 也就是说，牟宗三认为，在"政道"的框架下，才能讲求"治道"（无论儒道）。[③] 根据笔者前述，牟宗三所谓"政道"指西方民主政治、所谓"开放社会"，由此我们可以推知牟宗三的意思：道家"治道"应该在西方民主政治、所谓"开放社会"存在的前提下发挥作用。而根据笔者

[①] 牟宗三：《牟宗三先生全集10：政道与治道》，前揭，第27页。
[②] 牟宗三：《牟宗三先生全集10：政道与治道》，前揭，第25页。
[③] 牟宗三：《牟宗三先生全集10：政道与治道》，前揭，第26、27页。

前述，牟宗三也认为道家"治道"有消极色彩，本来就是让民众"各适其性"，同时，牟宗三在《政道与治道》第七章"政治如何能从神话转为理性的"中认为，"各适其性"（或叫作"物各付物"）这一原则与西方民主政治的"个体原则"并不相悖。①

照牟宗三的说法，道家"治道"似与西方民主政治乃至所谓"开放社会"的追求具有一种天然的一致性。在此，笔者认为可能存在一个问题，即牟宗三在对道家"治道"的阐述中，并没有更为具体地说"各适其性"的具体表现是什么。民众的"各适其性"是治国者应该具备的"自适其性"吗？如果"各适其性"是"自适其性"，那么就应该反对"下等欲望"，②走向一种准禁欲主义。换言之：西方民主政治的"个体原则"影响下的民众若是实现"各适其性"，就被认为应该反对"下等欲望"。笔者认为，这是很难实现的。况如今，众所周知，相当一部分西方民主国家对情色制品乃至卖淫行为是在一定范围内允许、默许的，并非彻底反对"下等欲望"。换言之，西方民主国家并未谋求全民的准禁欲主义（在现实政治治理中也不可能完全做到）。又，牟

---

① 牟宗三：《牟宗三先生全集10：政道与治道》，前揭，第135页。
② 牟宗三：《牟宗三先生全集10：政道与治道》，前揭，第37页。

宗三所谓的道家"治道"中的"各适其性"是潜在地鼓励民众纵欲吗？如果是这样，恐怕又不符合牟宗三本来对道家"治道"的原本赞叹，因为牟宗三赞叹的具体内容是：道家"治道"对西方的"顺自然生命气质之冲动"这一点是批判的，① 即并不允许纵欲。

总之，牟宗三所理解的道家"治道"中的让民众"各适其性"这一点，由于他并未予"各适其性"以具体详说，所以在应用到西方民主政治的过程中，恐怕会遇到困难。然而，如果将牟宗三意义上的道家"治道"中的"自适其性"与"各适其性"，同时替换成《淮南子》意义上的"适情"，那么，或有利于道家"治道"在一定程度上或一定范围内去影响西方民主政治。笔者以下陈述理由：首先，西方民主政治中的相当一部分政治领导者不可能做到"自适其性"这一教诲所要求的准禁欲主义状态，同时，西方民主政治也在宪法上不允许政治领导者纵欲（如克林顿与莱温斯基的性丑闻引发了宪法意义上的弹劾程序），那么，最多只能要求其领导者处于"适情"状态，即既不纵欲，也不禁欲。其次，牟宗三在《政道与治道》第八章"理性之内容的表现与外延的表现"中，谈到过西方民主政治中的"形式的自

---

① 牟宗三：《牟宗三先生全集10：政道与治道》，前揭，第40页。

由与权利上的平等"无法解决"个人主观生命之如何顺适调畅其自己",西方民主政治中的"人们"可能"尽量地纷驰追逐""尽量地庸俗浮浅",导致"原始粗野的生命随时可以爆炸",[1] 而《淮南子》中的"适情"既指调和情绪,又指调和欲望,那么笔者认为,或至少可以被牟宗三用以向西方民主政治中的"人们"推荐。

正如前述,牟宗三认为,"治道"(无论儒道"治道")应该被"政道""夹制",在此前提下可以讲求"治道"。同时,牟宗三认为,"政道"处于作为"根源"的"第一义之制度"这一层面,而"治道"处于作为"隶属"的"第二义之制度"这一层面,同时,"吏治"亦处于"第二义之制度"这一层面。[2] 换言之,牟宗三很可能将道家"治道"的内容之一"无为",与"吏治"设置在了同一层面。照此进一步推论,牟宗三似乎就是在说,并非最高治国者的官员也可以运用"无为"思想。从《淮南子》中围绕"无为"的观点来看,牟宗三如此设想的后果,存在一定的风险。因为《淮南子》作者认为,臣子们如果学得"无为",便会不奉献

---

[1] 牟宗三:《牟宗三先生全集10:政道与治道》,前揭,第174页。
[2] 牟宗三:《牟宗三先生全集10:政道与治道》,前揭,第25页。

智力、将任务转嫁给治国者。① 以此观点为基础，可以作一假设：牟宗三设想的西方民主政治中的普通官员在受到宪法（"政道"）"夹制"，如果运用"无为"思想（具有牟宗三所谓的消极色彩，如"昧然不应"），那么是不是会走向所谓懒政、怠政的行政办事状态乃至把政事任务转嫁给其上级，进而受到宪法制度下议会的问责呢？

笔者认为，普通官员是会因为运用牟宗三意义上的"无为"思想而受到问责的，毕竟，牟宗三也至少承认"吏治""必通过政权机关之允许"②。其实，牟宗三的设想可能导致并非最高治国者的普通官员也可以运用"无为"思想，从思想史角度来看，这一点也是《庄子·天道》所反对的。因为《庄子·天道》也说，治国者应该"无为"，而治国者的臣子不应该"无为"，否则治国者与臣子之间就不能形成君臣关系。③ 换言之，从《庄子·天道》一篇的义理来看，"无为"本来就不能被并非最高治国者的官员运用。诚然，在现代政治中已经不存在君臣关系，但仍然在官员中存在上下级关

---

① 见本书第三章第三节第二部分。
② 牟宗三：《牟宗三先生全集10：政道与治道》，前揭，第25页。
③ 见第三章第一节第二部分对"道家"的"无为"观点的简述。

系——上级官员仍然会管制、命令下级官员,那么,以以上《庄子·天道》观点为鉴,或可以推知,下级官员如果学得牟宗三意义上的"无为",可能破坏上下级官员之间管制与被管制、命令与被命令的关系。

第二节　反思徐复观的"治道"观

徐复观《中国的治道》一文,可以说是集中体现徐复观"治道"观的文章。该文副标题为"读陆宣公传集书后"。① 从表面上看,该文可能仅是对唐人陆贽的"治道"思想的一种反思或阐述。但其实,徐复观自己在该文中说得很清楚,"陆氏的政治思想,也就是中国整个的政治思想"。② 在徐复观眼中,"政治思想"一词等于"治道"。③ 换言之,该文副标题的存在,不妨碍我们将徐复观提炼自陆贽的"治道"思想的思想当作徐复观所理解、认可的中国的"治道"思想。笔者认为,徐复观关于中国的"治道"思想的若干观点,有值得反思之处。故以下分两个方面,酌情结合《淮南子》

---

① 徐复观:《学术与政治之间(新版)》,台湾学生书局,1985年,第101页。
② 徐复观:《学术与政治之间(新版)》,前揭,第123页。
③ 徐复观:《学术与政治之间(新版)》,前揭,第103页。

中的"治道"思想，来进行反思。

一、徐复观对中国"治道"思想范围的划定

徐复观在"中国的治道"一文第七部分开头说，"中国整个的政治思想"在被"归纳起来"后，与"无为"（"君道"）有关：

> 便不能不落在君道上面；而一谈到君道，便不能不以"尧舜事其君"，即是落在要其君作无为底圣人的上面。①

同时，徐复观在"中国的治道"一文第二部分不仅说"无为"是"治道"的"第一义"，也说"人君无为……这才是真正的治道"。②

尽管徐复观认为"无为"之下还有"第二义""第三义"，但徐复观并没有说"第二义""第三义"是"真正的治道"。③所以，读者几乎可以认为，徐复观

---

① 徐复观：《学术与政治之间（新版）》，前揭，第123页。
② 徐复观：《学术与政治之间（新版）》，前揭，第104、105页。
③ 徐复观：《学术与政治之间（新版）》，前揭，第105页。

是在说，中国的"治道"只有"无为"这一端，或者，"无为"是中国的"治道"的唯一一端。不过，如果我们可以做上述推断，那么我们可以认为，徐复观在阐述"治道"问题时，似没有考虑过《淮南子》作者对"治道"的阐述情况。虽然在《淮南子》中，"无为"是"治道"的一方面且可能重要，但其不是"治道"的唯一一方面（正如本书之前所述，《淮南子》作者在阐述"治道"之时，还对"适情""制礼"等同样重要的四个方面进行了丰富阐述），也不是所谓核心概念。而且，在《淮南子》作者看来，"无为"这一方面的达成前提是"适情"的达成，换言之，我们恐怕不能照搬徐复观的思路进而确定，在《淮南子》中，"无为"这一方面是"治道"的"第一义"，而其他方面，如"适情"，可能是"治道"的"第二义"。另外，徐复观的上述观点恐怕也不符合先秦西汉思想史的实情。正如本书绪论第一节所总结的，在《礼记》《荀子》《墨子》《吕氏春秋》《韩非子》《管子》中，对"治道"的界定有若干种，且并未出现"无为"这一种。笔者认为，以徐复观的学识，恐怕不会没有通读过上述经典。又，根据本书绪论第一节所述，至少在《荀子》看来，"治道"一词的定义便在于使民众富足，与"无为"没有最直接的关系。总言之，徐复观可能在对中国"治道"的理解方面，过分凸显了"无为"这一端，而忽视了一些著名经典中对"治道"的界定。在"中国的治道"一文的第一部分，徐复观引用苏轼等人"进读奏议札子"话：

诸子百家，非无可观，皆足为治。①

换言之，徐复观的确是知道陆贽"政治思想"之外的诸子经典中的"政治思想"（"治道"）的存在。那么可以问，徐复观是否敢保证他所述、所理解、所认可的"无为"思想是否就能囊括《荀子》《墨子》《吕氏春秋》《韩非子》《管子》乃至《淮南子》中的所有"治道"思想呢？笔者认为，恐怕无法保证。由此看来，前述徐复观对"中国整个的政治思想"——中国整个的"治道"——的断言，似有不充分之处。至于徐复观为何做如此不充分的断言，笔者推测，可能是因为，徐复观出于知识分子的个体情怀，认为"无为"更有可能符合西式民主政治的诉求，有利于徐复观弥合中国"治道"与西式民主政治的关系。以下进行说明。

首先，徐复观在"中国的治道"一文的第二部

---

① 徐复观：《学术与政治之间（新版）》，前揭，第102页。

分说：

> 中国的政治思想，除法家外，都可说是民本主义……但中国几千年的实际政治，却是专制政治……因此，中国圣贤，一追溯到政治的根本问题，便首先不能不把作为"权原"的人君加以合理的安顿；而中国过去所谈的治道，归根到底便是君道。这等于今日的民主政治，"权原"在民，所以今日一谈到治道，归根到底，即是民意……于是中国的政治思想，总是想解消人君在政治中的主体性。[1]

简言之，徐复观极力弥合他所谓的中国古代"治道"（上述文本中的"君道"一词所代指的"无为"）与西式民主政治两者之间的距离。而且似乎，在徐复观看来，中国古代的"君道"（"无为"）可以直接融通无碍地等于西式民主政治的诉求。

其次，徐复观进一步针对"无为"做了以下阐述：

> 人君要以"无为"而否定自己，以"无为"而

---

[1] 徐复观：《学术与政治之间（新版）》，前揭，第104页。

解消自己在政治中的主体性。①

综上可以总结，徐复观认定他所谓的"无为"，作为中国的"治道"，与西式民主政治的诉求（所谓"'权原'在民"，或"总是想解消人君在政治中的主体性"）的距离被拉拢，甚至等同了。

最后，在"中国的治道"的第七部分即最后一部分，徐复观如此总结他所谓的"无为"与西式民主政治两者：

> 而近代的民主政治……人民则是处于君道的地位。人民行使其君道的方法，只对于政策表示其同意或不同意，将任务的实行委托之于政府，所以人民还是一种无为。②

上述观点清楚地显示了，徐复观所谓的作为中国古代"治道""第一义"的"无为"，是可以被西式民主政治中的人民践行的。简言之，在徐复观眼中，"无为"思想具有浓厚的民主色彩，消解了"人君在政治

---

① 徐复观：《学术与政治之间（新版）》，前揭，第105页。
② 徐复观：《学术与政治之间（新版）》，前揭，第125页。

中的主体性"。然而，笔者认为，徐复观的这一观点倾向，也似乎未考虑《淮南子》作者的观点。在《淮南子》作者论述"无为"与"守常"关系时，"无为"的作用便是在出现政治事故之时，避免治国者受到直接侵害或骚扰[①]——简言之，《淮南子》中的"无为"，是维护了治国者"在政治中的主体性"。总之，徐复观至少无法将《淮南子》中的"无为"思想与他所提倡的西式民主政治的诉求协调起来。

二、徐复观关于作为"治道""第一义"的"无为"的具体观点

由于徐复观说"无为"是中国"治道"的"第一义"或真正的"治道"，所以，对徐复观关于"无为"的观点的进一步反思，可以在很大程度上等于对他所谓的中国"治道"的反思。可以问，徐复观关于"无为"的具体观点，是否符合属于中国"治道"思想之一的《淮南子》中的"无为"思想呢？或可问，《淮南子》的"无为"思想在一定程度上，是否可能补充、裨益徐复观的"无为"观？就此，笔者认为，结合《淮南子》

---

① 见本书第四章第二节第三部分。

中的"无为"思想来看，徐复观关于"无为"的观点有若干值得反思之处。徐复观在"中国的治道"一文第二部分如此进一步解释"无为"：

> 是一副无限良好的动机。良好的动机，即道德的动机，总是会舍己从人，而不会强人就己。[1]

虽然上述解释是基于儒家的"为政以德"而发，[2]但是徐复观认为，其亦是"表现出""中国政治思想的第一义"。[3]笔者认为，从徐复观上述解释中，首先至少可以提炼出一点：徐复观将"无为"解释成了一种道德（moral）行径。关于"无为"与今人所谓的道德的问题，《淮南子》作者提供了不同的阐发。具体而言，"无为"（"治道"）与道德（"仁义"，并非"治道"）是控制与被控制、利用与被利用的关系，两者有联系但并不等同。[4]简言之，《淮南子》作者认为在治

---

[1] 徐复观：《学术与政治之间（新版）》，前揭，第105页。
[2] 徐复观：《学术与政治之间（新版）》，前揭，第105页。
[3] 徐复观：《学术与政治之间（新版）》，前揭，第105页。
[4] 参本书绪论第三节开篇对《俶真训》中"是故以道为竿，以德为纶，礼乐为钩，仁义为饵，投之于江，浮之于海，万物纷纷孰非其有"这一文本的阐述。

理之时，今人所谓的道德的地位低于作为"治道"的"无为"。《淮南子》作者之所以如此进行阐发，恐怕是因为其认为：道德（如"仁"）对于治国者的效用是有限的，不能保证治国者地位的绝对安稳；① 相对于"无为"（《淮南子》意义上的"道德"，因为"无为"被称作"道之宗"），今人所谓的道德（如"仁义"）只是对治国者的一种辅助；② 治国者对今人所谓的道德（"仁"）的过度推崇，可能造成赏罚混乱的情况。③ 显然，徐复观"中国的治道"一文在思考"无为"与今人所谓的道德这一主题时，没有顾及《淮南子》中的上述思考。另外，从前述徐复观对"无为"的解释中，还可以提炼出一点：徐复观强调了"无为"的人"总是会舍己从人"。换言之，徐复观强调了，"无为"指无条件、无限制地谦让或忍让。关于"无为"是否指"总是会舍己从人"，《淮南子》作者在对"无为"的"常后而不先"这一义的阐发中，提出了不同的

---

① 参《览冥训》"仁君处位而不安"，见张双棣撰：《淮南子校释（增订本）》，前揭，第703页。
② 参《览冥训》"天子在上位，持以道德，辅以仁义……拱揖指麾而四海宾服"，见张双棣撰：《淮南子校释（增订本）》，前揭，第720页。
③ 参《诠言训》"人主好仁，则无功者赏，有罪者释"，见张双棣撰：《淮南子校释（增订本）》，前揭，第1513页。

观点。具体而言，"无为"的人确实时常表现出柔弱、忍让的一面，但"无为"的人也会先发制人，[①]而非"总是会舍己从人"。

其实，徐复观的"无为"观，也经不起他自己所了解的政治历史的考验。徐复观在"中国的治道"第五部分说：

> 但奉天之乱，是德宗已经与天下尖锐对立的结果。以无为去解消早经形成的尖锐对立，实有缓不济急之感。[②]

如果"无为"具有"总是会舍己从人"这一要求，那么实践"总是会舍己从人"这一要求的治国者在面临政治共同体的乱象之时便无法主动应变乃至"先发制人"，其地位亦将受到威胁。徐复观之前已经将他所理解的"无为"称作中国"治道"的"第一义"或真正的"治道"，结合以上所述，可以问：为何"治道"的"第一义"（真正的"治道"）也无法应付政治共同体的乱象？由此笔者认为，徐复观既将"无为"称为"第

[①] 见本书第三章第四节。
[②] 徐复观：《学术与政治之间（新版）》，前揭，第113页。

一义"(真正的"治道"),又称"无为"在面对乱象之时"实有缓不济急之感",着实有些吊诡。进一步而言,假设徐复观的"无为"观具有《淮南子》的"无为"观里面的"先发制人"这一因素,那么这种形式的"无为"在应用到政治实践中,至少有机会避免"缓不济急"这一糟糕情形的出现。

另外,关于徐复观所谓的"总是会舍己从人"这一点,可以补充说明的是,笔者在第一章第二部分评析范吉尔博亨《〈淮南子〉与刘安对道德权威的索求》一书之时已经阐明,《淮南子》中治国者的"无为",并非利他行为,其目的之一是避免治国者自身的辛劳。其实,在"中国的治道"第三部分,徐复观已经认为,懂得"君道"或"治道"的治国者不应该"自任才智",同时,"自任才智"只能被叫作"臣道"。[1] 由此可见,在这一点上,徐复观与《淮南子》达成了一种一致。

但是,需要说明的是,徐复观在第三部分表达上述观点的背景是第二部分的"总是会舍己从人",乃至可能是第二部分所谓"无为"是"把人君在政治中的主体性打掉",不同于《淮南子》作者阐述"无为"之时

---

[1] 徐复观:《学术与政治之间(新版)》,前揭,第108、109页。

的意图：有利于维护治国者自身或自身利益（以及保全自身）。另外，笔者在此还想做一个假设。假设徐复观的"无为"观具有《淮南子》中"无为"观的这一因素（即徐复观在阐述中国"治道"思想时考虑了《淮南子》中的"治道"思想），那么，在徐复观向往的西式民主政治中，普通人运用"无为"思想，亦就懂得了"无为"有利于自私这一点。

诚然，西式民主政治允许普通人的自私自利，但是，如果普通人无限制地运用具有维护自私自利之功能的"无为"，那么是否会走向一种民粹主义呢？笔者认为，若是顾及徐复观的以下观点，是有可能走向民粹主义的。在"中国的治道"一文接续第三部分的第四部分，徐复观在继续阐发"无为"之时，便强调"中国的政治思想，一贯是以'与天下同欲'为最高原则"，"代表天下的好恶"，不"压倒人民现实的'欲恶'"，其"客观标准"是包括所谓"好色好货"在内的"天下的'人情'或'群情'"，"只教政治负责者以'民之所好好之，民之所恶恶之'"，等等。[1] 简言之，徐复观所憧憬的中国"治道"（"无为"）的应用的图景，有可能变成对普通人的欲望的放任主义。当人

---

[1] 徐复观：《学术与政治之间（新版）》，前揭，第111、112页。

人的欲望都被放任、放大之时，如何避免人人之间的争斗或倾轧？关于这一点，徐复观没有明确回答。

诚然，徐复观在"中国的治道"一文第七部分（最后部分）提及了"近代的民主政治"的"制度"或"法制"，但他对该"制度"或"法制"的提及，目的不在于告诉读者如何解决人人之间的争斗或倾轧，而在于告诉读者，该"制度"或"法制"实现了普通人的"无为"。[1]

根据以上所述，笔者需要指出的是：徐复观认为"无为"是一种道德行径，且是"总是会舍己从人"，又同时倾向于认为"无为"的目的或"无为"本身可能与对欲望的放任主义是融通一致的。那么，如果普通人的欲望被放任，普通人似乎就不应该或无法做到"总是会舍己从人"，即不应该遵循今人所谓的道德，否则欲望多多少少就会被限制——在"中国的治道"一文第七部分，徐复观仍然还大致强调"无为"的"道德性"与"近代西方"和"近代的民主政治""不同"，[2]那么可以问，徐复观有没有想过，"无为"的"道德性"如何在可能放任欲望的西式民主政治被恰当地安顿？徐复

---

[1] 徐复观：《学术与政治之间（新版）》，前揭，第125页。
[2] 徐复观：《学术与政治之间（新版）》，前揭，第124、125页。

第七章　反思牟宗三、徐复观关于"治道"的观点　379

观在第七部分最末甚至说，"中国的政治思想以接上民主政治"是"毫不牵强附会的一条路"。① 换言之，徐复观是在说，"无为"与西式民主政治是可以完全融通无碍的。基于以上所述，笔者认为，恐怕是很难融通无碍的。

最后，值得补充说明的是，徐复观《两汉思想史》一书中有"《淮南子》与刘安的时代"一文。其中，谈及《淮南子》作者追求"无为"的实现，认为"无为""接上法家"、"尽挟法家之长"②（当然，"中国的治道"一文并未采纳徐复观眼中关于《淮南子》的"无为"的这一观点，更未直接提及《淮南子》）。此至少可以说明，徐复观知道《淮南子》中"无为"思想，以及"无为"与法律结合的可能性。但根据前述：法律并非《淮南子》中的"治道"；③ 一般性的法律也在治国行为中不被提倡；④ "无为"本身不包括法律，两者分属两个层次。⑤ 由此来看，在明确阐述过"治

---

① 徐复观：《学术与政治之间（新版）》，前揭，第126页。
② 徐复观：《两汉思想史》，前揭，第160—162页。
③ 见本书绪论第二节末。
④ 见本书第一章第二节对戴黍《〈淮南子〉治道思想研究》的评析。
⑤ 见本书第一章第二节对安乐哲《主术：中国古代政治艺术之研究》一书的评析。

道"问题的《淮南子》中,"无为"作为"治道",与法律不同,分属两个层次,甚至可以猜测出两者之间在治国之时可能存在一定程度上冲突。因此,徐复观的"《淮南子》与刘安的时代"一文中关于"无为"的观点也有值得商榷之处。

第三节 小结

本章反思了牟宗三与徐复观的"治道"观。

首先,牟宗三在阐述"治道"问题时,存在以下问题:一、过分地将道家"治道"与礼对立起来,而没有考虑《淮南子》中试图调和前两者的情况;二、尽管归纳了道家"治道",但却令人惊讶地没有考虑《庄子·天道》的义理;三、过于认同儒家"治道"乃至儒家,赞扬儒家"治道"在制作礼这一方面的完美性,而没有考虑《淮南子》作者对儒家"制礼"观的批评与拨正;四、将道家"治道"简单地归为"自然主义",没有考虑到《淮南子》中的情况;五、认为道家"治道"是"消极"的,而这种"消极"的"治道"在一定程度上似不容易被应用于西式民主政治的实际运行中,相对而言,《淮南子》的"治道"思想的某些方面(如"适情"以及"适情"与"无为"之间的中介性思想概念

"应")更易于向西式民主政治推广；六、认为道家"治道"的应用在现代必须以"政道"为前提，但没有更为深入地思考过应用过程中可能存在困难。

其次，徐复观在阐述"治道"问题时，存在以下问题：一、几乎将"无为"一端视为中国的唯一真正"治道"，而在很大程度上没有考虑到先秦西汉思想经典中（包括《淮南子》中）对"治道"的不同阐述；二、为了将中国"治道"与西式民主政治的诉求拉拢甚至等同，对中国"治道"思想进行了阉割；三、将"无为"作为中国"治道"的"第一义"，但又没有严格采纳《淮南子》中对"无为"的细致阐发；四、徐复观所述的"无为"思想在应用到西式政治的过程中也存在某些困难。

总之，笔者认为，综合牟宗三与徐复观的"治道"观，又可以得出二位学者的共同倾向：没有过分深入地考虑过《淮南子》在"治道"问题方面的复杂性，也没有在一定程度上注意到他们所理解的"治道"在应用或融入西式政治的实际运行中存在困难。

当然，我们作为后来研究者，还是对牟宗三、徐复观二位哲学大师试图使中国"治道"在现代政治中能够继续发挥作用之努力表示尊敬。为此，笔者必须指出的是，如今在西方政治哲学研究界，仍然有若干学者将治国才能（statesmanship）问题、统治方式（governance）问题视为西方政治哲学史中的一部分，试图使得现代人严肃对待西方政治哲学史中的这一问题。如，2015年出版的由约翰·瓦拉赫（John Wallach）等十五名学者合著的文集《科学治国才能、统治方式与政治哲学史》（*Scientific Statesmanship, Governance and the History of Political Philosophy*），其中涵盖的政治哲学思想家包括柏拉图、亚里士多德、西塞罗、奥古斯丁、马基雅维利、霍布斯、孟德斯鸠、康德、弗格森、伯克、欧文、托克维尔、孔德、韦伯等。如果我们将孔德与韦伯唯独视为社会学家，那么我们能够发现，治国才能问题或统治方式问题不限于出现在一般意义上诸如马基雅维利、霍布斯、托克维尔等的政治哲学家的思考中；更需要我们注意的是，就算我们不将康德视为政治哲学家，那么或许可以认为，即便在形而上学家康德的思考中，也为治国才能问题或统治方式问题保留了地盘。该文集编者还说，由于篇幅所限，该文集没有收录学者对阿奎那、洛克、黑格尔、休谟、马克思等乃至二十世纪、二十一世纪思想家在治国才能问题或统治方式问题方面的观点的研究论文。[1] 同时，按照该文集编者的总结，柏拉图就已经认为，苏格拉底相对于大众，是唯一能够实践治国才能的人。[2] 而且，该文集编者还明确认为，柏拉图以及其他哲学家想要确定"'附属于治国者技艺的'所有因素"，弄清治国才能的各种目的到底是什么。[3] 笔者认为，这一观点可以被我们视为该文集之所以存在的一个前提。同时，通览该文集，笔者发现，学者们围绕这一前提，做出了各种重要论断。笔者以下举例说明。如约翰·瓦拉赫的"柏拉图时刻：权力、理性、伦理的政治性换位"（The Platonic Moment: Political Transpositions of Power, Reason, and Ethics）一文就强调，柏拉图对治国才能的探究可能既是哲学的又是政治的；[4] 从沃尔特·尼戈尔斯基（Walter Nicgorski）的"西塞罗论统治方式的专门

---

[1] Kyriakos Demetriou and Antis Loizide, ed., *Scientific Statesmanship, Governance and the History of Political Philosophy*, New York and London: Routeldge, 2015, p. x.
[2] Kyriakos Demetriou and Antis Loizide, ed., *Scientific Statesmanship, Governance and the History of Political Philosophy*, pp.1-3.
[3] Kyriakos Demetriou and Antis Loizide, ed., *Scientific Statesmanship, Governance and the History of Political Philosophy*, p.4.
[4] Kyriakos Demetriou and Antis Loizide, ed., *Scientific Statesmanship, Governance and the History of Political Philosophy*, p.10.

技能"（Cicero on Expertise in Governance）一文开篇的说法可以看出，尽管有很多政治科学学者否认古代的政治哲学有助于理解现代的统治方式，但西塞罗对治国才能或政治领导才能的思考就是对他们的一种反驳；① 瑞贝卡·金斯顿（Rebecca Kingston）的"孟德斯鸠与治国才能之技艺的悖论"（Montesquieu and the Paradoxes of the Art of Statesmanship）一文说，孟德斯鸠的《论法的精神》中的内容便涉及统治者的治国才能，② 而且孟德斯鸠在《论法的精神》中，还比较了斯巴达式与中国式的治国才能问题；③ 保罗·盖耶（Paul Guyer）在"康德与道德的政治家们"（Kant and the Moral Politicians）一文中便指出，康德在《道德形而上学原理》中便谈及治国者所需要的教育的关键是"先验理念"（a priori idea），也谈及政治家们需要的不是"特别的科学知识"（special scientific），而是"一种道德意志"

---

① Kyriakos Demetriou and Antis Loizide, ed., *Scientific Statesmanship, Governance and the History of Political Philosophy*, p.41.
② Kyriakos Demetriou and Antis Loizide, ed., *Scientific Statesmanship, Governance and the History of Political Philosophy*, pp.101-102.
③ Kyriakos Demetriou and Antis Loizide, ed., *Scientific Statesmanship, Governance and the History of Political Philosophy*, p.109.

（a moral will）。① 总之，我们可以结合《科学治国才能、统治方式与政治哲学史》这部文集中的上述基本旨趣和阐述可以得出以下两点：一、在西方政治哲学史乃至哲学史中，治国才能问题或统治方式问题不仅在古代政治哲学家或哲学家的思考中存在（而本书绪论已经指出，"治道"问题在如今被我们视为中国哲学经典的先秦西汉诸子的思考中存在），仍然在近现代的政治哲学家或哲学家的思考中存在（而本章已经至少指出作为中国现代哲学家的牟宗三、徐复观仍然在关注"治道"问题）；二、西方政治哲学也关注治国才能是什么的问题（而本书绪论已经指出，"治道"被先秦西汉诸子经典进行了不同定义，同时本书的目的也是在探究《淮南子》中的"治道"具体是什么的问题）。

另外还需要特别说明的是，西方政治哲学家孟德斯鸠的《论法的精神》比较了斯巴达式与中国式的治国才能问题，那么，我们非西方人可以如此认为，在《论法的精神》这部经典政治哲学著作中，中国式的治国才能问题与西方式的治国才能问题至少被纳入西方政治哲学的探讨范围——我们可以进一步问：假设孟德斯鸠超越

---

① Kyriakos Demetriou and Antis Loizide, ed., *Scientific Statesmanship, Governance and the History of Political Philosophy*, p.117.

时空限制直接接触了阐述"治道"问题的中国哲学经典文本，难道他完全不会进行关注、探讨吗？

总之，我们或许可以认为：在西方政治哲学史或所谓中国政治哲学史乃至中国政治思想史中关于治国方式或统治方式的问题的内容不太多，但我们无可否认的是，这类内容的确存在，且仍然被中西的现当代政治哲学研究者所关注。而且，笔者认为，既然牟宗三与徐复观对"治道"的探索仍然有各种缺点，那么这就更能促使我们后来的研究者继续深入研究中国"治道"问题，乃至各个中国哲学经典中的"治道"问题，以期补全、修正他们二人的探索，并在未来与西方政治哲学界进行对话。

结论

本结论的首要目的,在于总结本书关于《淮南子》中的"治道"问题的写作线索以及旨趣。此后,再以胡适与《淮南子》之间的史事为例,说明《淮南子》所含的"治道"问题在近现代仍有一定影响。

关于《淮南子》中的"治道"问题,本书分别阐述了适情、无为、治国者保福避祸("损益"与"守常")、治国者与儒学、制礼五个方面。笔者认为,其中的"无为",从总体上看,可谓"治道"问题中一个较为凸显的方面,因为其余四个方面均可与其发生关联:要么通过一个更为具体的概念与之形成会通(如"应"这个次级概念沟通了"适情"与"无为"两者①），要么是对其的进一步推衍（如"损—益"问题与"无为"形成联系，并与后者蕴含的某些义理形成互通②），要么以其为基础（如治国者要实现"守常"，就需要做到"无为"③），要么是以其内含的义理为基础来进一步演绎（如"制礼"是以"无为"内含的因循"自然"这一说法为基础而进行演绎④）。即便是"治国者与儒学"这一主题，也与"无为"这一方面发生间接关联，因为"治国者与儒学"这一主题亦可引发"制礼"问题（具体来说，就是儒学实践者推行了不合人情的礼，故因循人性而"制礼"这一要求随之而生，⑤ 此一要求，根据前述，即是以"无为"这一方面中内含的因循"自然"这一点而展开）。

既然如此，可能有读者要问：为何本书在正式探讨《淮南子》中的"治道"问题之时，不将"无为"这一方面置于"适情"这一方面之前来首先进行讨论？原因是，按照《淮南子》对"无为"与"适情"的阐述，存在以下观点：要做到"无为"，需要做到"适情"。

---

① 参第二章第四节第二部分以及第二章第五节。
② 参第四章第一节第三部分。
③ 参第四章第二节第二、三部分。
④ 参第三章第三节第二部分。
⑤ 参第五章附论。

换言之，治国者对"适情"的达成是对"无为"的达成的前提。故笔者先探讨"适情"这一方面，再探讨"无为"这一方面。另外，从大体上看，"适情"是偏向于关于一个人的内在态度（"心性"）的说法，而"无为"是偏向于关于一个人的外在行事方式（做事这一方面）的说法。那么，先探讨"内"、再探讨"外"，先探讨"心性"这一方面、后探讨做事这一方面，也符合一般读者的预期，便于读者理解。另外，尽管笔者之前说"无为"是"治道"问题中一个较为凸显的方面（其余四方面均与之发生关系），但笔者并不是在说"无为"是"治道"问题的"核心"或"核心概念"。对此，笔者在对戴黍《〈淮南子〉治道思想研究》的相关观点进行反驳之时已经说明。①

"治道"问题的五个方面的内容，可以说是用于教育治国者，或者说，治国者在治国之时应尽力符合其中的内容的要求。从总体上看，本书在探讨"治道"问题之时，探讨的顺序是：先探讨治国者的内在状态或所谓主体状态应该是什么形态（"适情"），再逐渐展开探讨治国者在治理实践中应该怎么做，如通过"应"（这个概念是作为治国者内在状态的"适情"与作为治国者

---

① 参第一章第二节戴黍《〈淮南子〉治道思想研究》一书观点的评论。

外在行事方式的"无为"之间之所以能够形成联系的中介性概念)、"无为"(主要是因循"自然"而"无为"这一点与"常后而不先"而"无为"这一点)、"损益"、"守常"、"制礼"等明显具有政治实践性的说法或概念来探讨"怎么做"这一问题。

在第五章所阐述的"治国者与儒学"这一主题中，治国者对"六艺"的改造这一点当然具有政治实践性。不过，在第五章的"治国者与儒学"这一主题中，治国者通过"适情"态度来学习儒学这一点，从表面上看，似不像对"六艺"的改造以及"制礼"那样，具有强烈的政治实践性。然而，笔者在第五章第四节已经说明，对"六艺"的改造需要对"六艺"进行学习，否则无所谓形成对"六艺"缺陷的认知，从而对"六艺"进行改造。换言之，治国者通过"适情"态度来学习儒学这一点，属于治国者政治实践活动的准备性因素。进而言之，"治国者与儒学"这一主题内含的内容，还是具有政治实践性色彩。当然，笔者并未得出第四章所述的"治国者保福避祸"这一主题与第五章所述的"治国者与儒学"这一主题之间有较为直接的关联。那么，至于为何将"治国者保福避祸"这一主题置于"治国者与儒学"这一主题之前来讨论，乃至为何第一方面探讨"适情"、第二方面探讨"无为"、第三方面探讨"治国者保福避祸"、第四方面探讨"治国者与儒学"、第五方面探讨"制礼",笔者认为可以借助一些如今通俗的说法来让读者加以理解。

"适情"是对政治领导者的个体修养的要求、"无为"是对政治领导者施政方式的总体纲领、"治国者保福避祸"所含内容是对施政方式的总体纲领的更为具体的申述,这三方面都是关乎政治领导者自身应该怎么做的问题(这里我们或许可以将"适情"理解为关乎政治领导者在内心层面怎么"做"的问题)。而关于第四与第五方面,其中的确含有关于政治领导者自身怎么做的内容(如改造"六艺"与对礼的制作),但套用一部分今人的眼光,对"六艺"的改造更像指的是对"意识形态"的改造或对用以教育政治共同体中相当一部分成员的权威"教材"的改造,而对礼的制作更接近于(但不完全等同于)所谓对政治制度的建设——简言之,相较于第一、二、三方面,从今人的眼光看,第四与第五方面的问题已经更为直接地涉及治国者自身之外的民众层面。

当然,现代人或许出于对"独立自我意识"的向往或对不受束缚的自由精神的向往,从而对第四、第五方面表示漠视乃至反感,因为从所谓反传统的激进角度来看,可以认为:治国者对"六艺"的改造无非是便于使得"六艺"更为有效地对政治共同体成员进行控制(治国者是通过"适情"的态度来学习儒学，似不是被"洗脑"，而儒学实践者可能是通过"禁欲"的态度来学习儒学，[①] 更似被"洗脑"），治国者对礼的制作无非是为了更好地约束人性。由此看来，虽然对"六艺"的改造这一点与"制礼"这一点仍然是围绕着治国者"怎么做"这一问题，但这两点中含有的一个重要政治目的是对一部分政治共同体成员进行管控。

同时，前三方面（"适情""无为""治国者保福避祸"）更多地专门针对治国者自身而发，乃是在教育治国者自身。前三方面，即便被人勉强或强行认为算是一种"管控"，那这种"管控"也是首先针对治国者自身的，而不是首先在说明如何管控"治于人者"。那么，将明显针对治国者自身而发的前三方面，放在后两个方面（"治国者与儒学""制礼"）之前来进行探讨，也是较为令人容易接受的。毕竟，"适情""无为""治国者保福避祸"从总体上看，也主要与治国者自身乃至自身的保全有直接或密切关系。[②]

[①] 参第五章第四节。
[②] 参第四章第二节第二、三部分。其中说明了"守常"（包括治国者对自身的保全或守护）的达成，既需要"适情"的达成，也需要"无为"的达成。而第四章本身所述的"损益"问题与"守常"问题，本身就涉及对治国者自身的保全。

最后，笔者认为，《淮南子》作者的意图在于塑造关于治国者的治国方式的一种理想。这首先是因为在《淮南子》中，在礼本身、法本身等治理方式被批评的同时，"治道"这一说法被凸显出来，可谓一种"理想"。这也是因为《淮南子》作者强调，《淮南子》这本书并非针对特殊的政治情势，而是意在塑造"不与世推移"的义理。[①] 换言之，《淮南子》作者意在为其身后的政治实践者塑造一种永恒的理想。当然，可能有读者认为，"不与世推移"这一说法是《淮南子》作者的自我吹捧。甚或有读者会认为，《淮南子》中的"治道"内容到了近现代，可能就无法再被人重视了。然而，事实是，在《淮南子》被刘安献给汉武帝之后逾两千年的近现代历史中，著名中国哲学史家胡适，于二十世纪三十年代仍然将《淮南子》这本书中的"无为主义"这一观点及其对《淮南子》的研究著作《淮南王书》推荐给蒋介石。

尤其值得注意的是，上述史实又内含一些细节。根据史学学者江勇振撰写的《舍我其谁：胡适（第四部）》的记述，在向蒋介石进行推荐之前，胡适就可能

---

① 见本书第一章第二节对范吉尔博亨的《〈淮南子〉与刘安对道德权威的索求》的批评。

带有"王者师"的心态。[1] 胡适甚至向蒋介石接连推荐了两次,可谓"谆谆善诱蒋介石"。[2] 到了胡适去世的1962年,《淮南王书》的手稿又被台湾商务印书馆影印出版,并附有胡适写的新序。[3] 由此可见,在胡适向蒋介石两度推荐《淮南王书》的观点后的约莫三十年后,胡适对《淮南子》这本书仍旧念念不忘。我们还发现,胡适在台北商务印书馆影印本《淮南王书》序中甚至特意强调,原属其著作《中古思想史长编》第五章的《淮南王书》,乃是《中国思想史长编》中唯一另行单行出版且"流行了多年"的一章。[4]

总之,上述史实以及事实或表明,《淮南子》中"治道"的部分内容,作为跨越千年的政治理想,无论如何,在著名中国现代哲学史家那里也得到了一定重视。

---

[1] 江勇振:《舍我其谁:胡适(第四部)》,联经出版社,2018年,第77、78页。
[2] 江勇振:《舍我其谁:胡适(第四部)》,前揭,第78页。
[3] 欧阳哲生编:《胡适文集6》,北京大学出版社,1998年,第508页注1。
[4] 欧阳哲生编:《胡适文集6》,前揭,第618页。

参考文献

（一）中文原典及相关整理文献[①]

1. 班固撰：《汉书》，北京：中华书局，1964。
2. 陈鼓应注译：《黄帝四经今注今译》，北京：商务印书馆，2007。
3. 程树德撰，程俊英、蒋见元点校：《论语集释》，北京：中华书局，1990。
4. 郭庆藩撰、王孝鱼点校：《庄子集释》，北京：中华书局，1961。
5. "《韩非子校注》组"撰：《韩非子校注》，南京：江苏人民出版社，1982。
6. 韩婴撰、许维遹校释：《韩诗外传集释》，北京：中华书局，1980。
7. 何宁撰：《淮南子集释》，北京：中华书局，

[①] 按撰著者姓名首字母排序。

1998。

8. 黄怀信撰：《鹖冠子汇校集注》，北京：中华书局，2004。

9. 黄寿祺、张善文译注：《周易译注》，上海：上海古籍出版社，2007。

10. 贾谊撰，阎振益、钟夏点校：《新书校注》，北京：中华书局，2000。

11. 蒋礼鸿撰：《商君书锥指》，北京：中华书局，1986。

12. 黎翔凤撰、梁运华整理：《管子校注》，北京：中华书局，2004。

13. 厉时熙撰：《尹文子简注》，上海：上海人民出版社，1977。

14. 刘钊撰：《郭店楚简校释》，福州：福建人民出版社，2005。

15. 刘向撰、卢元骏校注：《新序今注今译》，台北：台湾商务印书馆，1975。

16. 刘向撰、向宗鲁校注：《说苑校证》，北京：中华书局，1987。

17. 马宗霍撰：《淮南旧注参正·墨子间诂参正》，济南:齐鲁书社,1984。

18. 司马迁著、韩兆琦评注：《史记（评注本）》，长沙：岳麓书社，2004。

19. 苏舆撰、钟哲点校：《春秋繁露义证》，北京：中华书局，1992。

20. 孙希旦撰，沈啸寰、王星贤点校：《礼记集解》，北京：中华书局，1989。

21. 孙诒让撰、孙启治点校：《墨子间诂》，北京：中华书局，2001。

22. 汪荣宝撰、陈仲夫点校：《法言义疏》，北京：中华书局，1987。

23. 王弼注、楼宇烈校释：《老子道德经注校释》，北京：中华书局，2008。

24. 王利器撰：《文子疏义》，北京：中华书局，2000。

25. 王利器撰：《新语校注》，北京：中华书局，1986。

26. 王利器校注：《盐铁论校注》，北京：中华书局，1992。

27. 王世贞撰、罗仲鼎校注：《艺苑卮言校注》，济南：齐鲁书社，1992。

28. 王先谦撰，沈啸寰、王星贤点校：《荀子集解》，北京：中华书局，1989。

29. 王先慎撰、钟哲点校：《韩非子集解》，北京：中华书局，1998。

30. 许维遹撰、梁运华整理：《吕氏春秋集释》，北京：中华书局，2009。

31. 杨树达撰：《淮南子证闻·盐铁论要释》，上海：上海古籍出版社，1985。

32. 张双棣撰：《淮南子校释（增订本）》，北京：北京大学出版社，2013。

（二）中文研究专著及译著[①]

1. ［美］安乐哲：《主术：中国古代政治艺术之研究》，滕复译，北京：北京大学出版社，1995。

2. 陈静：《自由与秩序的困惑——〈淮南子〉研究》，昆明：云南大学出版社，2004。

3. 陈丽桂：《〈淮南鸿烈〉思想研究》，台北：花木兰文化出版社，2013。

4. 陈丽桂：《汉代道家思想》，台北：五南图书出版有限公司，2013。

5. 程宇宏：《荀悦治道思想研究》，广州：中山大学出版社，2005。

---

① 按作者、撰者、编者姓名首字母排序。

6. 戴黍：《〈淮南子〉治道思想研究》，广州：中山大学出版社，2005。

7. 杜维明等：《儒家与宪政论集》，北京：中央编译出版社，2014。

8. 段秋关：《〈淮南子〉与刘安的法律思想》，北京：群众出版社，1986。

9. 冯沪祥：《中国政治哲学》，台北：台湾学生书局，2007。

10. 冯友兰：《三松堂全集·第9卷》，郑州：河南人民出版社，2001。

11. 干春松：《制度儒学》，北京：中央编译出版社，2017。

12. 甘怀真：《皇权、礼仪与经典诠释：中国古代政治史研究》，上海：华东师范大学出版社，2008。

13. 蒋华南等：《荀子全译》。贵阳：贵州人民出版社，1995。

14. 姜以读、李容生：《中国古代政府管理思想精粹》，北京：国家行政学院出版社，2000。

15. 江勇振：《舍我其谁：胡适（第四部）》，台北：联经出版社，2018。

16. 李守奎、洪玉琴：《扬子法言译注》，哈尔滨：黑龙江人民出版社，2003。

17. 李增：《淮南子哲学思想研究》，台北：洪叶文化事业有限公司，1997。

18. 黎红雷主编：《治道新诠》，广州：中山大学出版社，2011。

19. 梁启超：《饮冰室合集（第10册）》，北京：中华书局，1989。

20. 廖名春：《帛书〈周易〉论集》，上海：上海古籍出版社，2008。

21. 吕锡琛：《善政的追寻——道家治道及其践行研究》，北京：人民出版社，2014。

22. 吕友仁、吕咏梅：《礼记全译·孝经全译》，贵阳：贵州人民出版社，1998。

23. 牟钟鉴：《〈吕氏春秋〉与〈淮南子〉思想研究》，济南：齐鲁书社，1987。

24. 牟宗三：《牟宗三先生全集10：政道与治道》，台北：联经出版事业有限公司，2003。

25. ［英］约翰·穆勒：《功利主义》，徐大建译，上海：上海人民出版社，2008。

26. 那薇：《汉代道家的政治思想和直觉体悟》，济南：齐鲁书社，1992。

27. 欧阳哲生编：《胡适文集6》，北京：北京大学出版社，1998。

28. 钱钟书：《管锥编》，北京：中华书局，1979。

29. 任文利：《治道的历史之维：明代政治世界中的儒家》，北京：中央编译出版社，2014。

30. 苏志宏：《秦汉礼乐教化论》，成都：四川人民出版社，1991。

31. ［美］坦嫩鲍姆、舒尔茨：《观念的发明者：西方政治哲学导论》，叶颖译，北京：北京大学出版社，2008。

32. 唐君毅：《哲学概论》，北京：中国社会科学出版社，2005。

33. 唐君毅：《中国哲学原论·原性篇》，北京：中国社会科学出版社，2005。

34. 王斐弘：《治法与治道》，厦门：厦门大学出版社，2014。

35. 王文亮：《中国圣人论》，北京：中国社会科学出版社，1993。

36. 王绍光主编：《理想政治秩序：中西古今的探求》，北京：三联书店，2012。

37. 王绍光：《中国治道》，香港：中华书局，2016。

38. 谢浩范、朱迎平：《管子全译》，贵阳：贵州人民出版社，1996。

39. 徐复观：《学术与政治之间（新版）》，台北：台湾学生书局，1985。

40. 徐复观：《两汉思想史》，上海：华东师范大学出版社，2001。

41. 许匡一：《淮南子全译》，贵阳：贵州人民出版社，1993。

42. 阎世平：《刘劭人材思想研究》，广州：中山大学出版社，2005。

43. 杨琪：《〈贞观政要〉治道研究》，成都：巴蜀书社，2011。

44. 杨有礼：《新道鸿烈：〈淮南子〉与中国文化》，郑州：河南大学出版社，2001。

45. 姚中秋：《道统与宪法秩序》，北京：中央编译出版社，2017。

46. 曾春海：《儒家的淑世哲学——治道与治术》，台北：文津出版社，1992。

47. 曾春海：《中国哲学史纲》，台北：五南图书出版股份有限公司，2012。

48. 曾祥旭：《士与西汉思想》，哈尔滨：黑龙江人民出版社，2005。

49. 张岱年：《中国古典哲学概念范畴要论》，北京：中国社会科学出版社，1989。

50. 张分田：《中国古代统治思想研究》，北京：人民出版社，2013。

51. 张耿光：《庄子全译》，贵阳：贵州人民出版社，1995。

52. 张瑞璠主编：《中国教育哲学史·第1卷》，济南：山东教育出版社，2000。

53. 张世亮等：《中华经典名著全本全译丛书·春秋繁露》，北京：中华书局，2012。

54. 张双棣等：《吕氏春秋译注》，长春：吉林文史出版社，1987。

55. 张增田：《黄老治道及其实践》，广州：中山大学出版社，2005。

56. 周才珠、齐瑞端：《墨子全译》，贵阳：贵州人民出版社，1995。

57. 朱汉民：《圣王理想的幻灭：伦理观念与中国政治》，长春：吉林教育出版社，1990。

58. 郑寿彭：《中国古代的治道》，台北：台湾商务印书馆，1972。

（三）中文论文[①]

1. 邓联合：《〈淮南子〉对庄子"逍遥游"思想的改铸》，《人文杂志》2010年第1期。

2. 李飞：《中国古代自然概念与Nature关系之再检讨》，《复旦学报（社会科学版）》2015年第1期。

3. 李源澄：《淮南子发微下》，《重光月刊》第2期。

4. 刘笑敢：《"无为"思想的发展——从〈老子〉到〈淮南子〉》，陈静译，《中华文化论坛》1996年第2期。

5. 罗毓平：《〈淮南子〉的人生修养说》，《兰州学刊》2011年第11期。

6. 马庆洲：《刘安与〈淮南子〉关系考论》，《清华大学学报（哲学社会科学版）》2006年第3期。

7. 马庆洲：《六十年来〈淮南子〉研究的回顾和反思》，《文学遗产》2010年第6期。

8. 王英杰：《老子自然主义的生存之道与人的生命自由》，《首都师范大学学报（社会科学版）》总第190期。

---

① 按作者姓名首字母排序。

9. 王中江：《道与事物的自然：老子"道法自然"实义考论》，《哲学研究》2010年第8期。

10. 肖玉峰：《先秦隐逸思想及先秦两汉隐逸文学研究》，四川大学博士论文，2006。

11. 杨栋、曹书杰：《二十世纪〈淮南子〉研究》，《古籍整理研究学刊》2008年第1期。

12. 张汝伦：《什么是"自然"？》，《哲学研究》2011年第4期。

（四）英文专著及论文

1. Charles L. Blanc, *Huai-nan Tzu: Philosophical Synthesis in Early Han Thought*, Hong Kong: Hong Kong University Press, 1985.

2. Wonsuk Chang, " Reflections on Time and Related Ideas in the Yijing, " *Philosophy East and West*, Vol. 59, No. 2(2009) : 216-229.

3. Herrlee Creel, *What is Taoism? and Other Studies in Cultural History*, Chicago: University of Chicago Press, 1970.

4. Kyriakos Demetriou, and Antis Loizide, ed., *Scientific Statesmanship, Governance and the History of*

Political Philosophy, New York and London: Routeldge, 2015.

5. Homer Dubs, "The Victory of Han Confucianism," *Journal of the American Oriental Society*, Vol. 58, No. 3(1938): 435-449.

6. Xiaogan Liu, ed.. *Dao Companion to Daoist Philosophy*, Dordrecht: Springer, 2015.

7. Andrew S. Meyer, *The Dao of the Military: Liu An's Art of War*, New York: Columbia University Press, 2012.

8. Kidder Smith, "The Difficulty of the Yijing," *Chinese Literature: Essays, Articles, Reviews*, Vol. 15(1993): 1-15.

9. Griet Vankeerberghen, *The Huainanzi and Liu An's Claim to Moral Authority*, New York: State University of New York Press, 2001.

壹卷
YE BOOK

洞见人和时代

官方微博：@壹卷YeBook
官方豆瓣：壹卷YeBook
微信公众号：壹卷YeBook
媒体联系：yebook2019@163.com

壹卷工作室
微信公众号